U0527721

JUESHENG
QUANMIAN
XIAOKANG

决胜全面小康

李静 王月金 著

人民东方出版传媒
东方出版社

目录

习近平扶贫思想造就当代中国脱贫攻坚的人间奇迹　/ 001

第一章
从开发式扶贫转向精准扶贫

河北省骆驼湾村和顾家台村：只要有信心，黄土变成金　/ 027

甘肃省元古堆村和布楞沟村：一块儿努力，把日子越过越红火　/ 037

湖北省峒山村：全面建成小康社会，难点在农村　/ 047

湖南省菖蒲塘村和十八洞村：要实事求是、因地制宜、分类指导、精准扶贫　/ 054

第二章
精准扶贫的路径探索

山东省朱村：让老区人民过上好日子，是我们党的庄严承诺　/ 067

内蒙古自治区伊尔施镇和宝利根苏木：只要还有一个人没有解决基本生活问题，我们就不能安之若素　/ 075

河南省张庄村：焦裕禄同志的形象一直在我心中　/ 083

新疆维吾尔自治区阿亚格曼干村：要把民族团结紧紧抓在手上，坚持正确的祖国观、民族观　/ 092

云南省鲁甸灾区和古生村：决不能让困难地区和困难群众掉队　/ 100

陕西省梁家河：我迈出人生第一步就来到梁家河　/ 109

贵州省花茂村：政策好不好，要看乡亲们是哭还是笑　/ 116

吉林省光东村：全面小康哪个少数民族也不能少　/ 124

第三章
精准扶贫的全面实践

江西省神山村：扶贫、脱贫的措施和工作一定要精准　/ 135

安徽省大湾村：以行动兑现对人民的承诺　/ 144

安徽省小岗村：坚持党的基本路线一百年不动摇　/ 152

黑龙江省八岔村：各民族要像石榴籽一样紧紧抱在一起　/ 162

宁夏回族自治区杨岭村、姚磨村和原隆村：一个村子建得好，关键要有一个好党支部　/ 170

青海省长江源和班彦村：移民搬迁是脱贫攻坚的一种有效方式　/ 182

河北省德胜村：要因地制宜探索精准脱贫的有效路子　/ 193

第四章
聚焦深度贫困和乡村振兴

山西省赵家洼村：要重点研究解决深度贫困问题　/ 203

江苏省马庄村：不能光看农民口袋里票子有多少，更要看农民精神风貌怎么样　/ 211

四川省三河村和火普村：共产党给老百姓的承诺，一定要兑现　/ 218

海南省施茶村：乡村振兴，关键是产业要振兴　/ 230

湖北省许家冲村：要走生态优先、绿色发展之路　/ 238

山东省三涧溪村：乡村振兴，人才是关键　/ 247

广东省连樟村：全面小康路上一个不能少，脱贫致富一个不能落下　/ 254

第五章
脱贫攻坚的决胜与收官

重庆市华溪村："两不愁"已基本解决，"三保障"还存在不少薄弱环节　/ 265

江西省潭头村：一定要饮水思源，不要忘了革命先烈　/ 274

内蒙古自治区马鞍山村：必须永远坚守党的初心和使命　/ 282

甘肃省富民新村：逐村逐户、逐人逐项去解决问题　/ 290

河南省田铺大塆和东岳村：追求美好生活，是永恒的主题　/ 297

第六章
脱贫攻坚成果的巩固拓展

云南省三家村：我们要万众一心加油干，越是艰险越向前　/ 309

浙江省余村：生态本身就是经济，保护生态就是发展生产力　/ 318

陕西省金米村：脱贫摘帽不是终点，而是新生活、新奋斗的起点　/ 326

山西省坊城新村：我最关心的是如何巩固脱贫、防止返贫　/ 333

宁夏回族自治区弘德村：希望乡亲们百尺竿头，更进一步　/ 341

安徽省利民村：抗御自然灾害要达到现代化水平　/ 348

湖南省沙洲瑶族村：讲好红色故事，让红色基因代代相传　/ 355

贵州省化屋村：就业是巩固脱贫攻坚成果的基本措施　/ 362

习近平扶贫思想造就当代中国脱贫攻坚的人间奇迹

党的十八大以来，中国农村贫困发生率从10.2%降至0.6%，贫困人口从2012年底的9899万人减少到2019年底的551万人，连续7年每年减贫1000万人以上。贫困地区农民人均可支配收入从2015年的7653元增长到2018年的10371元，2019年超过1.1万元。到2020年11月底，全国832个贫困县已全部宣布摘帽，区域性整体贫困得到根本解决，决胜全面建成小康社会取得决定性成就。中国脱贫攻坚规模之广、力度之大、成效之显著，世所罕见、前所未有，中国减贫创造了我国减贫史上的奇迹。我国已提前10年实现《联合国2030年可持续发展议程》减贫目标。当代中国脱贫攻坚的伟大实践成果，尤其是十八大以来中国的扶贫成就，是在习总书记倾力关注和领导下取得的。习总书记关于精准扶贫、精准脱贫的一系列论述，为中国打赢脱贫攻坚战提供了行动指南。在习近平扶贫思想的指导下，我国的脱贫攻坚经历了从开发式扶贫转向精准扶贫、从聚焦深度贫困到乡村振兴、再到脱贫攻坚取得全面胜利，我国完成了消除绝对贫困的艰巨任务，创造了又一个彪炳史册的人间奇迹。

习近平扶贫思想是将其治国理政思想贯彻到扶贫开发领域的重要成果，融入到新时代中国特色社会主义的历史使命、战略目标、战略步骤等方方面面。本书以习总书记走过的村庄为线索，从习近平扶贫思想的形成过程、方法论、主要内容和重要意义四个方面来探究习近平扶贫思想体系，并从相应的制度和政策体系等方面总结了我国脱贫攻坚所经历的五个阶段及取得的成就。研究表明，习近平扶贫思想的最大特点是，它既是思想理论又是方法论，是思想理论和方法论的统一，是知与行的统一，是中国特色扶贫理论与扶贫实践的重大创新。习近平扶贫思想内容丰富，不仅包括精准扶贫的概念界定、路径总结和目标设定，还包括扶贫事业与其他重大事项之间的关系。习近平扶贫思想不仅具有广泛的实践和理论基础，还具有科学的方法论，因而习近平扶贫思想具有科学性和普适性，不仅对中国脱贫攻坚和经济发展具有指导意义，对世界范围内的减贫事业也作出了重要贡献。

一、习近平扶贫思想形成的过程

正如总书记所言："脱贫攻坚是我心里最牵挂的一件大事。""我最牵挂的还是困难群众。"党的十八大以来，习近平总书记倾注精力最多的是扶贫工作，考察调研最多的是贫困地区。8年来，总书记去过47个村，这些村多数分布在14个集中连片特困地区。

习总书记调研过的村
（2012年12月—2021年2月）

序号	村名	时间	省市县	所属片区	是否贫困县贫困村
1	骆驼湾村	2012年12月30日	河北省阜平县	燕山—太行山片区	是
2	顾家台村	2012年12月30日	河北省阜平县	燕山—太行山片区	是
3	元古堆村	2013年2月3日	甘肃省渭源县	六盘山片区	是

（续表）

序号	村名	时间	省市县	所属片区	是否贫困县贫困村
4	布楞沟村	2013年2月3日	甘肃省东乡族自治县	六盘山片区	是
5	峒山村	2013年7月22日	湖北省鄂州市		否
6	菖蒲塘村	2013年11月3日	湖南省凤凰县	武陵山片区	是
7	十八洞村	2013年11月3日	湖南省花垣县	武陵山片区	是
8	朱村	2013年11月25日	山东省临沭县		否
9	伊尔施镇	2014年1月26日	内蒙古阿尔山市	大兴安岭南麓山区	是
10	张庄村	2014年3月17日	河南省兰考县		是
11	阿亚格曼干村	2014年4月28日	新疆疏附县	南疆四地州	是
12	古生村	2015年1月20日	云南省大理州	滇西边境山区	否
13	梁家河村	2015年2月13日	陕西省延川县		否
14	花茂村	2015年6月16日	贵州省遵义县	滇黔桂石漠化片区	是
15	光东村	2015年7月16日	吉林省和龙市		是
16	神山村	2016年2月2日	江西省井冈山市	罗霄山片区	是
17	大湾村	2016年4月24日	安徽省金寨县	大别山片区	是
18	小岗村	2016年4月25日	安徽省凤阳县		否
19	八岔村	2016年5月24日	黑龙江省同江市		否
20	杨岭村	2016年7月18日	宁夏泾源县	六盘山片区	是
21	姚磨村	2016年7月18日	宁夏泾源县	六盘山片区	是
22	原隆村	2016年7月19日	宁夏泾源县	六盘山片区	是
23	长江源村	2016年8月22日	青海西蒙古族藏族自治州格尔木市	青海藏区	否
24	班彦村	2016年8月23日	青海互助土族自治县	六盘山片区	是
25	德胜村	2017年1月24日	河北省张北县	燕山—太行山片区	是
26	赵家洼村	2017年6月21日	山西省岢岚县	吕梁山片区	是
27	马庄村	2017年12月12日	江苏省徐州贾汪区		否
28	三河村	2018年2月11日	四川省昭觉县	乌蒙山片区	是

（续表）

序号	村名	时间	省市县	所属片区	是否贫困县贫困村
29	火普村	2018年2月11日	四川省昭觉县	乌蒙山片区	是
30	施茶村	2018年4月13日	海南省海口市秀英区		否
31	许家冲村	2018年4月24日	湖北省宜昌市夷陵区		否
32	三涧溪村	2018年6月14日	山东省济南市章丘区		否
33	连樟村	2018年10月23日	广东省英德市		是（省定）
34	华溪村	2019年4月15日	重庆市石柱县	武陵山片区	是
35	潭头村	2019年5月20日	江西省于都县	罗霄山片区	是
36	马鞍山村	2019年7月15日	内蒙古赤峰喀喇沁旗		是
37	富民新村	2019年8月21日	甘肃省武威市古浪县	六盘山片区	是
38	田铺大塆村	2019年9月16日	河南省新县	大别山片区	是
39	东岳村	2019年9月17日	河南省光山县	大别山片区	是
40	三家村	2020年1月19日	云南省腾冲市	滇西边境山区	是
41	余村	2020年3月30日	浙江省安吉县		否
42	金米村	2020年4月20日	陕西省柞水县	秦巴山片区	是
43	坊城新村	2020年5月11日	山西省大同市云州区	燕山—太行山片区	是
44	弘德村	2020年6月8日	宁夏吴忠市红寺堡区	六盘山片区	是
45	利民村	2020年8月18日	安徽省阜南县	大别山片区	是
46	沙洲瑶族村	2020年9月16日	湖南省汝城县	罗霄山片区	是
47	化屋村	2021年2月4日	贵州省黔西县	乌蒙山片区	是

在这些村中，有35个贫困村，代表了14个集中连片地区的典型的贫困类型。另外12个非贫困村曾经也是贫困村，但它们在新一轮脱贫攻坚

前已完成脱贫，实现了小康，甚至在乡村振兴、美丽乡村、乡村旅游等方面成了全国农村发展的典范。这些小康村为贫困地区脱贫攻坚提供了可复制、可推广的经验和借鉴。这47个村庄在中国脱贫实践和建成小康社会中具有样本意义，为习近平扶贫思想提供了典型案例。

习近平的扶贫思想是理论与实践相结合的产物，并且在实践中不断得到深化和完善。从时间上看，习总书记的扶贫思想经历了不同的发展阶段，最早可追溯到梁家河岁月；从空间上看，总书记不仅走遍了14个集中连片贫困区，对每个贫困区的贫困特点和相应的脱贫措施都了如指掌，还走访了很多已基本实现小康的村庄，从中寻找可资借鉴的经验；从理论基础和知识储备上看，总书记不仅对各种资料和文献有大量的阅读，对国际上的扶贫思想和扶贫做法也有借鉴和发展。

（一）从时间上看，习近平扶贫思想有六个发展阶段

1. 从梁家河村到浙江余村：扶贫思想萌芽阶段

习近平扶贫思想是在不断实践和调查研究的基础上形成的。从时间演变上看，最早可以追溯到总书记在梁家河的知青岁月。1969年1月，习近平来到梁家河，在这里度过了7年上山下乡的插队生活。这段经历对习近平影响至深，在这里他体会了中国农村的厚重与广阔，也了解了中国农民的艰辛和付出。更是在这里，他形成了脚踏实地、实事求是的作风。习近平在自述文章《我的上山下乡经历》中说，最大的收获有两点："一是让我懂得了什么叫实际，什么叫实事求是，什么叫群众。这是我获益终生的东西。二是培养了我的自信心。""多年来，我一直在跟扶贫打交道，其实我就是从贫困窝子里走出来的。"在梁家河脱贫岁月的历练中，习近平总书记最了解农民需要什么，最了解农民的心愿。在梁家河，他最大心愿就是让乡亲们饱餐一顿肉。也正因如此，在精准扶贫政策实施过程中，习总书记反复强调"两不愁三保障"的扶贫目标：贫困群众不愁吃、不愁穿，义务教育、基本医疗、住房安全有保障。

此后，无论是做县委书记还是地委书记、省委书记，习近平一直关心着贫困群众和扶贫工作。在福建宁德当地委书记期间，习近平结合当地实际，探索出了一整套扶贫开发的经验和做法，创造了扶贫开发的"宁德模式"，使宁德顺利摘掉了6个"国定贫困县"的帽子，基本上消灭了绝对贫困。其主要经验是：把解决群众吃饭、穿衣、住房为主要内容的"摆脱贫困"作为工作主线。在摸清"家底"后，习近平团结带领地委一班人，紧紧围绕经济建设这个中心，抓住"摆脱贫困"这个最主要的任务，提倡"滴水穿石"的闽东精神，树立"弱鸟先飞"的追赶意识，倡导"四下基层"的工作作风，组织"经济发展大合唱"，大念"山海田经"，推广"种养加"，推动工业、农业两个轮子一起转，基本上解决了绝大多数贫困户的温饱问题，结束了当地"一方水土养不活一方人"的历史。

在福建当省委副书记、省长时，习近平提出了"真扶贫、扶真贫"的扶贫理念。在担任对口帮扶宁夏领导小组组长时，他直接组织实施了闽宁对口扶贫协作。习近平先后5次出席闽宁对口扶贫协作联席会议，3次发表重要讲话，2次到宁夏实地考察指导，形成了系统的闽宁对口扶贫协作工作思路，为闽宁对口扶贫协作指明了方向，在宁夏建立起闽宁村和闽宁镇。

担任浙江省委书记期间，习近平在安吉县余村提出了"绿水青山就是金山银山"的发展理念，帮助浙江省在新农村建设、美丽乡村、乡村振兴等方面走在了全国前列。

现在脱贫攻坚的一些做法在当年总书记所写的《摆脱贫困》一书中就有所体现。一是强调经济发展要"因地制宜"。习总书记当年在《摆脱贫困》中指出，"必须探讨一条因地制宜发展经济的路子"。二是重视党建。习总书记在《摆脱贫困》的"加强脱贫第一线的核心力量"一文中强调，

"农村脱贫致富的核心就是农村党组织。我们的农村党组织能否发挥这样的核心作用,直接关系到脱贫致富事业的凝聚力的强弱"。三是重视发展少数民族地区经济。他在《摆脱贫困》中指出,"加速发展少数民族地区经济,使他们赶上或接近汉族的发展水平,才能够解除事实上的不平等,使各民族得到共同的繁荣"。四是重视发展集体经济。他强调在扶贫中,"要注意增强乡村两级集体经济实力"。

2. 从骆驼湾村到十八洞村:精准扶贫思想的提出阶段

自十八大以来,用习总书记自己的话来说,"脱贫攻坚是我心里最牵挂的一件大事"。十八大结束后不久,习总书记就前往位于"环京津贫困带"上的河北阜平县考察贫困问题,并首次提出"帮助困难乡亲脱贫致富要有针对性,要一家一户摸情况,张家长、李家短都要做到心中有数",这是精准扶贫思想的萌芽。2013年11月3日至5日,总书记到湖南考察,在花垣县十八洞村,他提出"扶贫要实事求是,因地制宜,要精准扶贫,切忌喊口号"。这是他首次正式提出"精准扶贫"的概念。自此以后,中国的扶贫事业从以往的开发式扶贫阶段转向了精准扶贫阶段。当年12月18日,中共中央办公厅、国务院办公厅印发了《关于创新机制扎实推进农村扶贫开发工作的意见》,明确提出建立精准扶贫工作机制。2014年,全国各地用了将近一年时间,初步识别出贫困人口并建立了贫困户建档立卡系统,解决了"扶持谁"的问题。

3. 从朱村到光东村:精准扶贫思想的形成阶段

自十八洞村提出精准扶贫思想后,总书记又继续在各地调研,这一阶段调研的目的是寻求精准扶贫战略的实施与"十三五"扶贫规划的制定。2015年6月18日,在调研过贵州花茂村以后,习近平总书记在贵州召开部分省区市扶贫攻坚与"十三五"时期经济社会发展座谈会,在会上提出了"六个精准"、"四个一批"、"三位一体"、落实领导责任制等一系列重要观点。2015年11月27日，习近平在中央扶贫开发工作会议上发表长篇讲话，深刻论述精准扶贫精准脱贫的重大理论实践问题，标志着精准扶贫思想体系正式形成。2015年11月29日，《中共中央国务院关于打赢脱贫攻坚战的决定》公布，这可以视为对精准扶贫思想的系统化实施方案，确立了精准扶贫精准脱贫的基本方略地位，解决了"谁来扶""怎么扶""如何退"等关键问题。

4. 从神山村到德胜村：精准扶贫思想的全面实践阶段

《中共中央国务院关于打赢脱贫攻坚战的决定》公布以后，中国的脱贫攻坚战进入全面实施阶段，并不断取得成效。总书记这一阶段调研的重点主要是：了解和分析精准扶贫政策落实中还存在的问题，并有针对性地提出解决办法。在这期间，与总书记调研相对应的主要是一些有针对性的和专业性的扶贫政策相继出台，如健康扶贫、就业扶贫、电商扶贫、消费扶贫等。

5. 从赵家洼村到东岳村：精准扶贫思想的完善阶段

这一阶段调研的重点有三：一是聚焦深度贫困地区，特别是"三区三州"，扶贫政策开始向深度贫困地区倾斜，以使深度贫困地区能够在2020年如期脱贫，与全国人民一道进入小康。二是一些未摘帽县着力攻坚克难，重点解决"两不愁三保障"中突出存在的问题。三是调研精准扶贫与乡村振兴相衔接。考察"四摘四不摘"等政策落实情况以及脱贫攻坚与乡村振兴两大战略，以实现稳定脱贫和可持续脱贫，使脱贫成果经得起历史的检验和人民的检验。

6. 从三家村到化屋村：精准扶贫思想的全面胜利阶段

2020年新冠肺炎疫情加上洪涝灾害使得我国脱贫攻坚的收官战变得异常艰难，这一阶段调研的重点主要是：了解新冠肺炎疫情和洪涝灾害给我们脱贫攻坚带来的影响，宣示如期脱贫的决心。同时，要求扶贫政策向巩固拓展脱贫成果倾斜，建立脱贫攻坚的长效机制，特别是要防止因病返贫、因灾返贫的情况出现，争取在小康路上不落下一个人。2020年11月，国务院扶贫办宣布"全国832个贫困县全部脱贫摘帽"，这不仅是世界减贫史上的奇迹，也是中华民族五千年小康梦想的实现，更是习总书记精准扶贫思想的伟大胜利。

（二）从空间上看，总书记不仅走访了14个集中连片贫困区的一些村庄，也走访了东部发达地区的一些村庄

既看到了不同地区的共同性和普遍性，强调扶贫战略和政策措施实施的普遍性，以及成功经验的可推广和可复制性，也看到每个地区所独有的特点，强调要因地制宜，各地要根据当地实际制定和实施有针对性的脱贫措施。

1. 从普遍性上看。在河北省骆驼湾村和顾家台村、甘肃省的元古堆村和布楞沟村，总书记从当地的贫困状况看到了开发式扶贫所存在的共性问题，从而提出了从开发式扶贫战略转向精准扶贫战略的必要性，进而在十八洞村提出了"精准扶贫"。在湖北省峒山村和山东省朱村等地，总书记看到了曾经的贫困村庄通过产业发展、建设美丽乡村实现了小康，认为这些经验是可复制和可推广的，进而形成"发展生产脱贫一批"等"五个一批"的脱贫路径。在调研了山西赵家洼村以后，习总书记指出，深度贫困地区、贫困县、贫困村，致贫原因和贫困现象有许多共同点：一是集革命老区、民族地区、边疆地区于一体；二是基础设施和社会事业发展滞后；三是社会发育滞后，社会文明程度低；四是生态环境脆弱，自然灾害频发；五是经济发展滞后，人穷村也穷。

2. 从特殊性上看。根据每个地区都有不同的贫困成因和资源约束，中国的脱贫攻坚实行了"省负总责、县抓落实"的方针，允许并鼓励各地根据实际情况因地制宜，制定具体的扶贫措施尤其是创新性的政策措施。

例如，在精准识别方面，贵州省实行的是"四看法"，比较简单明了，即"一看房、二看粮、三看劳动力强不强、四看是否有读书郎"。而广西实行的是一套涵盖农户人口、耕地、住房等18类、98项内容的识别指标体系，提高了识别的科学性、准确性和可操作性。在脱贫措施方面，在"五个一批"（发展生产脱贫一批、易地搬迁脱贫一批、生态补偿脱贫一批、发展教育脱贫一批、社会保障兜底一批）的基础上，各地可根据当地实际制定具体的实施方案，如新疆实行了"七个一批"，即"通过转移就业扶持一批、通过发展产业扶持一批、通过土地清理再分配扶持一批、通过转为护边员扶持一批、通过易地扶贫搬迁扶持一批、通过实施生态补偿扶持一批、通过综合社会保障措施兜底一批"。在健康扶贫、易地扶贫搬迁等方面各地的做法均有不同。内蒙古自治区则是实行"九个一批"（发展生产脱贫一批、易地搬迁脱贫一批、生态补偿脱贫一批、发展教育脱贫一批、社会保障兜底一批、转移就业脱贫一批、医疗救助脱贫一批、金融扶持脱贫一批、灾后重建脱贫一批）。

（三）从理论基础和知识储备上看，除了马克思理论等科学理论外，总书记的扶贫思想还借鉴了国际扶贫经验，如小额信贷、参与式扶贫、扶贫瞄准理论、重视可复制可推广的经验等

消除贫困是全世界共同的任务，我国自扶贫工作开始以来，一直致力于加强扶贫领域的国际交流与合作。很多国际组织和国际非政府组织进入中国帮助中国的扶贫事业，他们不仅提供了大量的资金，也提供了宝贵的可借鉴经验。这些经验不仅为中国扶贫事业作出了贡献，有的还为中国政府所采用，并在中国扶贫事业中得到应用和推广。主要有以下几方面。

1. 小额信贷

小额信贷是孟加拉国"乡村银行"创造的经验，探索解决贫困农户获贷难和还贷率低的问题。20世纪90年代引入中国，得到了中央政府和地方政府以及金融主管部门的重视，并在农村信用社开始了小额信贷和联保贷款。到目前，不仅一些主要金融机构开展了小额信贷业务，全国各地还成立了大量小额信贷公司，中国扶贫基金会成立了专门的小额信贷扶贫组织——中合农信。目前，在中国的精准扶贫中，小额信贷是产业扶贫的主要手段。

2. 参与式扶贫

参与式扶贫就是在扶贫项目的设计、规划、实施、监管和验收过程中，将参与式理念和工作方法贯穿始终，通过采用自下而上的决策方式，激发群众的积极性、主动性和参与性。参与式扶贫最早是世界银行以及其他国际机构在中国云南、贵州、安徽等省的外资扶贫项目中采用的，取得了良好的成效。参与式扶贫的核心是"赋权于民"，就是符合群众需求、顺应群众期盼、满足群众意愿，这与中国共产党的群众路线基本一致，因此很快得到了政府的支持和采用。在《中共中央国务院关于打赢脱贫攻坚战的决定》中就强调"坚持群众主体，激发内生动力。继续推进开发式扶贫，处理好国家、社会帮扶和自身努力的关系，发扬自力更生、艰苦奋斗、勤劳致富精神，充分调动贫困地区干部群众积极性和创造性，注重扶贫先扶智，增强贫困人口自我发展能力"。在精准扶贫行动中，无论是贫困识别、项目设计、项目实施和监管，还是最后的精准脱贫，贫困户的参与都贯彻了始终。

3. 扶贫瞄准理论

这也是世界银行和一些国际组织在中国扶贫项目中采取的做法。其背后的理论是：贫困人口不是被动分享增长成果和享受社会福利的人，而是经济发展的积极推动者。应该致力于把贫困人口纳入发展与增长的过程。通过提高其生产能力，贫困人口也能为增长做贡献，但政策设计需要专门瞄准贫困人口，即在宏观和微观政策上，直接向穷人或贫困地区提供脱贫所需的资源和服务，增加穷人的创收能力，辅以必要的社会安全保障制度安排。扶贫瞄准机制在中国试行后，很快被中国政府接受，并不断加以改进和创新，不仅解决了瞄准理论中"扶持谁"的问题，还解决了"谁来扶""怎么扶"的问题。

二、习近平扶贫思想的方法论

习近平的扶贫思想不仅具有广泛的实践和理论基础，还有一整套科学的方法论。从总书记对这些村庄的调研方式可以看出，其扶贫思想的方法论是科学的、普适的。总的来看，习总书记的方法论有以下几个组成部分：

（一）前期准备：面对重大问题，进行阅读与思考

中共十八大提出到2020年全面建成小康社会，习总书记认为"全面建成小康社会，最艰巨最繁重的任务在农村，特别是在贫困地区。没有农村的小康，特别是没有贫困地区的小康，就没有全面建成小康社会"。十八大结束后，总书记首次调研选择了河北阜平县。在县汇报会上，总书记说："来之前看了有关材料，刚才听了你们的工作汇报，对阜平的历史沿革、基本县情、经济社会发展情况有了一个全面了解。"这说明总书记到每个地方以前都会阅读相关资料，做好调研准备。

（二）实地调研：找准典型地区和代表性村庄，实地了解真实情况

从总书记所走过的贫困村看，每个村都具有典型性和代表性，总体上看代表了14个集中连片贫困区的贫困类型和特征。如在河北阜平县，总书记解释了为什么选择阜平县做调研，他说："我这次来的目的，就是慰问革命老区群众。阜平地处太行山深处，是著名的革命老区，属于燕山—太行山集中连片特殊困难地区，很有代表性。一直想找个机会过来看望一

下乡亲们，了解困难群众生产生活情况，同大家一起商量脱贫致富之策。要看就要真看，看真贫，通过典型了解贫困地区真实情况，窥一斑而见全豹。这有利于正确决策。"访真贫、扶真贫、真扶贫成为总书记历次村庄调研的一个鲜明特征。

总书记十分重视实地调研工作，他根据中央政治局出台的八项规定，把"改进调查研究"摆在第一位，并且身体力行、亲力亲为，为全党作出了表率。总书记认为："研究问题、制定政策、推进工作，刻舟求剑不行，闭门造车不行，异想天开更不行，必须进行全面深入的调查研究。"他用"五个过程"简明而深刻地概括了调查研究的重要性，即"调查研究是一个了解情况的过程""调查研究是一个联系群众、为民办事的过程""调查研究是一个推动工作的过程""调查研究也是一个自我学习提高的过程""调查研究的过程就是科学决策的过程"。

（三）集思广益：通过各种形式与干部群众交流，达成共识

通过总书记的足迹可以看到，总书记每到一地，不仅与农民深入交流，切实了解农民和贫困户的生活，还召开了多种形式的汇报会、座谈会、交流会等，从而广泛了解问题，寻求解决办法。在近些年的贫困地区调研过程中，在调研完贫困村之后，习总书记共召开了七次重要的座谈会，并发表了重要讲话，为脱贫攻坚重大决策做了充分准备。

总书记调研贫困地区之后召开的八次会议

时间	地点	会议名称	主题
2015年2月13日	陕西延安	陕甘宁革命老区脱贫致富座谈会	确保老区人民同全国人民一道进入全面小康社会
2015年6月18日	贵州贵阳	涉及武陵山、乌蒙山、滇桂黔集中连片特困地区扶贫攻坚座谈会	"六个精准""四个一批"

续表

时间	地点	会议名称	主题
2016年7月20日	宁夏银川	东西部扶贫协作座谈会	东西部对口帮扶
2017年6月23日	山西太原	深度贫困地区脱贫攻坚座谈会	政策向深度贫困地区倾斜
2018年2月12日	四川成都	打好精准脱贫攻坚战座谈会	提高脱贫质量聚焦深度贫困地区
2019年4月16日	重庆	解决"两不愁三保障"突出问题座谈会	着力解决"两不愁三保障"突出问题
2020年3月6日	北京	决战决胜脱贫攻坚座谈会	凝心聚力打赢脱贫攻坚战
2021年2月25日	北京	全国脱贫攻坚总结表彰大会	巩固脱贫攻坚成果和乡村振兴相衔接

（四）形成政策：由中央、国务院及有关部委制定相应政策

自开展精准扶贫以来，与习总书记村庄调研足迹和座谈会重要讲话相对应的是中央和国务院及有关部委关于精准扶贫和脱贫攻坚一系列重大政策措施的随后出台和实施。通过这些政策措施，习总书记的扶贫思想得到高效率的贯彻和落实。其中，比较重要的政策有以下几项：

1. 在2013年11月3日习总书记调研湖南湘西十八洞村并提出"精准扶贫"后不久，2013年12月18日，中共中央办公厅、国务院办公厅印发《关于创新机制扎实推进农村扶贫开发工作的意见》，提出了要建立精准扶贫机制。国务院扶贫开发领导小组也随后在2014年8月8日发布了《关于改革财政专项扶贫资金管理机制的意见》。

2. 2015年6月18日考察花茂村之后，在涉及武陵山、乌蒙山、滇桂黔集中连片特困地区扶贫攻坚座谈会上，总书记提出了"六个精准""四个一批"。11月27日至28日，中央扶贫开发工作会议在北京召开，2015年11月29日，发布了《中共中央国务院关于打赢脱贫攻坚战的决定》，

这一决定成为脱贫攻坚的纲领性文件。

3. 2016年4月24日，习近平总书记在安徽大湾村看望农户时说："因病致贫、因残致贫问题时有发生，扶贫机制要进一步完善兜底措施，在医保、新农合方面给予更多扶持。"按此指示，国家卫生计生委形成《关于实施健康扶贫工程的指导意见》并于2016年6月21日印发，要求针对农村贫困人口因病致贫、因病返贫问题，突出重点地区、重点人群、重点病种，进一步加强统筹协调和资源整合，采取有效措施提升农村贫困人口医疗保障水平和贫困地区医疗卫生服务能力。

4. 2017年6月21日，总书记调研了赵家洼村，在随后召开的深度贫困地区脱贫攻坚座谈会上，总书记提出了深度贫困问题，要求政策要向深度贫困地区倾斜。2017年9月25日，中共中央办公厅、国务院办公厅印发《关于支持深度贫困地区脱贫攻坚的实施意见》，部署了深度贫困地区的脱贫攻坚工作。

5. 2018年2月11日，习近平来到大凉山深处的昭觉县三岔河乡三河村、解放乡火普村，随后在成都召开了"打好精准脱贫攻坚战座谈会"，发表了以"提高脱贫质量聚焦深度贫困地区"为主题的讲话。当年6月15日，《中共中央国务院关于打赢脱贫攻坚战三年行动的指导意见》出台。

6. 2019年4月15日总书记考察重庆市石柱县华溪村，并在重庆召开了解决"两不愁三保障"突出问题座谈会，强调着力解决"两不愁三保障"突出问题。过了两个月，2019年6月23日，国务院扶贫开发领导小组就印发了《关于解决"两不愁三保障"突出问题的指导意见》。

7. 2020年3月6日，习总书记在考察完云南腾冲的三家村后，回到北京出席决战决胜脱贫攻坚座谈会并发表重要讲话，要求克服新冠肺炎疫情影响，凝心聚力打赢脱贫攻坚战，确保如期完成脱贫攻坚目标任务，确保全面建成小康社会。习总书记指出，坚决克服新冠肺炎疫情影响，坚决夺取脱贫攻坚战全面胜利,坚决完成这项对中华民族、对人类都具有重大意义的伟业。为了响应习总书记的号召,国家发展改革委于3月11日和13日分别印发了《国家发展改革委关于深入贯彻落实习总书记重要讲话精神决战决胜易地扶贫搬迁工作的通知》和《消费扶贫助力决战决胜脱贫攻坚2020年行动方案》,住房和城乡建设部发布了《住房和城乡建设部关于开展脱贫攻坚农村危房改造挂牌督战工作的通知》,民政部、国务院扶贫办印发了《社会救助兜底脱贫行动方案》等。

8. 2021年2月25日,在考察完贵州毕节市化屋村后,习总书记回到北京参加全国脱贫攻坚总结表彰大会,并发表了重要讲话。习近平强调,脱贫攻坚战的全面胜利,标志着我们党在团结带领人民创造美好生活、实现共同富裕的道路上迈出了坚实的一大步。要切实做好巩固拓展脱贫攻坚成果同乡村振兴有效衔接各项工作,对易返贫致贫人口要加强监测,对脱贫地区产业要长期培育和支持,对易地扶贫搬迁群众要搞好后续扶持,对脱贫县要扶上马送一程,保持主要帮扶政策总体稳定。紧接着,《中共中央国务院关于实现巩固拓展脱贫攻坚成果同乡村振兴有效衔接的意见》公开发布。

(五)信息反馈:重视各有关方面报送的信息

在形成论述、给出方法、形成政策这一过程中,习总书记还特别重视信息反馈。通过各种信息报送渠道,习总书记得以及时了解各地实践中存在的问题,对重大问题作出批示,从而使脱贫攻坚实践中存在的问题得到反映、纠正和处理。

三、习近平扶贫思想的主要内容

习总书记的扶贫思想内容丰富,不仅包括脱贫攻坚的精准性界定、脱贫攻坚的路径总结和目标设定，也包括扶贫事业与其他重大事项之间的关系。

（一）精准扶贫思想的核心内容

1."六个精准"

"六个精准"是对扶贫对象、扶贫主体、扶贫措施、扶贫责任的界定，是习近平精准扶贫思想的核心。脱贫攻坚贵在精准，难在精准，成败也在精准。"六个精准"即扶贫对象精准、项目安排精准、资金使用精准、措施到户精准、因村派人精准、脱贫成效精准。"扶贫对象精准"是解决好"扶持谁"的问题，确保把真正的贫困人口弄清楚，把贫困人口、贫困程度、致贫原因等搞清楚，以便做到因户施策、因人施策；"项目安排精准"是指各类扶贫开发项目的设计、分配要真正符合扶贫对象和区域性的致贫原因需要；"资金使用精准"是指消除项目资金管理的僵化性和部门分割性，按照贫困户需要和项目需要整合和分配不同来源的扶贫资金；"措施到户精准"是指扶贫项目和资金的安排能够惠及或直接落实到贫困户并且符合其实际需要；"因村派人精准"是解决好"谁来扶"的问题，这方面已形成中央统筹、省（自治区、直辖市）负总责、市（地）县抓落实的扶贫开发工作机制，做到分工明确、责任清晰、任务到人、考核到位，向贫困村派遣的第一书记和扶贫工作队的能力、素质、资源能够切合贫困村实际并满足其需要；"脱贫成效精准"则是指扶贫措施能够针对贫困户和贫困村的致贫原因对症下药并取得相应效果，脱贫结果要达到扶贫收入标准以及"两不愁三保障"标准。

2020年3月6日，总书记在京召开决战决胜脱贫攻坚座谈会并发表重要讲话，要求克服新冠肺炎疫情影响，凝心聚力打赢脱贫攻坚战，确保如期完成脱贫攻坚目标任务，确保全面建成小康社会。这是党的十八大以来脱贫攻坚方面最大规模的会议，也是新冠肺炎疫情发生后党中央召开的第一个专题部署脱贫攻坚工作的会议，充分体现了总书记对打赢脱贫攻坚战的高度重视。总书记的讲话，向全党全社会发出了脱贫攻坚总动员令，吹响了总攻冲锋号。

2."五个一批"

"五个一批"是解决"怎么扶"的问题。总书记在中央扶贫开发工作会议上的讲话中指出："要解决好'怎么扶'的问题，按照贫困地区和贫困人口的具体情况，实施'五个一批'工程。一是发展生产脱贫一批，引导和支持所有有劳动能力的人依靠自己的双手开创美好明天，立足当地资源，实现就地脱贫。二是易地搬迁脱贫一批，贫困人口很难实现就地脱贫的要实施易地搬迁，按规划、分年度、有计划组织实施，确保搬得出、稳得住、能致富。三是生态补偿脱贫一批，加大贫困地区生态保护修复力度，增加重点生态功能区转移支付，扩大政策实施范围，让有劳动能力的贫困人口就地转成护林员等生态保护人员。四是发展教育脱贫一批，治贫先治愚，扶贫先扶智，国家教育经费要继续向贫困地区倾斜、向基础教育倾斜、向职业教育倾斜，帮助贫困地区改善办学条件，对农村贫困家庭幼儿特别是留守儿童给予特殊关爱。五是社会保障兜底一批，对贫困人口中完全或部分丧失劳动能力的人，由社会保障来兜底，统筹协调农村扶贫标准和农村低保标准，加大其他形式的社会救助力度。要加强医疗保险和医疗救助，新型农村合作医疗和大病保险政策要对贫困人口倾斜。"

3."两不愁三保障"

这是脱贫攻坚目标的规定。即，稳定实现农村贫困人口不愁吃、不愁穿，义务教育、基本医疗和住房安全有保障，实现现行标准下农村贫困人口脱贫，贫困县全部摘帽，解决区域性整体贫困。

在"六个精准"、"五个一批"及"两不愁三保障"之间有一套严密的组织体系、政策体系、责任体系、监督体系、考核体系，这一体系不仅保障了脱贫攻坚的如期完成，还深刻改变了中国农村的治理体系和组织建设，将中国农村最边缘、最贫穷、最底层的群体纳入了中国政府的现代服务公共服务体系中，从而实现了小康路上不落下一个人。

（二）脱贫攻坚与其他重大事业的关系

1. 脱贫攻坚与社会主义：贫困不是社会主义

《在河北省阜平县考察扶贫开发工作时的讲话》（2012年12月29日、30日）中习总书记指出"消除贫困、改善民生、实现共同富裕，是社会主义的本质要求。现在，我国大部分群众生活水平有了很大提高，出现了中等收入群体，也出现了高收入群体，但还存在着大量低收入群众，真正要帮助的，还是低收入群众"。《在党的十八届二中全会第二次全体会议上的讲话》（2013年2月28日）中，他再次强调"贫困不是社会主义。如果贫困地区长期贫困，面貌长期得不到改变，群众生活长期得不到明显提高，那就没有体现我国社会主义制度的优越性，那也不是社会主义"。

2. 脱贫攻坚与小康社会：小康不小康，关键看老乡

《在广东考察工作时的讲话》（2012年12月7日至11日）中习总书记指出"没有农村的全面小康和欠发达地区的全面小康，就没有全国的全面小康。要加大统筹城乡发展、统筹区域发展力度，加大对欠发达地区和农村的扶持力度，促进工业化、信息化、城镇化、农业现代化同步发展，推动城乡发展一体化。逐步缩小城乡区域发展差距，促进城乡区域共同繁荣"。《在河北省阜平县考察扶贫开发工作时的讲话》（2012年12月29日、30日）中他也指出，"到2020年全面建成小康社会，自然要包括农村的全面小康，也必须包括革命老区、贫困地区的全面小康。所以，党中央特别关心革命老区、贫困地区发展"。在山西赵家洼村调研时，总书记又指出"让贫困人口和贫困地区同全国人民一道进入全面小康社会，是我们党的庄严承诺，不管任务多么艰巨、还有多少硬骨头要啃，这个承诺都要兑

现"。《习近平对脱贫攻坚工作作出重要指示》（2018年6月11日）中指出，打赢脱贫攻坚战，对全面建成小康社会、实现"两个一百年"奋斗目标具有十分重要的意义。

3. 脱贫攻坚与经济发展：扶贫和发展的关键都在于找准路子、突出特色

习总书记在山东朱村考察时指出："一个地方的发展，关键在于找准路子、突出特色。欠发达地区抓发展，更要立足资源禀赋和产业基础，做好特色文章，实现差异竞争、错位发展。欠发达地区和发达地区一样，都要努力转变发展方式，着力提高发展质量和效益，不能'捡进篮子都是菜'。"在内蒙古自治区考察时，习总书记指出，要推动转方式同调整优化产业结构相结合，推动转方式同延长资源型产业链相结合，推动转方式同创新驱动发展相结合，推动转方式同节能减排相结合，推动转方式同全面深化改革开放相结合。在兰考考察时，总书记对兰考提出的要求是"把强县和富民统一起来、把改革和发展结合起来、把城镇和乡村贯通起来"。在河北张庄村指出"要把扶贫开发、现代农业发展、美丽乡村建设有机结合起来，实现农民富、农业强、农村美"。

4. 脱贫攻坚与民族团结：全面实现小康，少数民族一个都不能少

总书记在吉林和龙市光东村调研时指出，"我们正在为全面建成小康社会而努力，全面小康一个也不能少，哪个少数民族也不能少，大家要过上全面小康的生活"。在黑龙江同江市八岔村考察时总书记强调，"各民族要像石榴籽一样紧紧抱在一起，在实现中华民族伟大复兴的征程上团结一致，共同发展进步"。

5. 脱贫攻坚与基层党建：脱贫攻坚的火车头就是党支部

总书记在河北省德胜村调研时指出，"要加强农村基层组织建设，使党支部更好发挥战斗堡垒作用，成为带领农民群众脱贫致富的主心骨，把乡亲们的事情办好"。"火车跑得快，全靠车头带。脱贫攻坚的火车头就是

党支部。派扶贫工作队、第一书记，这些举措都有了，关键是要夯实，发挥实效。第一书记要真扶贫，扑下身子在这里干。脱贫攻坚在我的工作安排中摆在相当重要的位置。2020年全面建成小康社会，脱贫是一个底线任务。我们现在决心有、目标有、措施有，关键在落实。"在四川凉山州火普村调研时他也强调，"打赢脱贫攻坚战，特别要建强基层党支部。村第一书记和驻村工作队，要真抓实干、坚持不懈，真正把让人民群众过上好日子作为自己的奋斗目标"。

6. 脱贫攻坚与乡村振兴：脱贫攻坚战是实施乡村振兴战略的优先任务

2018年9月22日，习近平总书记在中央政治局第八次集体学习时强调："打好脱贫攻坚战是实施乡村振兴战略的优先任务。贫困村和所在县乡当前的工作重点就是脱贫攻坚，要保持目标不变、靶心不散、频道不换。"2020年3月，习总书记还在决战决胜脱贫攻坚座谈会上强调："脱贫摘帽不是终点，而是新生活、新奋斗的起点。要针对主要矛盾的变化，理清工作思路，推动减贫战略和工作体系平稳转型，统筹纳入乡村振兴战略，建立长短结合、标本兼治的体制机制。"

四、习近平扶贫思想的重要意义

综上所述，可以看出，习近平扶贫思想具有科学性和普适性，不仅对于中国的减贫和经济发展具有重要意义，对世界范围内的减贫也具有重要的意义。

1. 习近平扶贫思想是习近平新时代中国特色社会主义思想的重要组成部分。其实质是将其治国理政思想贯彻到扶贫开发领域，把解决贫困问题摆在治国理政的突出位置，把扶贫思想融入到新时代中国特色社会主义的历史使命、战略目标、战略步骤等方方面面。

2. 习近平扶贫思想是中国特色扶贫开发理论的重大创新。新中国成立以来，党和国家领导人一直将反贫困作为巩固和发展社会主义制度的基础，不断丰富和发展中国特色扶贫开发理论。从邓小平的共同富裕和小康目标的提出，到江泽民重视开发式扶贫以及瞄准对象由贫困地区向贫困人口的转变，再到胡锦涛的科学发展观与和谐社会建设，都不断丰富了中国扶贫脱贫的理论和实践，习近平扶贫思想是对中国特色扶贫开发理论的新发展。从中国 40 年扶贫实践中可以看到，伴随着中国特色扶贫开发理论不断创新的是中国扶贫战略的不断转变：从救济性扶贫向开发式扶贫转变；从扶持贫困片区向扶持贫困县和贫困村的战略转变；从项目扶贫向综合扶贫、从不精准扶贫到精准扶贫的战略转变。精准扶贫战略的实施解决了减贫到了最后阶段往往速度减缓的"最后一公里"问题[①]，从而彻底消除了中国农村的绝对贫困。

3. 习近平扶贫思想为全球减贫事业贡献了中国智慧。中国改革开放以来，已经使 7 亿多人摆脱了绝对贫困，占世界脱贫人口的 70%以上。中国是全球最早实现千年发展目标中减贫目标的发展中国家，为全球减贫事业作出了重大贡献，已得到国际社会的高度评价和充分肯定。习总书记指导中国脱贫攻坚实践的扶贫论述也可以为其他发展中国家提供有益借鉴。目前中国的精准扶贫经验正在东南亚和非洲的一些国家进行复制和推广，并取得了良好的效果。总的来说，习近平扶贫思想的普适性意义在于：将消除绝对贫困作为国家治理的中心工作之一，为减贫设立专门的机构、队伍、经费保障以及工作机制；以发展减贫为导向，采取开发式扶贫方针，鼓励贫困人口劳动致富，减贫目标、任务和手段与地区发展支持政策、健康和教育等人力资本投资政策有机结合；结合国际经验和特色国情，制定

---

① 蔡昉：《穷人的经济学——中国扶贫理念、实践及其全球贡献》，《世界经济与政治》2018 年第 10 期。

精准扶贫战略并贯彻执行。

4.2020年后的相对贫困问题依然需要习近平扶贫思想的指导。党的十九届四中全会通过的《中共中央关于坚持和完善中国特色社会主义制度、推进国家治理体系和治理能力现代化若干重大问题的决定》指出,"坚决打赢脱贫攻坚战,巩固脱贫攻坚成果,建立解决相对贫困的长效机制"。2020年实现现行标准下农村贫困人口全部脱贫以后,我国还要长期面对相对贫困问题,而解决相对贫困问题依然需要习近平扶贫思想的指导和深化。习总书记指出,"各地区各部门要总结脱贫攻坚经验,发挥脱贫攻坚体制机制作用,接续推进巩固拓展攻坚成果同乡村振兴有效衔接,保持脱贫攻坚政策总体稳定,多措并举巩固脱贫成果。要激发贫困地区贫困人口内生动力,激励有劳动能力的低收入人口勤劳致富,向着逐步实现全体人民共同富裕的目标继续前进"[①]。

习近平总书记曾说:"打赢脱贫攻坚战,中华民族千百年来存在的绝对贫困问题,将在我们这一代人的手里历史性地得到解决。这是我们人生之大幸。"中国社会科学院农村发展研究所和贫困问题研究中心作为党中央"三农"领域智囊团和思想库,大量参与了与脱贫攻坚相关的调研、考核、评估、信息提供等工作,并见证了脱贫攻坚以来中国贫困地区发生的翻天覆地的变化。笔者作为中国社会科学院农村发展研究所和贫困问题研究中心的一员,能够躬逢盛举,参与这项伟大的事业,也是我们人生中的大幸。承蒙东方出版社的盛情邀约,我们欣然执笔,撰写这本《决胜全面小康》,以此纪念脱贫攻坚全面收官、小康社会全面建成。

---

① 习近平:《善始善终善作善成不获全胜决不收兵》,新华网,2020年10月17日。

第一章

从开发式扶贫转向精准扶贫

自党的十八大之后，如何实现十八大提出的全面建成小康社会的目标是总书记思考最多的问题。总书记认为"全面建成小康社会，最艰巨最繁重的任务在农村、特别是在贫困地区。没有农村的小康，特别是没有贫困地区的小康，就没有全面建成小康社会"。因此，习近平总书记高度重视扶贫问题，并走上了实地调研之路。从2012年12月开始，一年之间先后去了河北省骆驼湾村和顾家台村、甘肃省元古堆村和布楞沟村、湖北省峒山村、湖南省菖蒲塘村和十八洞村。这些调研在中国扶贫史上具有转折意义：一是明确了扶贫工作与全面建成小康社会的关系，即"没有农村的小康，特别是没有贫困地区的小康，就没有全面建成小康社会"。二是为中国扶贫方式从开发式扶贫转向精准扶贫提供了依据，解决了"扶持谁"的问题。三是宣示了对中国战胜贫困、建成小康社会的信心。即"只要有信心，黄土变成金"。

河北省骆驼湾村和顾家台村：只要有信心，黄土变成金

十八大闭幕不久，习近平总书记就冒着零下十几摄氏度的严寒，来到地处太行山深处的全国扶贫开发重点县河北省阜平县龙泉关镇骆驼湾村、顾家台村，看望困难群众，共商脱贫致富之策。

2012年12月30日上午，习近平总书记走进骆驼湾村，先后来到贫困户唐荣斌家、唐宗秀家慰问，了解收入多少、粮食够不够吃、孩子上学等情况。接着，习近平又到了顾家台村，在村委会同村干部、群众、驻村干部促膝长谈，共商脱贫致富之策。在调研中，习近平还来到村卫生室了解新型农村合作医疗制度落实和药品供应情况，察看了小卖部，了解农村日常用品供应情况。他强调，全面建成小康社会，最艰巨最繁重的任务在农村，特别是在贫困地区。没有农村的小康，特别是没有贫困地区的小康，就没有全面建成小康社会。习近平对阜平县的脱贫攻坚指明道路：要坚持从实际出发，因地制宜，理清思路、完善规划、找准突破口。要做到宜农则农、宜林则林、宜牧则牧，宜开发生态旅游则搞生态旅游，真正把自身比较优势发挥好，使贫困地区发展扎实建立在自身有利条件的基础之上。

阜平县地处河北保定市西部，基本情况可以用"太行深山区、革命老区、贫困地区"来概括。阜平位于太行山中北部东麓，两省四市九县交会

处，素有"冀晋咽喉要道"之称，山地占全县总面积的87%，人均耕地仅为0.96亩，俗称"九山半水半分田"。阜平是革命老区，1931年建立北方第一个红色苏维埃县政权，1937年建立中国共产党于敌后开创的第一个抗日根据地——晋察冀抗日根据地，阜平长期是晋察冀边区党政军首脑机关所在地，毛泽东、周恩来、刘少奇、聂荣臻等老一辈无产阶级革命家都曾在阜平战斗和生活过。阜平是国家级贫困县，"燕山—太行山"国家集中连片特困地区扶贫开发重点县，是"燕山—太行山片区区域发展与扶贫攻坚试点"。阜平全县辖8镇5乡、209个行政村、1208个自然村，分布在2496平方公里的沟沟岔岔里，50户以下的自然村就有831个，全县贫困村164个，占全部行政村的78.5%，其中深度贫困村22个。村庄布局分散、规模小，基础设施和公共服务设施配套成本高。人均资源少，贫困群众增收难，贫困程度深。2013年，这里的农民人均纯收入3913元，仅为全国平均水平的44%。

骆驼湾村、顾家台村为毗邻的村庄，为龙泉关镇下辖行政村。龙泉关镇位于阜平西部深山区，与佛教圣地五台山相邻，是从京、津、保、石去五台山的必经之路。骆驼湾村、顾家台村是阜平县贫困村，山多地少、自然条件恶劣是致贫的主要原因。村里种植最多的农作物是土豆和玉米，夏天收土豆，秋天收玉米。此外，村民平时还养点猪和鸡。到了冬天，只能靠劈柴火取暖。每家的年收入普遍在两三千元，人均年收入不足1000元。村民收入主要依靠外出打工，部分村民农闲时会上山刨些药材补贴家用。2012年，骆驼湾村共有608口人，其中428人为贫困人口，顾家台村共有345口人，贫困人口为245人。

脱贫攻坚

在习总书记考察阜平县不久，阜平也因此成为中国扶贫新的地标和样本，被确定为"燕山—太行山片区区域发展与扶贫攻坚试点"。阜平编制完成了《燕山—太行山片区阜平县区域发展与扶贫攻坚实施规划》，确定了"三年大见成效、五年稳定脱贫、八年建成小康"的奋斗目标。阜平县提出六大目标：一是燕太片区区域发展与扶贫攻坚试点。率先实现燕太片区规划目标，在政策上先行先试、在体制机制上有所创新，在燕太片区有示范意义。二是绿色安全农副产品生产加工供应基地。三是科技引导型先进制造业基地。四是中国北方知名旅游目的地。五是华北地区重要物流节点。六是京津冀都市圈生态发展示范区。在脱贫攻坚方面，阜平通过发展生产脱贫一批，易地搬迁脱贫一批，发展教育脱贫一批，健康保障脱贫一批，建立健全社会保障兜底一批等"五个一批"来实现脱贫。

如今的骆驼湾村、顾家台村，村里交通、公共设施、村民精神面貌都有了很大改观，充满了活力和希望，成为百姓安居乐业的美丽家园。山货特产店、望山茶室、骆驼湾年画馆、民俗技艺坊、酒坊、豆腐坊，以及古朴的新民宿、飘香的小食街随处可见，昔日的贫困山村变身成了远近闻名的旅游胜地。2019 年，骆驼湾村被评为"中国最美丽的休闲乡村"。

通过打造旅游龙头产业，骆驼湾村实现了脱贫。在驻村第一书记刘华格看来，旅游产业现在做得很大，完全带动了村民脱贫奔小康，但骆驼湾村并没有止步于旅游产业。省里派来的驻村工作队利用扶贫资金，引入了一家专业公司养殖肉鸡，但本村没有充足的土地空间。村党支部、驻村工作队转变思路，将养鸡场开到平阳镇，搞起了"飞地经济"。养鸡场 2019 年 4 月投产，村集体每年收益 20 多万元。香菇、高山苹果种植等项目也统筹推进，骆驼湾村民腰包鼓了，全村人均可支配收入从 2012 年的 950

元增长到 2019 年的 13620 元。

土地流转赚一部分、民宿房屋出租赚一部分，还有养老金，还可以在旅游公司打工赚工钱，现在的骆驼湾再也看不到站大街倚在墙根儿下晒太阳的闲人了。村民们在小康路上，争先恐后地努力工作。村里的文化生活也多了起来，村民不仅物质上脱了贫，精神上也脱贫了。把自己的传统手艺展现出来，继承好传统民俗文化也成为村民关心的事情。

骆驼湾村、顾家台把民俗文化和旅游结合在一起，不仅丰富了村民的日常文化生活，还带来了赚钱的机会。2020 年 1 月 2 日开始，以"民俗骆驼湾、小村过大年"为主题的民俗活动在骆驼湾拉开了序幕，该活动以民俗文化体验为主旨，用多种互动形式将民俗文化、民俗演出、年货大集等融为一体，并精心准备了各项体验活动。如今的骆驼湾民俗文化已经走向了网络平台，抖音、快手等网络平台推出了骆驼湾公众号，网络直播带货也将引领骆驼湾村的民俗手工艺品、土特产等走向全国市场。

习近平总书记探望的唐宗秀家 2017 年就脱了贫，土地流转金、股金分红等收入不少。2019 年 5 月 1 日，阜裕投资公司开发的民宿旅游项目正式开张营业，唐宗秀老两口主动报名，打扫卫生、打理花草，每人每月进账 2000 多元。"一天三顿饭，全在公司吃。烩菜、米饭、面条，天天不重样，比在家里吃得还好！"过去，有些村民天天抄着手闲转，现如今也都甩开膀子干，村里难见闲人。光阜裕投资公司一家，就吸纳了骆驼湾村 30 多人和周边村 60 多人就业。骆驼湾村的贫困发生率从 2013 年的 79.4% 下降到 2019 年的 0.5%。

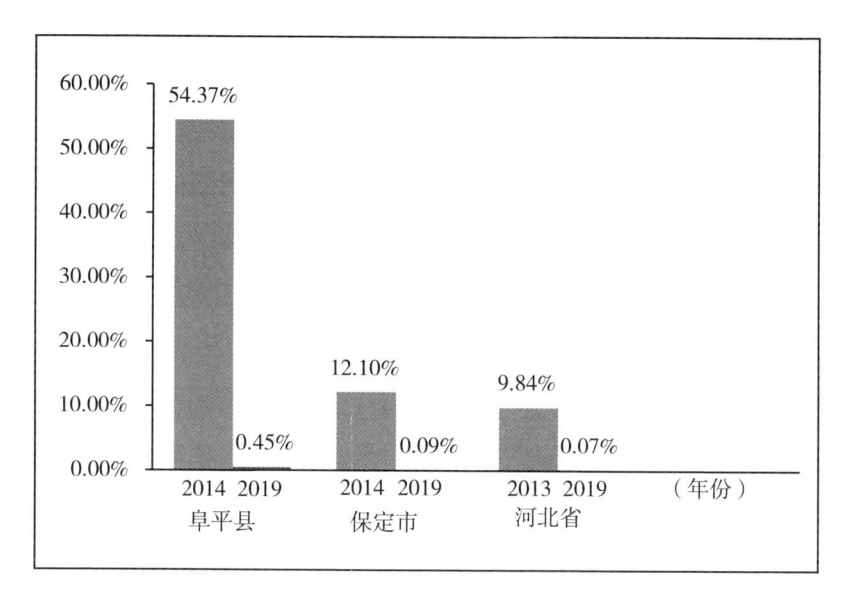

阜平县、保定市、河北省贫困发生率变化

政策解读

党的十八大报告提出了到 2020 年全面建成小康社会的目标，同时提出了"扶贫"新目标——"扶贫对象大幅减少"，要求加大对革命老区、民族地区、边疆地区、贫困地区扶持力度，深入推进新农村建设和扶贫开发，全面改善农村生产生活条件。在此背景下，总书记上任后的第一次调研就选在了位于燕山—太行山集中连片特殊困难地区，也是革命老区的河北省阜平县，实地考察了骆驼湾村、顾家台村的贫困状况。

阜平县的贫困状况和骆驼湾村、顾家台村的大面积贫困为总书记的判断即"全面建成小康社会，最艰巨最繁重的任务在农村、特别是在贫困地区。没有农村的小康，特别是没有贫困地区的小康，就没有全面建成小康社会"提供了依据。因此，贫困地区脱贫对于全面建成小康社会具有迫切性和战略性。另外，阜平县多年来一直是国家贫困县，其贫困落后状况始终难以改变，这也说明了传统的扶贫开发方式已经难以解决全面建成小康社会面临的难题，需要从政策和体制机制以及扶贫方式上作出改革和创新。基于上述两个判断，总书记认为需要对我国的开发式扶贫战略作出调整。

开发式扶贫是中国扶贫的基本方针，从《国家八七扶贫攻坚计划》《中国农村扶贫开发纲要（2001—2010年）》到《中国农村扶贫开发纲要（2011—2020年）》，开发式扶贫方针一直贯穿其中。开发式扶贫对于帮助中国农村从1978年高达97.5%的贫困发生率下降到2012年的10.2%、农村贫困人口从7.7亿人减少到9899万人，作出了巨大贡献。

但开发式扶贫有两个问题：一是"精英俘获"，即扶贫资金往往到不了真正需要扶持的贫困户手中，而是由基层组织中的精英分子得到，即不够精准；二是开发式扶贫中的监管和考核相对不足，导致扶贫资金往往被挪用，这也是总书记在阜平县汇报会上所批评的现象："我不满意，甚至愤怒的是，一些扶贫款项被各级截留，移作他用。扶贫款项移作他用，就像救灾款项移作他用一样，都是犯罪行为。还有骗取扶贫款的问题。对这些乱象，要及时发现、及时纠正，坚决反对、坚决杜绝。" 2013年底，国家审计署公布了对19个县的财政扶贫资金审计结果，有11个县贪污、侵占扶贫资金，有10个县违规支出共1110万元，有17个县骗取扶贫资金共2150万元。

习总书记对阜平县骆驼湾村和顾家台村的考察使其因此在中国扶贫史上具有了转折意义和样本意义：

一是明确了扶贫工作与全面建成小康社会的关系。《在河北省阜平县考察扶贫开发工作时的讲话》（2012年12月29日、30日）中，习总书记指出"全面建成小康社会，最艰巨最繁重的任务在农村、特别是在贫困地区。没有农村的小康，特别是没有贫困地区的小康，就没有全面建成小康社会"。后来在山西赵家洼村调研时他也指出,"让贫困人口和贫困地区同全国人民一道进入全面小康社会,是我们党的庄严承诺,不管任务多么艰巨、还有多少硬骨头要啃,这个承诺都要兑现"。

二是为中国扶贫方式从开发式扶贫转向精准扶贫提供了依据和准备。《在河北省阜平县考察扶贫开发工作时的讲话》(2012年12月29日、30日)中,总书记对开发式扶贫中存在的问题提出了批评,也初步提出了精准扶贫的思想:"要真真实实把情况摸清楚。做好基层工作,关键是要做到情况明。情况搞清楚了,才能把工作做到家、做到位。大家心里要有一本账,要做明白人。要思考我们这个地方穷在哪里?为什么穷?有哪些优势?哪些自力更生可以完成?哪些需要依靠上面帮助和支持才能完成?要搞好规划,扬长避短,不要眉毛胡子一把抓。帮助困难乡亲脱贫致富要有针对性,要一家一户摸情况,张家长、李家短都要做到心中有数。"这段话包含了"精准识别、精准帮扶"的思想。

三是总书记对阜平的考察昭示了共产党不忘初心、砥砺前进的精神。阜平县是革命老区,是北方第一个红色苏维埃县政权、我党建立的全国第一个敌后抗日根据地——晋察冀抗日根据地,阜平县的贫困状况在革命老区中具有代表性。总书记上任后的第一个调研点就选在阜平,表达了对革命老区贫困问题的高度重视。总书记指出,"阜平和阜平人民为中国革命胜利作出了重要贡献,党和人民永远不会忘记"。"到2020年全面建成小康社会,自然要包括农村的全面小康,也必须包括革命老区、贫困地区的全面小康。所以,党中央特别关心革命老区、贫困地区发展。"革命老区要完成脱贫致富的历史任务,"让革命前辈含笑九泉,让他们的革命理想得以实现"。

四是宣示了对中国战胜贫困、建成小康社会的信心。《在河北省阜平县考察扶贫开发工作时的讲话》(2012年12月29日、30日)中总书记强调,"只要有信心,黄土变成金。贫困地区尽管自然条件差、基础设施落后、发展水平较低,但也有各自的有利条件和优势。只要立足有利条件和优势,用好国家扶贫开发资金,吸引社会资金参与扶贫开发,充分调动广大干部群众的积极性,树立脱贫致富、加快发展的坚定信心,发扬自力更生、艰苦奋斗精神,坚持苦干实干,就一定能改变面貌"。这不仅是对阜平人民的勉励,更是对中国决战脱贫攻坚的信心。今天,骆驼湾村所发生的巨大变化,乃至全国脱贫攻坚所取得的巨大成就无疑为这句话提供了证据。

扶贫小卡片

小康社会

小康社会是古代思想家描绘的社会理想,也是中华民族千百年来的梦想。但近代以来,中华民族不仅长期生活在饥寒交迫之中,而且饱受外来入侵者的侮辱。最后在中国共产党的领导下,推翻了三座大山,建立了中华人民共和国,使中国人民站了起来。中华人民共和国成立初期,尽管经过了艰苦的努力,但人民的生活还处于贫困状态,直到改革开放之前,90%以上的中国农民还处于温饱尚未解决的绝对贫困状态。改革开放之初,邓小平高瞻远瞩地提出了"小康社会"的战略构想,并给出了具体的时间点和目标。1979年12月6日,邓小平在会见日本首相大平正芳时使用"小康"来描述中国式的现代化。1984年,他又进一步补充说:"所谓小康,就是到本世纪末,国民生产总值人均800美元。"在1987年4月,邓小平又提出"三步走"的发展战略:第一步,从1981年到1990年,国民生产总值翻一番,解决人民温饱问题；第二步，从1991年到20世纪末，国民生产总值再翻一番，人民生活水平达到小康水平；第三步，到21世纪中叶，人均国民生产总值达到中等发达国家水平，人民生活比较富裕，基本实现现代化。然后，在这个基础上继续前进。1987年10月，党的十三大把邓小平"三步走"的发展战略构想确定下来。

此后，小康社会就成为中国共产党和中国人民持续追求的目标，并为实现这一目标不断进行改革开放，不断丰富小康社会建设的内容和措施。1997年，江泽民同志在十五大报告中提出"建设小康社会"的历史新任务。2000年10月，党的十五届五中全会提出，从新世纪开始，我国进入了全面建设小康社会，加快推进社会主义现代化的新的发展阶段。2002年11月，中国共产党十六大报告《全面建设小康社会，开创中国特色社会主义事业新局面》指出："要在本世纪头20年，集中力量，全面建设惠及十几亿人口的更高水平的小康社会，使经济更加发展、民主更加健全、科教更加进步、文化更加繁荣、社会更加和谐、人民生活更加殷实。"

党的十七大报告在十六大确立的全面建设小康社会目标的基础上对我国发展提出新的更高要求：一是增强发展协调性，努力实现经济又好又快发展。转变发展方式取得重大进展，实现人均国内生产总值到2020年比2000年翻两番；二是扩大社会主义民主，更好保障人民权益和社会公平正义。三是加强文化建设，明显提高全民族文明素质。四是加快发展社会事业，全面改善人民生活。教育、就业、社会保障体系、医疗卫生、合理有序的收入分配格局基本形成，中等收入者占多数，绝对贫困现象基本消除。五是建设生态文明。基本形成节约能源资源和保护生态环境的产业结构、增长方式、消费模式。

2012年11月8日，党的十八大报告根据我国经济社会发展实际和新的阶段性特征，在党的十六大、十七大确立的全面建设小康社会目标的基础上，提出了到2020年全面建成小康社会的目标。十八大报告同时提出了到2020年实现全面建成小康社会宏伟目标时的"扶贫"新目标——"扶贫对象大幅减少"，并要求加大对革命老区、民族地区、边疆地区、贫困地区扶持力度，深入推进新农村建设和扶贫开发，全面改善农村生产生活条件。

2017年10月18日，在中国共产党十九大报告中，总书记提出了"决胜全面建成小康社会，开启全面建设社会主义现代化国家新征程"。

参考文献

1.《习近平：把群众安危冷暖时刻放在心上》，新华网，2012年12月30日。

2.《骆驼湾变成"幸福湾"》，河北新闻网，2019年2月6日。

3. 李培林、魏后凯、吴国宝主编：《扶贫蓝皮书：中国扶贫开发报告（2017）》，社会科学文献出版社2017年版。

4.《深刻理解全面建成小康社会的历史意义》，《新华日报》，2020年12月22日。

甘肃省元古堆村和布楞沟村：一块儿努力，把日子越过越红火

多年来，贫困是甘肃省的标志，也是总书记的牵挂。2013年2月2日至5日，习近平总书记来到甘肃省酒泉、定西、临夏、兰州等地，深入乡村、企业、社区，就贯彻落实党的十八大精神、保障和改善民生、推进西部大开发、改进工作作风等进行调研考察。其间，习近平绕过九曲十八弯，先后来到定西市渭源县元古堆村和临夏回族自治州东乡族自治县布楞沟村，入户看望老党员和困难群众。

2月3日上午，习近平先来到定西市渭源县元古堆村老党员马岗家，与八旬老党员马岗亲切交谈，了解生产生活情况。习近平还为元古堆村的村民们送去年货，并嘱托大家，"咱们一块儿努力，把日子越过越红火"，鼓励元古堆村早日改变贫困面貌。当日下午，习近平来到布楞沟村村民马麦志家，他坐在炕头与群众亲切交谈，了解他们的生活状况，还给孩子送了图书，叮嘱马麦志要让孩子好好读书。临行时，习总书记留下殷殷嘱托："要把水引来，把路修通，把新农村建设好，让贫困群众尽早脱贫，过上小康生活。"习近平在调研中强调，党和政府高度重视扶贫开发工作，特别是高度重视少数民族和民族地区的发展，一定会给乡亲们更多支持和帮助，乡亲们要发扬自强自立精神，找准发展路子，苦干实干，早日改变贫困面貌。

甘肃贫困面大、贫困人口多、贫困程度深。2012 年底，甘肃共有贫困人口 692 万人，贫困发生率达 33.2%。2013 年，甘肃省共识别认定建档立卡贫困人口 552 万人、建档立卡贫困村 6220 个。全省 86 个县市区中，有 58 个县列入国家六盘山、秦巴山和藏区"三大片区"，还有 17 个县属于"插花型"贫困县。

定西市位于甘肃中部，通称"陇中"，地处黄土高原和西秦岭山地交会区，地势起伏较大，山脉纵横。定西大部分处于干旱半干旱地区，土地支离破碎、沟壑纵横，水土流失严重，土地中的肥力低，"广种薄收、靠天吃饭"仍是绝大部分山区农民种植生产的真实写照。清朝时，定西曾经被左宗棠形容为"苦瘠甲天下"，联合国粮农组织 1982 年实地考察后给出了"这里不具备人类生存的基本条件"的结论。

临夏州位于黄河上游，东临定西市，西倚青海省，是中国两大回族自治州之一，州情的基本特点可以概括为"一多三穷"。"一多"，即多民族、多宗教，全州有回、汉、东乡、保安、撒拉等 42 个民族，州内有伊斯兰教、佛教、道教、基督教、天主教五种宗教。"三穷"，就是民穷、县穷、州穷。民穷，主要是贫困面大，生活条件差，全州共有耕地 216 万亩，70% 分布于干旱半干旱区和高寒阴湿区，人均耕地仅为 1.07 亩，人地矛盾十分突出。县穷州穷，主要是经济发展严重滞后，各项主要经济指标远远低于甘肃和全国平均水平，下辖的县市均为六盘山片区集中连片特困县。

脱贫攻坚

元古堆村

元古堆村位于甘肃省定西市渭源县，地处海拔 2400 多米的山区。渭源县位于定西市的中西部，是国家六盘山片区扶贫开发工作重点县、甘肃省深度贫困县。元古堆村三面环山，交通极其不便，气候高寒阴凉，过去长期村落凋敝，是典型的深度贫困村。元古堆村2012年全村的人均纯收入仅有1465.8元，每100个村民中就有83个是贫困人口，贫困面达83.4%。2012年之前，这个山村还是渭源县有名的贫困村，被称为"烂泥沟"，全村447户村民80%以上都生活在贫困线以下。

习总书记到元古堆村视察慰问后，当地政府制定了《渭源县田家河乡元古堆村扶贫攻坚规划（2013—2020年）》。村民入住了新建成的元古堆村集中安置点。当地还实施了"众筹"入股、"能人+贫困户"、担保增信等多种金融扶贫方式。东乡族自治县实施"菜单式扶贫"，该县被列为甘肃省"1236扶贫攻坚计划"的7个试点县之一，通过筹资、融资并举的方式，在三年时间内实现了所有行政村通水泥硬化路，破解了农村饮水的难题。

从2013年的春天开始，元古堆村农村危房改造、教育扶贫、健康扶贫、交通扶贫等一系列民生工程项目快马加鞭推进，昔日的贫困山村发生了可喜的变化，迈上了脱贫致富奔小康的新征程。

全面加强基础设施建设，敲开增收致富之门。元古堆村累计投入各类扶贫资金1.15亿元，实施基础设施建设项目21个、产业发展项目9个、公共事业项目5个；自来水入户、农网改造、村社道路硬化、集中安置区建设、危房改造全面完成，广播电视、宽带网络实现全覆盖。2013年以前，村里的道路都是沙土路，晴天尘土飞扬，雨天"人和泥争鞋"，如今，通村道路全部油化，村内巷道全部硬化，村口的公路能直达县城。多年来，村民吃水主要靠几眼泉、几口井，大部分人家挑一担水要走半个多小时。如今，通过实施饮水安全工程，村里96%的人家都用上了清澈的洮河水。

以前，村民住的大多是土坯房，受汶川地震、岷县地震影响，房屋普遍不牢固。这几年，村里结合居住点布局调整，对危旧房该改造的就地改造，该搬迁的集中重建，彻底圆了群众住"安全房"的梦。而且，村里彻底整治人居环境，还添置了垃圾桶，购买了垃圾清运服务。如今，村里干净了，村口的小河清澈见底，村民房前屋后没了垃圾堆，多了鲜花、蔬菜和果树，村民们都说：日子美了。

"重走领袖扶贫路、建功立业新时代"，大力发展乡村旅游产业。2019年4月，元古堆村成立了渭源县感恩山乡旅游开发有限责任公司。公司采取"公司+农户+村集体"的经营管理模式，通过吸收整合农户闲置房屋、剩余劳动力、村民闲置资金以及村集体资产折资入股的方式，由公司统一经营管理，形成了旅游收入三方收益的格局。元古堆村2016年被评为"第二届绚丽甘肃·十大美丽乡村"，2020年通过省文旅厅"甘肃省乡村旅游优秀示范村"评估验收。现在，元古堆村年接待游客达20万人。2019年旅游收入近500万元。元古堆村梅花鹿养殖基地成为元古堆村乡村旅游的一大"亮点"。占地300亩的基地饲养了350多只梅花鹿，年吸引观赏游客3万多人次。

壮大特色种植，发展务工经济，村民干瘪的腰包逐渐鼓了起来。元古堆村历来有种植中药材的传统，2014年在县里指导下，元古堆村将百合、马铃薯种薯和中药材确定为扩大种植的重点品种。几年下来，种植面积由2012年的1000亩扩大到了4500亩，占到全村耕地的近七成。村里还组织农户成立了合作社，统一技术指导、农资供应、产销对接，提升产品附加值和产业组织化程度。2019年，种植三大经济作物为村民人均增加收入5300多元，相当于2012年村民人均农业收入的8倍。此外，近年来，村里抓住农闲时节大搞培训，利用村内基础设施建设现场培养，使大部分劳动力掌握了一到两门实用技能。有了技能，有了致富动力，外出务工就有了信心。

曾经的元古堆村就像它的名字一样"远古"而"落后"，2012年全村447户、1917人，人均可支配收入1465.8元，贫困发生率高达83.4%。如今的元古堆村入选了第二届"绚丽甘肃·十大美丽乡村"。2018年元古堆实现整村脱贫，2019年底全村人均纯收入达到10789元，贫困户人均纯收入达到7325元，实现了脱贫路上"不落一户、不落一人"。

布楞沟村

布楞沟村，东乡语意为"悬崖边"，村如其名，山大坡陡、沟壑纵横，一度是东乡县最偏僻、最穷苦的村。东乡族自治县位于临夏回族自治州东面，东临洮河，与定西市毗邻，是全国唯一的以东乡族为主体的少数民族自治县。东乡族自治县下辖8镇16乡、215个行政村，常住人口31.47万人，域内山大沟深、干旱少雨，植被稀疏，基础设施建设滞后，产业单一，2012年人均纯收入仅有1624元。布楞沟村年均降水量290毫米，蒸发量却有1490毫米，村民吃水要到15公里外的洮河拉水，一趟下来要花100多元，水比油贵，贫困面高达96%。村民吃水难、行路难、上学难、就医难、住房难，这里曾经是全县最贫困、最干旱的山村之一。

习总书记到布楞沟村视察慰问后，当地政府制定了《布楞沟流域整体联贫扶贫开发实施规划》。2013年以来，布楞沟村发扬"坚韧执着、苦干实干、感恩奋进"的精神，紧盯脱贫小康目标，补短板、强弱项、兴产业、促增收、激内力、提形象，全村整体面貌发生了翻天覆地的变化。

"白土路、漏雨房、水比油贵"，这是脱贫前布楞沟的真实写照。2014年，中国石化援建通村的22公里水泥路正式通车，解决了整个布楞沟流域6个乡镇、20多个村、2万多名群众出行难的问题。2020年1月，穿村而过的折红二级公路，更是打通了布楞沟外出的"动脉"。截至目前，布楞沟流域通村道路已经达到70公里，整个流域实现水泥路网覆盖。

"过路的客人口渴坏，干旱年，端不出一碗水来""宁给一口馍，不给一碗水"是当地流传的俗语。如今，布楞沟村自来水实现全覆盖，7 年来 117 座蓄水池、327 公里供水管网出现在布楞沟，1.3 万人用上了自来水，布楞沟从此告别了靠车拉、靠驴驮、靠人背的吃水历史。2015 年，布楞沟村建起了新农村，全村群众整体搬进了崭新的砖瓦房；2018 年，在中石化的支持下，全村又进行了房屋扩建改造。布楞沟村已今非昔比，水、电、路、房、网样样都不落下，村民们的素质提高了，他们致富的信心也更足了。

布楞沟的羊肉好，随着发展环境的改善，村民开始了规模化养殖。中石化帮助村民修建了 2665 间牛羊暖棚圈舍，县政府也向村民发放养殖贷款，家家搞起了规模养殖。如今，布楞沟村已拥有 5 个规模化养殖场，户均养羊 16 只，还成立了养殖农民专业合作社，现在有包括 17 户贫困户在内的 26 户村民以参股的形式加入了进来。布楞沟村逐步形成的各个产业，让乡亲们尝到了甜头，人均年收入从 2012 年的 1624 元增至 2019 年的 7218 元。贫困发生率从 2012 年的 96% 下降到 2019 年的 1.44%。

通了水、修了路，乡亲们搬进了山脚下的新农村，总书记的殷殷嘱托一直感染、激励着布楞沟乃至整个东乡县的贫困群众，靠知识、靠技术改变命运的观念深入人心。在村子西头，削山平地新建的布楞沟小学拔地而起。漂亮的两层教学楼，铺着绿色塑胶的小操场，成为村里最亮丽的风景。如今，布楞沟小学拥有宽敞明亮的教室，现代化的教学设施，已经成为全县条件最好的小学之一。村民们主动送孩子上学，布楞沟全村入学率和巩固率均达到 100%。

如今，布楞沟村的面貌发生了巨变，昔日的模样只能在村史馆中看到了。今天的布楞沟村正如花儿剧《布楞沟的春天》里的唱词一样："山间大道已通畅，校园里歌声朗；世世代代谁曾想，穷山变成幸福庄。"

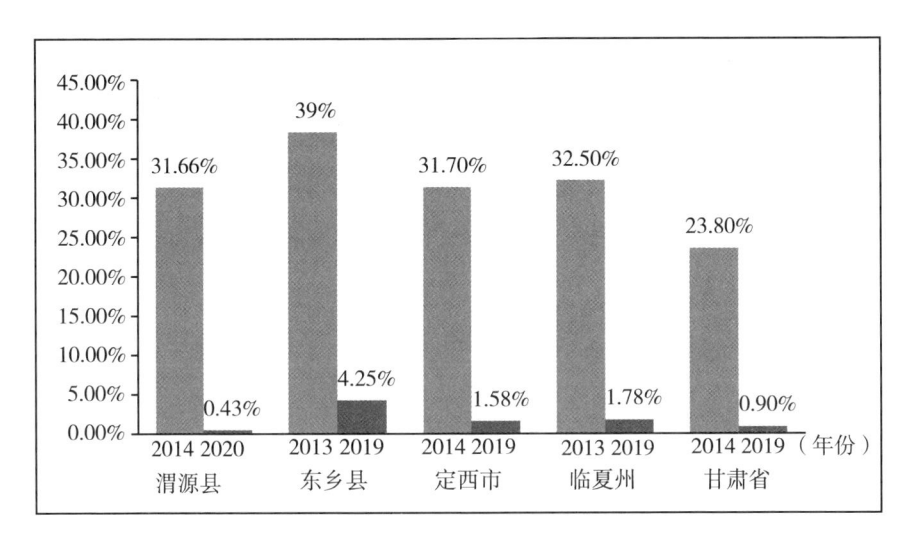

渭源县、东乡县、定西市、临夏州、甘肃省贫困发生率变化

政策解读

历史上，甘肃一直以"苦瘠甲天下"著称，一度是全国贫困地区的代名词。中国改革开放以来最早（1982年）进行扶贫工作就是从甘肃的河西、定西和宁夏的西海固（被称作"三西"地区）开始的，这里也是全国第一个区域性扶贫开发实验地。经过多年的扶贫，"三西"地区人民生活水平虽然大幅提高，但与全国其他地区相比，其干旱、缺水、贫穷、落后的局面并没有得到彻底的改观。因此，甘肃能否走出贫困直接关系到我国全面建成小康社会能否实现。

基于这一背景，为了更加深入了解贫困地区的贫困状况，在调研了骆驼湾村和顾家台村不久，总书记又深入甘肃调研。元古堆村和布楞沟村的惊人贫困再一次说明了总书记在河北阜平县调研后形成的判断，即建成小康社会最大的短板在贫困地区，尤其是深度贫困地区。这类贫困以往主要靠开发式扶贫来消除，但由于贫困面积广、贫困程度高，大水漫灌的开发式扶贫效果并不明显，当地的村民靠自我发展已经不可能摆脱贫困，必须进行扶贫方式的改革和转变，并通过外部力量的帮助激活内生脱贫动力才可能摆脱贫困。

总书记对甘肃的考察进一步推动了中国扶贫体制机制由开发式扶贫向精准扶贫的转变，也推动了外部力量对甘肃的帮扶。

一是总书记访问后不久，主管扶贫工作的国务院副总理就到甘肃考察扶贫工作，强调要充分认识到扶贫开发的重要性、紧迫性、艰巨性和长期性，要进一步解放思想，创新体制机制，采取有针对性的帮扶措施，切实提高扶贫成效。2013年10月8日，李克强总理主持召开国务院常务会议，研究扶贫工作，会议指出：必须坚持改革创新，注重健全制度机制，对贪污、侵占、挪用等违法违规行为严惩不贷。这说明改革扶贫方式、进行扶贫体制机制创新已迫在眉睫。

二是在考察中总书记对各级领导干部也提出了要求，"关键在于各级干部以优良作风带领人民群众不懈奋斗。要多到群众最需要的地方去解决问题，多到发展最困难的地方去打开局面。改进作风，最终要落实到各级干部特别是领导干部身上。各级党委要把作风要求贯穿于干部培养选拔和管理监督全过程"。总书记的这一要求，也是针对以往扶贫工作中缺乏监督和考核机制，或监督考核机制流于形式而提出的，在精准扶贫实践中，严格的责任制和监督考核成为重要内容。

三是在总书记考察后不久，中石化等公司就进入东乡县和渭源县进行定点帮扶，彻底解决了困扰当地已久的水、电、路等基础设施和公共服务等问题，推动了产业发展，实现了产业致富。

扶贫小卡片

14个集中连片贫困区

《中国农村扶贫开发纲要（2011—2020年）》明确指出：国家将六盘山区、秦巴山区、武陵山区、乌蒙山区、滇桂黔石漠化区、滇西边境山区、大兴安岭南麓山区、燕山—太行山区、吕梁山区、大别山区、罗霄山区等区域的连片特困地区和已明确实施特殊政策的西藏、四省藏区、新疆南疆四地州这14个地区确定为集中连片贫困区。14个连片贫困区覆盖全国21个省（自治区、直辖市），共计680个县，9687个乡镇。2016年行政区划面积390万平方公里，约占全国行政区划总面积的40.7%，户籍人口数24357万人，占全国总人口的17.6%，2012年贫困发生率达24.4%。

全国14个连片特困地区基本覆盖了全国绝大部分贫困地区和深度贫困群体，一般的经济增长无法有效带动这些地区的发展，常规的扶贫手段难以奏效，扶贫开发工作任务异常艰巨。因此必须加大力度，强化手段，实施连片特困地区扶贫攻坚工程，以区域发展带动扶贫开发，以扶贫开发促进区域发展，帮助这些地区实现经济又好又快发展，帮助贫困群众增加收入和提高自我发展能力，为到2020年如期实现全面建成小康社会的奋斗目标提供坚实的保障。

国家统计局开展的农村贫困监测调查显示，2017年连片特困地区农村贫困人口比上年减少649万人，占全国农村总减贫规模的50.3%，贫困发生率比上年下降3.1个百分点；连片特困地区农村居民收入增长速度快于全国农村平均水平1.9个百分点[1]。

---

[1] 国家统计局：《中国农村贫困监测报告2018》，中国统计出版社，2018年版。

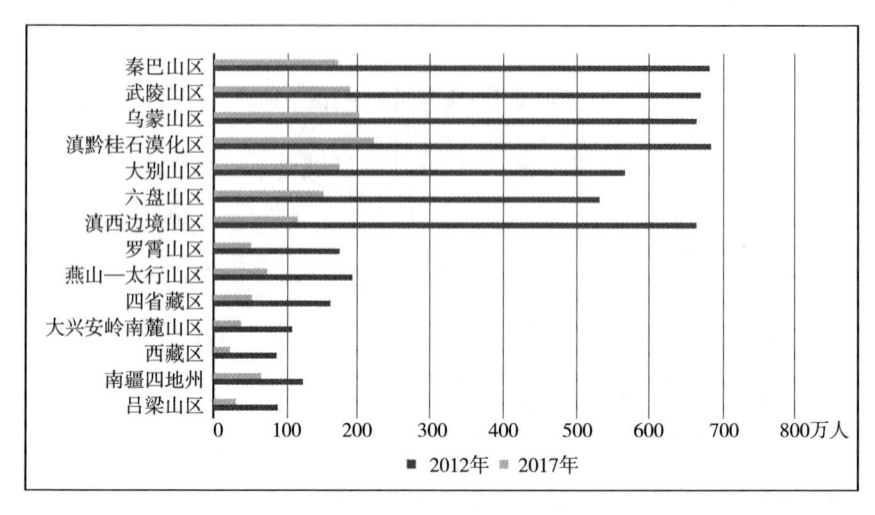

图 1：2012 年和 2017 年各连片特困地区贫困人口规模对比

参考文献

1.《习近平春节前赴甘肃看望各族干部群众》，新华网，2013 年 2 月 5 日。

2.《日子越过越红火——甘肃渭源县元古堆村脱贫调查》，新华网，2019 年 9 月 13 日。

3.《元古堆，总书记十分牵挂的地方》，求是网，2020 年 6 月 3 日。

4.《中国农村贫困监测报告 2018》，中国统计出版社，2018 年 12 月。

湖北省峒山村：全面建成小康社会，难点在农村

2013年7月21日至23日，习近平总书记在湖北调研全面深化改革问题和当前经济运行情况。他强调，全面深化改革是党的十八大提出的一项战略部署，也是我们实现"两个一百年"奋斗目标必须解决好的重大问题，一定要始终把改革创新精神贯彻到治国理政各个环节，推动经济持续健康发展，更好实现党的十八大确定的奋斗目标和工作部署。

7月22日上午，习近平来到武汉农村综合产权交易所考察，听取了农村产权交易探索情况汇报，同工作人员和前来办理产权流转交易鉴证手续的农民交谈，详细询问产权交易具体流程，认为这是一个积极探索。当日下午，习近平深入鄂州市水稻育种基地，察看水稻长势，向科技人员了解水稻新品种培育和推广情况。随后，习近平来到进行城乡一体化试点的鄂州市长港镇峒山村，走进社区综合服务中心、垃圾压缩转运站、无动力污水处理站、秸秆气化示范基地等，了解城乡一体化建设情况，并同部分村民进行座谈。习近平在调研时强调，实现城乡一体化，建设美丽乡村，是要给乡亲们造福，不要把钱花在不必要的事情上，比如说"涂脂抹粉"，房子外面刷层白灰，一白遮百丑。不能大拆大建，特别是古村落要保护好。

鄂州位于湖北省东南部，江南长江中游沿岸，是中国优秀旅游城市，

湖北省历史文化名城,武汉城市圈"两型社会"(资源节约型社会、环境友好型社会)建设综合配套改革示范区。鄂州是古铜镜之乡,也是驰名中外的"武昌鱼"的原产地,素有"百湖之市""鱼米之乡"等称号。

峒山村位于湖北省鄂州市鄂城区长港镇,是首批全国农村社区建设示范单位。辖6个自然湾,11个村民小组,915户,3723人,其中党员108名,全村面积10.7平方公里,其中耕地面积1.1万亩。2009年,峒山新社区被市政府纳入全市106个农村新社区规划建设,是百里长港示范带的重点建设村。峒山村所在地的前身,是20世纪五六十年代兴建的国营农场,土地广阔,河湖纵横,可耕种面积1.1万亩,人均3亩有余。峒山村的"峒"原是木字旁的"桐",只因在这片曾经"寸水淹丈地"的土地上,一座形似覆舟的山丘上长满了桐树。"十年九淹"使山丘成了逃难处,一字之改表达了他们朴素的寄托。从20世纪70年代起,峒山村开始修渠治水、围湖垦荒,进行美丽乡村建设、新社区改革,从"寸水淹丈地"的湖田中垦殖而起。近年来,峒山村按照"两型社会"建设的要求,坚持市场运作,推动体制创新,突出"观光旅游、生态农业、古镇文化"三位一体的特色,体现"产业兴村、生态立村、工业富村"的发展理念,实现了经济社会的跨越式发展。

建设美丽乡村

近年来,峒山村按照"产业兴旺、生态宜居、乡风文明、治理有效、生活富裕"的总要求,积极打造富美乡村,推进村级集体经济发展,发展新能源产业、打造乡村体验游,探索出了一条符合农村实际的发展路子。

峒山村充分做好特色生态农业"绿文章",发展体验乡村游。投资100万元建设面积200亩的绿色无公害西甜瓜种植基地,以"公司+基地+农户"的模式，带领农户从事西甜瓜种植，促进农户脱贫致富。该村仅此一项就年创产值250万元，纯利润达到150万元。而且，峒山村建有湘莲、葡萄、苗木、农业科研等生态农业示范基地12个，其中新能源基地3个、特色农产品基地4个、健康水产养殖基地2个、农家乐休闲基地3个，有3个基地被纳入农业部试点项目。打造休闲、观光、采摘、垂钓、科普等体验农业，吸引了大批游客，带动安置当地农民就业500余人，19户、46人脱贫。

峒山村经济的发展，改变了村容村貌，"望得见山、看得见水、记得住乡愁"的景象，正在峒山村一步步变成现实。通村主干公路硬化，路灯、供排水、公共厕所完善，建设环村、沿路、沿河绿化带，开展庭院绿化，峒山村环境美起来了。峒山村启动了"厕所革命"，采取奖补的方式发动村民改厕入室。峒山村还发展清洁能源，峒山村武汉光谷蓝焰新能源股份有限公司以秸秆等农林剩余物为原料，经过生物质热解工艺，生产出炭、气、油等产品，目前已投入市场。其中燃气主管网已覆盖周边1600多户居民，使当地居民全部用上了燃气，结束了用煤或秸秆生火做饭烧水的历史，极大地缓解了当地因燃烧秸秆带来的环保压力。

"慎砍树、禁挖山、不填湖"是峒山村改善村民居住条件的新思路，峒山村把有限的资金花在刀刃上，用来清洁乡村、美化家园、整治环境、建设循环路网、绿化，件件都是提高村民幸福指数的民生工程。"家门口山清水秀的，生活过得很舒畅……以前从屋里接根管子，把污水排到臭水沟去，容易招蚊虫，还有味儿。现在排到地下的污水管网里。"村民感慨，如今村里的环境愈发清爽了。峒山村家家户户都建污水池，生活污水进池过滤后，进入公共污水管道，再入沉井，最后到达小组的污水处理站。全村一共有5个污水处理站，一个站一天可处理污水15吨。

漫步在峒山村，古色古香的乡村建筑掩映在绿树中间，整洁明亮的公共服务站以及绿色长廊等景点让整个村庄尽显清新和活力。天更蓝了，水更清了，环境更优美了。如今的峒山村，遍野葱绿、生机盎然，该村先后被授予"全国文明村""全国生态村""全国现代生态农业创新示范基地""省级生态宜居村庄""省级旅游名村""全省发展壮大村级集体经济进步村"等荣誉称号。

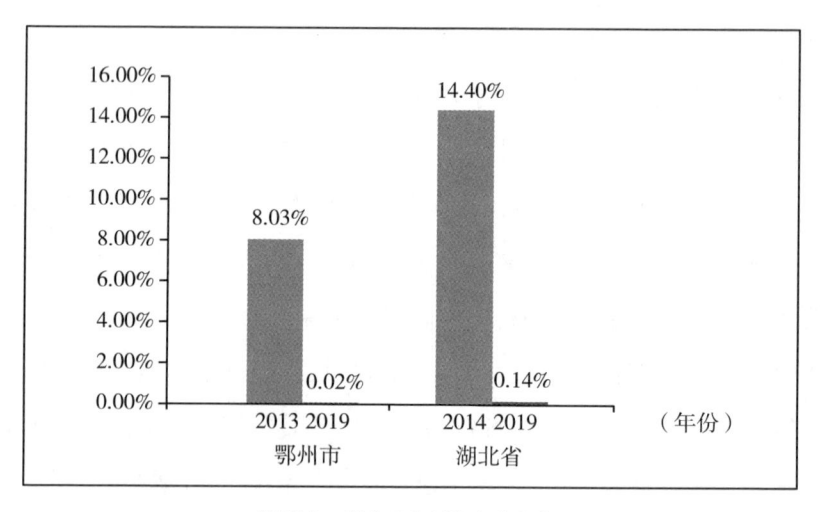

鄂州市、湖北省贫困发生率变化

政策解读

2012年，中共十八大描绘了全面建成小康社会、加快推进社会主义现代化的宏伟蓝图，发出了向实现"两个一百年"奋斗目标进军的时代号召。第一个一百年，是到中国共产党成立100年时全面建成小康社会；第二个一百年，是到中华人民共和国成立100年时建成富强民主文明和谐美丽的社会主义现代化强国。习近平总书记曾这样详解："中国执政者的首要使命就是集中力量提高人民生活水平，逐步实现共同富裕。为此，我们提出了'两个一百年'奋斗目标……我们现在所做的一切，都是为了实现这个既定目标。实现全面建成小康社会，必须全面深化改革、全面依法治国、全面从严治党。这就是我们提出的'四个全面'战略布局。"

"全面建成小康社会，难点在农村。"全面建成小康社会后，我国农村是什么样的？贫困村如何才能发展成为小康村？已建成小康的农村有哪些好的经验和做法？习总书记在调研了深度贫困的河北骆驼湾村、顾家台村，甘肃的元古堆村和布楞沟村之后，又来到了已实现小康的峒山村进行调研，从而了解农村发展和小康社会建设的途径和经验。

峒山村从"十年九淹"的贫困农村变成"全国农村社区建设示范单位"和湖北"城乡一体化试点单位"，通过"产业兴村、生态立村、工业富村"的发展理念，实现了经济社会跨越式发展。其主要经验是当地政府把工业与农业、城市与乡村、城镇居民与农村村民作为一个整体，统筹谋划、综合研究，通过体制改革和政策调整，促进城乡在规划建设、产业发展、市场信息、政策措施、生态环境保护、社会事业发展方面的一体化，从而改变了长期形成的城乡二元经济结构，实现城乡在政策上的平等、产业发展上的互补、国民待遇上的一致，让农民与城镇居民一样享受到改革开放带来的成果，实现整个城乡经济社会全面、协调、可持续发展。

峒山村的经验说明：城乡一体化的过程不仅是消除城乡二元结构的过程，也是农村脱贫致富的过程。峒山村的发展不仅给广大贫困农村脱贫奔小康提供了成功的经验，也为我国的农村改革和发展指明了方向。对此，习近平总书记指出："农村绝不能成为荒芜的农村、留守的农村、记忆中的故园。城镇化要发展，农业现代化和新农村建设也要发展，同步发展才能相得益彰，要推进城乡一体化发展。我们既要有工业化、信息化、城镇化，也要有农业现代化和新农村建设，两个方面要同步发展。要破除城乡二元结构，推进城乡发展一体化，把广大农村建设成农民幸福生活的美好家园。"这段讲话不仅是对峒山村经验的总结,也为中国农村全面建成小康社会指明了途径和前景。

扶贫小卡片

两个一百年

第一个一百年,是到中国共产党成立100年时全面建成小康社会;第二个一百年,是到中华人民共和国成立100年时建成富强民主文明和谐美丽的社会主义现代化强国。

中共十五大报告首次提出"两个一百年"奋斗目标:到建党一百年时,使国民经济更加发展,各项制度更加完善;到21世纪中叶中华人民共和国成立一百年时,基本实现现代化,建成富强民主文明的社会主义国家。此后,党的十六大、十七大均对"两个一百年"奋斗目标作了强调和安排。2012年,中共十八大描绘了全面建成小康社会、加快推进社会主义现代化的宏伟蓝图,向中国人民发出了向实现"两个一百年"奋斗目标进军的时代号召。"两个一百年"自此成为一个固定关键词,成为全国各族人民共同的奋斗目标。

党的十九大报告清晰擘画全面建成社会主义现代化强国的时间表、路线图。即在2020年全面建成小康社会、实现第一个百年奋斗目标的基础上,再奋斗15年,在2035年基本实现社会主义现代化。从2035年到本世纪中叶,在基本实现现代化的基础上,再奋斗15年,把我国建成富强民主文明和谐美丽的社会主义现代化强国。从十九大到二十大,是"两个一百年"奋斗目标的历史交汇期。我们既要全面建成小康社会、实现第一个百年奋斗目标,又要乘势而上开启全面建设社会主义现代化国家新征程，向第二个百年奋斗目标进军。

习近平曾这样详解："中国执政者的首要使命就是集中力量提高人民生活水平，逐步实现共同富裕。为此，我们提出了'两个一百年'奋斗目标……我们现在所做的一切，都是为了实现这个既定目标。实现全面建成小康社会，必须全面深化改革、全面依法治国、全面从严治党。这就是我们提出的'四个全面'战略布局。"

参考文献

1.《习近平：建设美丽乡村不是"涂脂抹粉"》，新华网，2013年7月22日。

2.《回访湖北鄂州市峒山村：建美丽乡村造福百姓》，《经济日报》，2019年1月3日。

3.《两个一百年引领前行的时代号召》，人民网，2016年1月18日。

湖南省菖蒲塘村和十八洞村：要实事求是、因地制宜、分类指导、精准扶贫

党的十八大以后，贫困地区的脱贫奔小康成为习总书记最关心的大事。在调研了位于太行山—燕山片区的骆驼湾村、顾家台村以及位于六盘山片区的元古堆村、布楞沟村后，总书记又不辞辛苦地来到了武陵山片区的菖蒲塘村和十八洞村调研贫困状况。

2013年11月3日上午，习近平来到凤凰县廖家桥镇菖蒲塘村，了解扶贫开发和水果产业发展情况。3日下午，习近平来到湘西花垣县十八洞村，先是走进位于村口的石爬专老人的家了解生活情况，后又来到低保户施成富家慰问。在施成富家门前空地上，习近平总书记同聚拢来的村干部和村民拉家常、话发展。从水、路、电到教育、医疗等，总书记都一一询问，总书记深情地说："我这次到湘西来，主要是看望乡亲们，同大家一起商量脱贫致富奔小康之策。看到一些群众生活还很艰苦，感到责任重大。"在调研中习近平强调，"不栽盆景，不搭风景""不能搞特殊化，但不能没有变化"，不仅要自身实现脱贫，还要探索"可复制、可推广"的脱贫经验。

湘西土家族苗族自治州是湖南省唯一的少数民族自治州，位于湖南省西北部，武陵山脉中部。湘西自治州七县一市，其中的七个县是国家级贫

困县。武陵山片区包括湖北、湖南、重庆、贵州四省市相交地带的71个县（市、区）。武陵山片区集革命老区、民族地区和贫困地区于一体，是党中央、国务院率先启动区域发展与扶贫攻坚的试点区、示范区。凤凰县地处湖南省西部边缘、湘西土家族苗族自治州的西南角，凤凰古城历来享有中国最美两座小城之一的美誉。如今更是有"北平遥，南凤凰"之盛名，成为全国旅游的热点景区之一。然而，凤凰县却是国家级贫困县。花垣县位于湘黔渝交界处，人称"一脚踏三省""湘楚西南门户"，是苗族聚居县、革命老区县、国家级贫困县。凤凰县和花垣县地处武陵山区腹地，自然条件恶劣，自然灾害多发，生产生活条件落后。当地群众思想观念相对落后，文化素质普遍偏低，陈规陋习依然存在，难以靠自身努力脱贫。

脱贫攻坚

菖蒲塘村

菖蒲塘村是凤凰县廖家桥镇下辖的行政村，距凤凰县城7公里，是一个以土家族、苗族为主的少数民族聚居村落，由原菖蒲塘村、马王塘村、长坳村、樱桃坳村合并而成，全村有15个自然寨。2014年建档立卡时，全村660户、3355人中，有贫困户204户、673人，贫困发生率高达20%。山多、地少、水缺、路烂，曾是这个偏僻山村的真实写照。

2013年11月3日，习近平总书记来到菖蒲塘村视察，作出了"依靠科技，开拓市场，做大做优水果产业，加快脱贫致富步伐"的重要指示，进一步为菖蒲塘村发展指明了方向。7年多来，菖蒲塘人牢记总书记嘱托，以发展壮大水果产业为依托，走上了一条农村美、农业兴、农民富的新路子。2016年，菖蒲塘村脱贫出列。2019年，全村人均可支配收入达到23419元，贫困发生率降至0.6%。

总书记来村考察时,村里有些群众已经靠种猕猴桃、柚子致富了,但大部分村民还是心动却不敢行动,担心种水果多了卖不掉。为了打消群众顾虑,村里推动水果业发展努力在特色上做文章,把传统水果业做成现代产业,为贫困户免费提供苗木和水泥杆等,鼓励村民扩大种植面积,同时发挥技术优势,培育销售苗木,向前端延伸,注重一二三产业融合发展。

如今,全村特色水果种植面积已达 6739 亩,其中猕猴桃 2272 亩、柚子 1063 亩、早熟蜜橘 803 亩、椪柑 1911 亩、高山葡萄 190 亩。年产水果 1300 万斤,农业生产总值 3500 万元,农民人均纯收入 7000 元。

在发展水果产业的同时,菖蒲塘村以完善设施、整治环境为抓手,改变村容村貌,培育乡风民风,昔日远近闻名的穷山村,变为舒适宜居的幸福家园。以前的菖蒲塘全是土路,村民出行困难。如今,村组路全部硬化,90% 以上的人家是两层小楼房。自来水由城镇管网统一供应,水质安全有保障。村里文体活动广场、妇女儿童之家、便民超市一应俱全。

以前村民生活习惯差,厕所臭味大,污水满地流,垃圾随风刮,房前屋后脏乱差。如今,村里的旱厕全部进行了卫生改造,生活污水入管统一排放,垃圾有专人清运。村民们生态环境意识强了,纷纷利用房前、屋后、路边的空闲地栽花种树,使得村庄同周围的果园、山丘融为一体。

菖蒲塘村按照"产业兴旺、生态宜居、乡风文明、治理有效、生活富裕"的乡村振兴总要求,坚持走农旅一体化发展道路,加快脱贫致富奔小康步伐,走上了一条农村美、农业兴、农民富的新路子。如今,菖蒲塘村乡村风情浓郁、生态环境优良、生产生活便利,村民的幸福感、获得感不断提升,先后被评为"湖南省新农村建设示范村""湖南省美丽乡村示范村""省级先进基层党组织"等。2019 年菖蒲塘村人均可支配收入 23419 元,全村 90% 以上的农户建起了"小洋房",98% 的农户实现电气化,自来水和水泥路入户率达 100%,成了远近闻名的小康村。

十八洞村

十八洞村是花垣县双龙镇下辖的行政村，是个苗族聚居的贫困村，村旁山中有 18 个天然溶洞，故名为十八洞村。十八洞村地处武陵山区中心地带，村内巉岩高耸，洞水幽蓝。由于处于高寒山区，这里冬长夏短，是高山熔岩地区，海拔 700 米左右。与秀美风景形成对比的是，因深处大山之中，人多地少，生存条件恶劣。不少村民家中除了电灯，就没了别的电器。墙壁是用泥巴、竹篾和木板糊的，一到冬天，寒风长驱直入，屋里比屋外还冷。全村面积是 14162 亩，而人均耕地只有 0.83 亩，森林覆盖率高达 78%。村里的劳动力大多外出在浙江一带务工，留在村里的非老即小。十八洞村有 6 个村民小组，2013 年人均纯收入仅 1668 元，为当年全国农民人均纯收入的 18.75%。全村 225 户、939 人中，有贫困户 136 户、542 人。

作为"精准扶贫"思想的发源地，湖南省花垣县十八洞村牢记总书记"实事求是、因地制宜、分类指导、精准扶贫"的重要指示，在党中央的坚强领导下，在社会各界的支持下，仅用了 3 年多时间，全村人均纯收入就达到了 8313 元。2017 年 2 月，十八洞村宣布成功脱贫摘帽，成为全国精准扶贫典型。2018 年 10 月，十八洞村获评"中国美丽休闲乡村"。

习总书记的来访打开了十八洞村发展的金路子，十八洞村深入推进精准扶贫精准脱贫，探索出了可复制、可推广的扶贫经验。全国各地前来学习精准扶贫经验的人员接踵而至，十八洞村因地制宜发展乡村旅游，吸引了大量游客。鸟儿回来了、鱼儿回来了、虫儿回来了、打工的人儿回来了、外面的人来了。在外打工的村民纷纷返乡创业，做产业、开农家乐，忙得不亦乐乎。过去，十八洞村是人们不想留、不愿留的地方，大龄单身汉比比皆是，村民大多外出务工。如今，这个小山寨成了很多人向往的诗和远方。

在旅游脱贫中十八洞村开启了"全域规划+全民参与+五个统一"的旅游扶贫利益联结。一是在国务院扶贫办和国家旅游总局关心下,将十八洞纳入全县旅游"五大景区"总体布局,依托丰富的旅游资源和浓郁的民族文化,引入外部企业开发本村"红色旅游""神秘苗寨""峡谷溶洞游"等。二是全民参与开发推出苗家腊肉、农家豆腐、苗鱼、苗鸭等民族特色餐饮,按照"修旧如旧"原则,进行景区民居改造,实施了改厨、改厕、改浴等"五改",建成村级游客服务中心等景区配套设施,开发苗族"三月三""赶秋""过苗年"等传统节庆活动。三是村里成立游客接待服务中心,对"农家乐"实行统一接团、统一分流、统一结算、统一价格、统一促销"五统一"管理模式。"农旅园"开发结合方面,采取"企业+基地+贫困户+村集体+观光体验旅游"的模式,由公司统一运营。

跳出十八洞村发展"飞地经济"。村里人均只有0.8亩耕地,要想发展产业必须有足够的耕地。十八洞村在30多公里外的花垣镇流转了1000亩土地,建设了猕猴桃基地。村民以产业帮扶资金和自筹资金入股的方式与苗汉子果业公司合作发展猕猴桃产业。2019年,十八洞村猕猴桃种植收益118万元,贫困户人均增收1600元,非贫困户人均增收800元。在产业发展方面,十八洞村还利用自身优势,引入步步高集团,投资创办了山泉水厂。"十八洞"山泉水每年以"50万+1"的形式给村集体分红,即50万元保底,每卖出一瓶水再注入1分钱到集体收益中。2019年,村集体获分红66.4万元。除此之外,组建苗绣合作社、开设农家乐、乡村民宿、发展乡村旅游等措施,让村民在"家门口"就能就业。2019年,十八洞村人均年收入达到了14668元,村集体经济收入突破了100万元,贫困发生率从2013年的56.76%下降到2019年的0。

十八洞村作为"精准扶贫"首倡地,充分做好"精准"战略,精准识别扶贫对象，精准发展支柱产业，精准改善基础设施，精准建设民生事业，精准创新扶贫机制，让乡村发生了翻天覆地的变化。昔日，"山沟两岔穷疙瘩，每天红薯苞谷粑。要想吃顿大米饭，除非生病有娃娃"。这首苗歌是早些年十八洞村人生活的真实写照。如今，走进十八洞，进村是黄泥竹篾的苗家宅院，地面是青草点缀的石板路，房前屋后绿树盈盈，家家用上了放心电，户户通上了自来水，无线网络覆盖全村……当年那个贫困冷寂的十八洞，已变身热闹新景区。有一首歌这样唱道："山青青，路宽敞，十八洞的今天变了样，哎嗨嗨……"

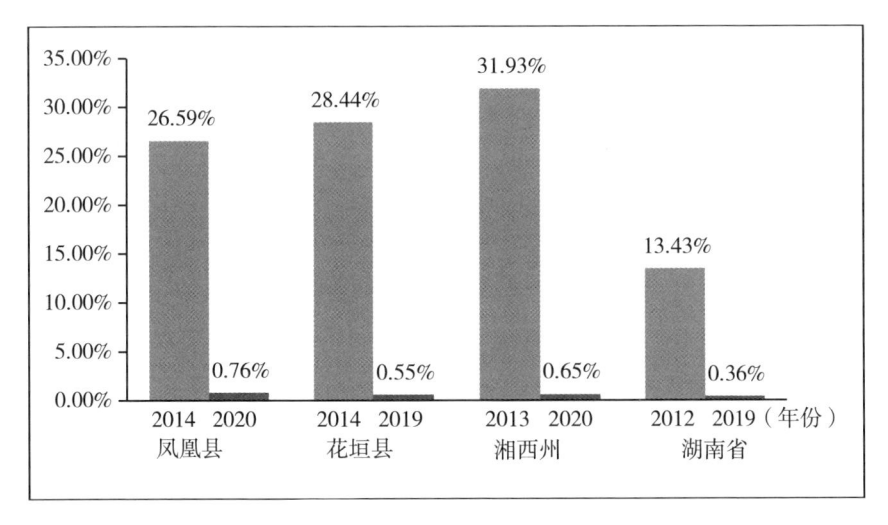

凤凰县、花垣县、湘西土家族苗族自治州、湖南省贫困发生率变化

政策解读

党的十八大报告中要求加大对革命老区、民族地区、边疆地区、贫困地区的扶持力度。如果说总书记调研过的河北阜平县是革命老区贫困的典型，甘肃东乡县和渭源县是偏远贫困地区的典型代表，那么位于武陵山

片区的湘西土家族苗族自治州的花垣县则是民族地区贫困的典型代表,这是习总书记选择这里调研的主要背景。

习近平总书记在2012年12月对骆驼湾村的考察中初次提出了扶贫要精准的思想。经过一年多的调研和酝酿,在十八洞村,习近平总书记正式提出"精准扶贫"思想。从这一刻开始,我国脱贫攻坚从以前的开发式扶贫阶段进入了精准扶贫新阶段。"精准扶贫"思想的提出意味着我国的扶贫体制机制开始了一系列的改革创新。

在总书记视察十八洞村后不久,2013年底中共中央办公厅、国务院办公厅印发《关于创新机制扎实推进农村扶贫开发工作的意见》,提出以建立精准扶贫工作机制为核心的六项机制创新和十项重点工作。这一文件的发布出台标志着中国的扶贫工作从开发式扶贫阶段进入到精准扶贫全面实施阶段。此后,围绕该文件,相关部委出台了《关于改进贫困县党政领导班子和领导干部经济社会发展实绩考核工作的意见》《关于印发〈建立精准扶贫工作机制实施方案〉的通知》《关于印发〈扶贫开发建档立卡工作方案〉的通知》等政策配套文件。对精准扶贫工作模式的顶层设计、总体布局和工作机制等方面都做了详尽规制,从制度上解决了"扶持谁""谁来扶"的问题。

截至2014年底,全国范围对贫困户的建档立卡工作全部完成。扶贫开发建档立卡就是要对贫困户和贫困村进行精准识别,了解贫困状况,分析致贫原因,摸清帮扶需求,明确帮扶主体,落实帮扶措施,开展考核问效,实施动态管理,检查帮扶责任人履职情况和贫困对象脱贫情况。对贫困县和连片特困地区进行监测和评估,分析掌握扶贫开发工作情况,为扶贫开发决策和考核提供依据。建档立卡的内容包括六个方面,分别是家庭基本情况、致贫原因、帮扶责任人、帮扶计划、帮扶措施和帮扶成效。

建档立卡的贫困标准是以2013年农民人均纯收入2736元(相当于

2010年的2300元不变价）的国家农村扶贫标准为识别标准。各地可结合本地实际，按本省标准开展贫困户识别工作，纳入全国扶贫信息网络系统统一管理。贫困人口规模原则上以国家统计局发布的2013年底全国农村贫困人口规模8249万人为基数，各省可适当浮动。识别程序是以农户收入为基本依据，综合考虑住房、教育、健康等情况，通过农户申请、民主评议、公示公告和逐级审核的方式，整户识别。

对于总书记重视的"要探索可复制、可推广"扶贫经验的要求，十八洞村也不负重托，2017年6月23日，习总书记在深度贫困地区脱贫攻坚座谈会上的重要讲话中，两次提到湖南省湘西土家族苗族自治州，对湖南针对湘西土家族苗族自治州深度贫困问题统筹推进产业、就业、易地搬迁、生态补偿、教育、社会保障等"十项工程"，也给予了充分肯定。他说："2013年我到过的湖南湘西州十八洞村，3年多时间摘掉了贫穷帽子，实现了全部脱贫，当年的40个光棍已有一半成了家，而且新娘都是外村人。"

扶贫小卡片

精准扶贫

2014年1月25日，中共中央办公厅、国务院办公厅印发了《关于创新机制扎实推进农村扶贫开发工作的意见》，并发出通知，要求各地区各部门结合实际认真贯彻执行。关于创新机制的内容有以下几个方面：

（一）改进贫困县考核机制。由主要考核地区生产总值向主要考核扶贫开发工作成效转变，对限制开发区域和生态脆弱的国家扶贫开发工作重点县（以下简称"重点县"）取消地区生产总值考核，把提高贫困人口生活水平和减少贫困人口数量作为主要指标。

（二）建立精准扶贫工作机制。国家制定统一的扶贫对象识别办法。各省（自治区、直辖市）在已有工作基础上，坚持扶贫开发和农村最低生活保障制度有效衔接，按照"县为单位、规模控制、分级负责、精准识别、动态管理"的原则，对每个贫困村、贫困户建档立卡，建设全国扶贫信息网络系统。专项扶贫措施要与贫困识别结果相衔接，深入分析致贫原因，逐村逐户制定帮扶措施，集中力量予以扶持，切实做到扶真贫、真扶贫，确保在规定时间内达到稳定脱贫目标。

（三）健全干部驻村帮扶机制。在各省（自治区、直辖市）现有工作基础上，普遍建立驻村工作队（组）制度。可分期分批安排，确保每个贫困村都有驻村工作队（组），每个贫困户都有帮扶责任人。

（四）改革财政专项扶贫资金管理机制。各级政府要逐步增加财政专项扶贫资金投入，加大资金管理改革力度，增强资金使用的针对性和实效性，项目资金要到村到户，切实使资金直接用于扶贫对象。把资金分配与工作考核、资金使用绩效评价结果相结合，探索以奖代补等竞争性分配办法。

（五）完善金融服务机制。充分发挥政策性金融的导向作用，支持贫困地区基础设施建设和主导产业发展。引导和鼓励商业性金融机构创新金融产品和服务，增加贫困地区信贷投放。在防范风险前提下，加快推动农村合作金融发展，增强农村信用社支农服务功能，规范发展村镇银行、小额贷款公司和贫困村资金互助组织。完善扶贫贴息贷款政策，增加财政贴息资金，扩大扶贫贴息贷款规模。

（六）创新社会参与机制。建立和完善广泛动员社会各方面力量参与扶贫开发制度。充分发挥定点扶贫、东西部扶贫协作在社会扶贫中的引领作用。支持各民主党派中央、全国工商联和无党派人士参与扶贫开发工作，鼓励引导各类企业、社会组织和个人以多种形式参与扶贫开发。

参考文献

1. 《习近平在湖南考察》，新华网，2013年11月5日。
2. 《习近平牵挂的湖南花垣县十八洞村如何精准扶贫》，中国网，2016年10月25日。
3. 《总书记带领我们"精准脱贫"》，《人民日报》，2018年10月5日。
4. 《从"要我脱贫"到"我要脱贫"，十八洞村经历了什么？》，央视网，2020年8月21日。
5. 《菖蒲塘村的"甜蜜"事业》，新华网，2020年9月11日。
6. 李培林、魏后凯主编：《扶贫蓝皮书：中国扶贫开发报告（2016）》，社会科学文献出版社2016年版。
7. 《关于创新机制扎实推进农村扶贫开发工作的意见》，中国政府网，2014年1月25日。

第二章

精准扶贫的路径探索

自习总书记在湖南十八洞村提出精准扶贫，解决了"扶持谁"的问题以后，为了解决"谁来扶""怎么扶""如何退"等问题，从2013年11月到2015年7月，总书记又去了山东、内蒙古、河南、新疆、云南、陕西等8个省（自治区）的村庄深入调研。通过调研，总书记对"怎么扶""谁来扶"等问题已形成了基本的看法，在贵州花茂村调研后提出"六个精准"、"四个一批"、"三位一体"、落实领导责任制等一系列精准扶贫重要观点，这为精准扶贫战略的全面开展提供了理论保障。

山东省朱村：让老区人民过上好日子，是我们党的庄严承诺

习总书记在十八洞村考察后不久，在 2013 年 11 月 24 日至 28 日，又来到青岛、临沂、济宁、菏泽、济南等地，深入革命老区、企业、科研院所、文化机构等，考察经济社会发展情况及临沂地区脱贫经验，推动学习贯彻党的十八届三中全会精神。

11 月 25 日下午，习近平总书记来到临沂市临沭县曹庄镇朱村，专程前往"老支前"王克昌家看望。在他家中，习近平挨个房间察看，并坐下来同一家人拉家常，关切询问家里有几亩地、搞柳编能挣多少钱、还有什么困难。此后，习近平又来到朱村村史馆参观，观看这个在抗战初期就建立党组织的支前模范村的村史展。当习近平总书记了解到谷牧、肖华、铁瑛等老一辈无产阶级革命家在朱村战斗、工作的经历后，连连表示，朱村的红色文化教育基地办得好，为子孙后代留下了宝贵精神财富。在调研中，习近平表示："生活一天比一天好，但我们不能忘记历史，不能忘记那些为新中国诞生而浴血奋战的烈士英雄，不能忘记为革命作出重大贡献的老区人民。让老区人民过上好日子，是我们党的庄严承诺，各级党委和政府要继续加大对革命老区的支持，形成促进革命老区加快发展的强大合力。"

临沂位于山东省东南部，地近黄海，地处长三角经济圈与环渤海经济

圈结合点。沂蒙抗日根据地是山东抗日根据地的核心部分，也是全国著名的革命根据地之一。革命战争年代，刘少奇、徐向前、罗荣桓、陈毅等都曾在这里战斗过。八路军第一纵队、115 师司令部、新四军军部、华东野战军总部等曾长期驻扎在这里。沂蒙抗日根据地被誉为"山东的小延安"，在建立起战斗力强大的人民军队、支撑山东抗战局面、支援兄弟根据地、孕育沂蒙精神等方面，作出了巨大贡献。临沂因为人口多、底子薄，老百姓大多守着传统农业"一亩地里打转转"，沂蒙山区一度是贫困落后的代名词，1984 年被国务院列为重点解决的连片贫困地区之一（即沂蒙山片区）。改革开放以来，沂蒙老区在扶贫开发中艰辛探索，跑出了临沂"加速度"，1996 年在全国 18 个连片贫困地区中临沂率先实现整体脱贫。朱村是其中的典型代表。

朱村，位于山东省临沂市临沭县曹庄镇，鲁东南苏鲁交界处，境内河流纵横、溪水汇流、玉带缠绕，呈"九龙戏珠"之格局，故得名"珠村"。在革命战争年代，村民踊跃参军，朱村曾被誉为滨海"小延安"，1939 年成立了临沭县最早的党支部，刘少奇、粟裕、肖华等都曾经在这里工作和战斗过。八路军朱村反扫荡是滨海抗日战争史上较为重要的一次战斗。在抗日战争和解放战争中，朱村人民筹军粮、做军鞋、抬担架、救伤员不计其数，先后有近百人参军，40 多人负伤，8 人为抗日救国和解放事业献出了宝贵的生命。朱村还是鲁东南地区唯一保留较为完整的明清民居建筑群的村落，全村有 40% 的民居保存着清朝民居风格。村内的玄武庙、王氏祖陵明清古碑、清朝节孝牌坊、王橡进士故居、白家花园遗址等遗迹，都较为完整地保留了明清民居建筑群的特色。村庄现存的 30 余间较为完整的民居足以显示当地的地域人文特点，历史脉络仍然清晰可见。朱村通过发展特色产业，加快新农村建设，实现了村民脱贫致富，达到小康标准。2013 年，朱村被农业部命名为"全国美丽乡村创建示范村"。

脱贫攻坚

2013年11月,习近平总书记来朱村视察时指出,"要让老区人民过上好日子"。自此之后,朱村党员干部群众牢记习近平总书记的亲切关怀和殷切嘱托,种葡萄、做柳编、办工厂,坚持实行居住区、农业园区、旅游区"三区同建",朱村走上了一条以古韵、民俗、红色文化为特色的乡村振兴之路。朱村集体年收入从2013年的15万元增长到2019年的33万元,村民人均年收入从0.8万元增长到1.5万元,全部翻了一番。

因地制宜,发展高效农业。朱村土地稀少,人均只有4分地,只种粮食吃不饱,但这里土质好,水源充沛,种经济作物有销路。这几年,朱村因地制宜发展生态农业、特色产业项目,规划建起了1500亩的现代农业示范园,涵盖了葡萄科技示范园、梨园、食用菌基地、九朱农业生态园和寿桃园等项目,而且还利用绿色水资源,发展起了绿色网箱养鱼。"别人家的葡萄卖八毛多,我们能卖到两块二,每亩能为农户增收8000元呢。"村民还成立了珍珠苑农业合作社,吸纳贫困户参加农业合作社。现有6户贫困户、15人参加珍珠苑农业合作社,这部分贫困人口预计年收入合计增加6万元,人均年增收4000元。

"农业+文化+旅游"助力绿色发展。临沭是全国闻名的柳编之乡。为了促使传承了1400余年的柳编产业实现动能转换,朱村编制了《朱村柳韵田园综合体总体规划》,确立了"农业+文化+旅游"三位一体发展的思路。目前,该综合体已发展杞柳种植1500亩,建成1.5万平方米的柳编展厅。以前主要是卖柳编制品,现在是将花艺师、园艺师、家居设计师与柳编打包在一起,卖文化、卖服务与体验。园区的扶贫项目已帮助100多名村民在家门口就业,20多名村民摘掉了贫困的帽子。2019年9月,朱村成功举办了第六届中国(临沭)柳编旅游文化产业博览会,仅用7天时间就吸引游客4万余人，带动消费600余万元。朱村柳编的"绿叶子"给村民带来了实实在在的"红票子"。

产业振兴让朱村村民的生活有盼头、有甜头，朱村正在力争实现"产业旺、生态好、乡村美、农民富"的全面振兴。朱村聘请了规划设计团队编制了《朱村村庄规划》，居住区、农业园区、旅游区"三区同建"，加快推动朱村实现高质量发展。和习总书记7年前来朱村时相比，村里发生了天翻地覆的变化，右边是整修的清代古建筑，左边则是新建筑，村里整修了街道，泥泞路变成了水泥路，路灯换成了太阳能路灯，生活环境比以前好了，村里还建起了社区服务中心。村民的生活也好了，90%以上的家庭都有了小轿车。站在朱村东侧的沭河堤岸上，该村建起的现代农业示范园尽收眼底。这个1500余亩的现代农业示范园，引入了葡萄、冬桃、晚秋黄梨等先进品种和种植管理方式。

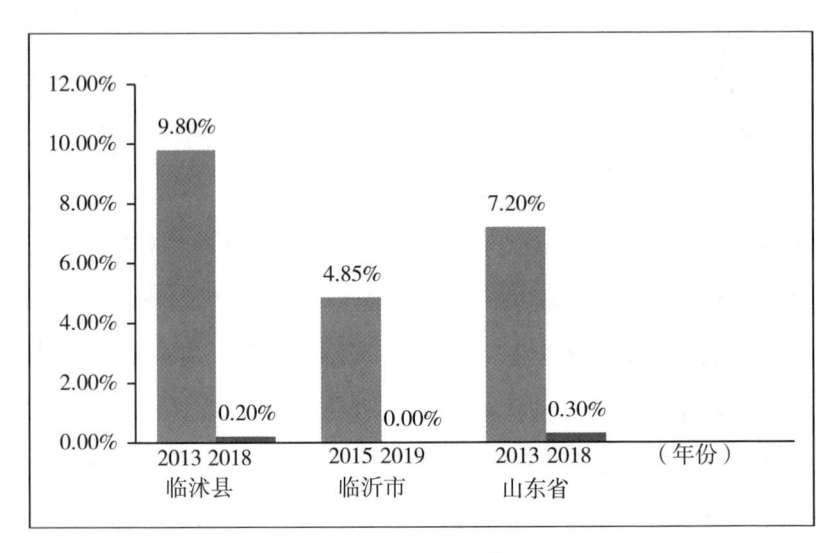

临沭县、临沂市、山东省贫困发生率变化

朱村还结合了现有的红色文化纪念馆和明清古建筑群，将乡村旅游与生态农业进行了有机融合。通过绘制"红绿蓝古"（红色文化、绿色农业、蓝色水域、古色建筑）发展规划，朱村焕发了新生机。来朱村参观红色纪念馆，欣赏明清古建筑，游览沭河好运角的同时，还能顺便赏花、采摘，这里一年都有好景色。曾经的"抗日模范村"已成为"留得住青山绿水，记得住乡愁"宜居宜业的美丽乡村。

政策解读

习近平总书记在十八洞村提出"精准扶贫"思想，解决了"扶持谁"的问题，但是"谁来扶""怎么扶""如何退"则是摆在面前的重大课题。总书记在十八洞村考察时曾经说过，贫困村"不仅要自身实现脱贫，还要探索'可复制、可推广'的脱贫经验"。总书记也同样高度重视已脱贫地区的"可复制、可推广"的脱贫经验。离开十八洞村不到1个月的时间，总书记就来到了山东革命老区沂蒙山区的临沂。改革开放以来，沂蒙老区在扶贫开发中艰辛探索，跑出了临沂"加速度"，1996年在全国18个连片贫困地区中临沂率先实现整体脱贫，其脱贫经验对全国来说有重要的可借鉴之处，这是总书记考察的背景所在。

朱村的脱贫经验可以总结为，立足资源禀赋，发展柳编产业，以特色产业发展带动农民增收。所以，在考察中，用总书记的话总结就是"一个地方的发展，关键在于找准路子、突出特色。欠发达地区抓发展，更要立足资源禀赋和产业基础，做好特色文章，实现差异竞争、错位发展。欠发达地区和发达地区一样，都要努力转变发展方式，着力提高发展质量和效益，不能'捡进篮子都是菜'。抓扶贫开发，要紧紧扭住增加农民收入这个中心任务、健全农村基本公共服务体系这个基本保障、提高农村义务教育水平这个治本之策,突出重点,上下联动,综合施策"。

总书记的这一指示实际上是指出了"怎么扶"的问题。即,通过发展特色产业提高农民的收入水平,从而摆脱贫困。不久后,在中共中央办公厅、国务院办公厅印发的《关于创新机制扎实推进农村扶贫开发工作的意见》中,总书记的这一意见得到了体现,在第二部分"注重实效,扎实解决突出问题"中实施的十项工作之一就是:实施"特色产业增收工作。指导连片特困地区编制县级特色产业发展规划。加强规划项目进村到户机制建设,切实提高贫困户的参与度、受益度。积极培育贫困地区农民合作组织,提高贫困户在产业发展中的组织程度。鼓励企业从事农业产业化经营,发挥龙头企业带动作用,探索企业与贫困农户建立利益联结机制,促进贫困农户稳步增收。深入推进科技特派员农村科技创业行动,加快现代农业科技在贫困地区的推广应用。到2015年,力争每个有条件的贫困农户掌握1~2项实用技术,至少参与1项养殖、种植、林下经济、花卉苗木培育、沙产业、设施农业等增收项目。到2020年,初步构建特色支柱产业体系。不断提高贫困地区防灾避灾能力和农业现代化水平。畅通农产品流通渠道,完善流通网络。推动县域经济发展"。

这一指示后来演变为"怎么扶"中的重要措施——发展生产脱贫一批,即总书记所说的"引导和支持所有有劳动能力的人依靠自己的双手开创美好明天,立足当地资源,实现就地脱贫"。之后,发展这一内容演变成为"五个一批"中的"发展生产脱贫一批"。有两个重要内容,一是通过产业发展增加经营性收入脱贫,二是通过就业增收工资性收入脱贫。这在《中共中央国务院关于打赢脱贫攻坚战的决定》和《国务院关于印发"十三五"脱贫攻坚规划的通知》中得到了明确强调。发展生产是脱贫致富的根本之策,是脱贫攻坚战"五个一批"中最重要的一批,也是乡村振兴中最重要的内容。

目前,"发展生产脱贫一批"已取得显著成效,成为贫困户收入增长的最重要来源。在建档立卡的贫困人口中,有90%以上得到了产业扶贫和就业扶贫支持,三分之二以上主要靠外出务工和产业脱贫。村民的工资性收入和生产经营性收入占比不断上升,转移性收入占比逐年下降,自主脱贫能力稳步提高。

扶贫小卡片

产业扶贫

产业扶贫是指以市场为导向,以经济效益为中心,以产业发展为杠杆的扶贫开发过程,是促进贫困地区发展、增加贫困农户收入的有效途径,是扶贫开发的战略重点和主要任务。产业扶贫是一种内生发展机制,目的在于促进贫困个体(家庭)与贫困区域协同发展,根植发展基因,激活发展动力,阻断贫困发生的动因。

2015年11月29日,中共中央国务院颁布的《中共中央国务院关于打赢脱贫攻坚战的决定》,在实施精准扶贫方略中明确要求发展特色产业脱贫,制定贫困地区特色产业发展规划。出台专项政策,统筹使用涉农资金,重点支持贫困村、贫困户因地制宜发展种养业和传统手工业等。实施贫困村"一村一品"产业推进行动,扶持建设一批贫困人口参与度高的特色农业基地。加强贫困地区农民合作社和龙头企业培育,发挥其对贫困人口的组织和带动作用,强化其与贫困户的利益联结机制。支持贫困地区发展农产品加工业,加快第一、二、三产业融合发展,让贫困户更多分享农业全产业链和价值链增值收益。加大对贫困地区农产品品牌推介营销支持力度。依托贫困地区特有的自然人文资源，深入实施乡村旅游扶贫工程。科学合理有序开发贫困地区水电、煤炭、油气等资源，调整完善资源开发收益分配政策。探索水电利益共享机制，将从发电中提取的资金优先用于水库移民和库区后续发展。引导中央企业、民营企业分别设立贫困地区产业投资基金，采取市场化运作方式，主要用于吸引企业到贫困地区从事资源开发、产业园区建设、新型城镇化发展等。

2016年11月23日，国务院发布《国务院关于"十三五"脱贫攻坚规划的通知》。《通知》第二章明确指出，农林产业扶贫、电商扶贫、资产收益扶贫、科技扶贫是产业发展脱贫的重要内容。同时提出农林种养产业扶贫工程、农村一二三产业融合发展试点示范工程、贫困地区培训工程、旅游基础设施提升工程、乡村旅游产品建设工程、休闲农业和乡村旅游提升工程、森林旅游扶贫工程、乡村旅游后备箱工程、乡村旅游扶贫培训宣传工程、光伏扶贫工程、水库移民脱贫工程、农村小水电扶贫工程等"十三五"期间重点实施的产业扶贫工程。

参考文献

1. 《习近平看望"老支前"："请你批评指正"》，新华网，2013年11月25日。

2. 《山东临沭朱村：老区人民想和总书记"拉拉幸福呱"》，人民网，2018年2月22日。

3. 《临沭县朱村：穷山村六年变身美丽宜居村》，新华网，2020年10月5日。

4. 《中共中央国务院关于打赢脱贫攻坚战的决定》，《人民日报》，2015年12月8日。

5. 《国务院关于印发"十三五"脱贫攻坚规划的通知》，中国政府网，2016年12月2日。

内蒙古自治区伊尔施镇和宝利根苏木：只要还有一个人没有解决基本生活问题，我们就不能安之若素

2009年8月，时任国家副主席习近平到内蒙古考察，他专门前往呼和浩特市政务服务中心和大召前街棚户区改造工程现场，实地察看改善民生、为民办实事情况。2014年1月26日至28日，习近平再次到内蒙古兴安盟、锡林郭勒盟、呼和浩特市等地，深入林场、牧场、企业、牧户、社区调研考察，给各族干部群众送去了党中央的关心和关怀。

1月26日下午，习近平来到阿尔山市伊尔施镇，看望生活在林业棚户区的群众。他首先来到林业工人郭永财家，察地窖，摸火墙，看年货，坐炕头，详细了解一家人的生活。看到郭永财家住房简陋，习近平十分关心，向当地干部了解棚户区改造时间表，听说这片棚户区已列入明年计划，他表示满意。1月27日，习近平来到锡林浩特市宝力根苏木牧民玛吉格家，详细了解当地群众生产生活情况。当日上午，在锡林浩特市宝力根苏木冬季那达慕"五畜祈福"仪式上，习近平同牧民们一起，观摔跤，看赛马，听长调，赏歌舞，并按照蒙古族习俗，祝福来年风调雨顺，五畜兴旺，人民幸福安康。习近平强调，我们党员干部都要有这样一个意识：只要还有一家一户乃至一个人没有解决基本生活问题，我们就不能安之若素；只要群众对幸福生活的憧憬还没有变成现实，我们就要毫不懈怠团结带领

群众一起奋斗。

阿尔山市位于内蒙古自治区兴安盟西北部,属于大兴安岭南麓集中连片特殊困难地区,这一片区跨内蒙古、吉林、黑龙江三省区,是国家新一轮扶贫开发攻坚战的主战场之一。阿尔山市是兴安盟林区的政治、经济、文化中心,却是全国为数不多的贫困县级市之一。阿尔山市人口由蒙古、汉、回、满、朝鲜、达斡尔、苗、壮、锡伯等13个民族组成,是以蒙古族为主体、汉族占多数的多民族聚居地区。阿尔山市过去是一个以林业为主的城市,20世纪末禁伐以来,一直处于艰难的产业转型当中,当地很多林业工人都住在简陋的平房里。

锡林浩特市位于内蒙古自治区中部,北京的正北方,是锡林郭勒盟盟府所在地。锡林郭勒草原是草原文化的发源地之一。锡林浩特市含蒙古、汉、回、藏、布依、朝鲜、维吾尔、鄂温克等30个民族,是一个以蒙古族为主体、汉族占多数、多民族聚居的边疆少数民族地区。锡林浩特市矿产资源丰富,是东北、华北地区重要的资源接续地和能源后备区。该市也是国家重要的畜产品基地,又是西部大开发的前沿,是距京、津、唐最近的草原牧区。

伊尔施镇位于内蒙古兴安盟阿尔山市最北端,北与呼伦贝尔市接壤。"伊尔施",蒙古语"豹"的音译,满语"驿站"的音译。过去伊尔施为村级建制,号称"天下第一村",是阿尔山市的经济重镇。于1998年8月8日建镇,辖阿尔山、伊尔施2个自然行政村,13个居民小区,10个较大的机械化农场。总面积3739平方公里,总人口4.5万人,是以蒙古族为主体,汉族为多数,满族、回族、朝鲜族、苗族、达斡尔族、壮族、锡伯族等9个民族组成的多民族聚居区。从业人员主要以工业、农业、畜牧业为主要生活来源,其中林业人口占三分之二。

宝力根苏木是锡林浩特市所辖的三个苏木之一,共有居民1061户、

4043 人，土地总面积为 3199.93 平方公里，辖 9 个嘎查、2 个居委会。宝力根苏木旅游资源非常丰富，尤其以草原旅游资源丰富、草原类型完整著称于世，即草甸草原、典型草原、半荒漠草原、沙地草原均具备，地上植物达 1200 多种。

脱贫攻坚

党的十八大以来，内蒙古将民族地区作为脱贫攻坚的主战场，因户因人精准施策，综合运用产业扶贫、易地扶贫搬迁、教育扶贫、政策兜底等措施，让全区 141 万各族同胞摘掉了"贫困帽"。与此同时，不断提升民生保障水平，在全国率先实现高中阶段免费教育，城镇失业率低于 4% 的目标控制值，"零就业"家庭始终保持动态清零，重点棚户区改造任务圆满完成。

分解棚户区改造任务，探索多种安置方法。每年年初自治区政府与各盟市签订年度住房保障工作目标责任书，及时分解任务。之后，盟市与旗县（市、区）分别签订目标任务责任书，层层分解落实目标任务。自治区政府先后下发《关于做好全区棚户区改造货币化安置工作的指导意见（试行）》等文件，合理确定棚改货币化安置方式，落实各项支持政策。通过多措并举，内蒙古棚户区居民逐渐告别环境脏乱差的"蜗居"，住上了宽敞明亮的新楼房。以前，郭永财家的房子只有 38 平方米，加上女儿、外孙女，住得很挤。如今，郭永财一家搬入了新居。现在他们住的房子是一室一厅，有 50 平方米，厨房用的都是电器，还有液化气，有热水器可以洗澡，上厕所也不用去外面了，比过去舒服多了。

坚守"绿水青山就是金山银山"的初心。近年来，阿尔山市将旅游产业作为脱贫攻坚的重点，逐渐探索形成"全域旅游 + 五小经济"模式，因户施策推广小种植、小养殖、小商业、小劳务和小合作五种经济发展模式，实现产业扶贫到户全覆盖。独特的地理资源优势孕育了阿尔山丰富的旅游资源。现在，阿尔山对外逐渐形成了边贸（蒙古国）、阿（尔山）海（拉尔）满（洲里）"一外一内"的双重旅游圈，并与周边地区联动推进"你进我出"或者"我进你出"，极大地拓展了旅游纵深和资源集聚。对内则以发展家庭宾馆、农家乐、林家乐为主体，带动特色种养业、传统手工业、餐饮服务业等业态发展，完善了全域旅游的消费链，充分发挥旅游业的普惠和富民效应。如今，作为全国闻名的旅游城市，仅2019年，全市旅游收入就达到了60亿元，老百姓的生活也变得越来越好。

阿尔山市率先探索消费扶贫，搭建贫困户与消费者之间的市场链接平台。目前，每年实现交易额200余万元，直接带动贫困户400多户。阿尔山拥有丰富的林下资源，这里的牛羊吃的是绿色无污染的有机"仙草"，喝的是火山矿泉水，浩瀚大森林盛产的野生蘑菇、野菜、黄花、灵芝、桦树茸不仅鲜美可口，更是营养丰富。乡乡消费扶贫体验店2020年上半年的销售额也达600多万元。此外，阿尔山市还依托优质生态旅游及农特产品资源，通过举办电商节直播带货、邀请网红明星推荐农特产品等方式把电商和物流结合。

宝力根苏木还积极探索牧区新模式。为推动畜牧业转型升级，当地积极培育农牧业新型经营主体，加强合作社和家庭农牧场培育，以股份合作、合同订单、保价收购、利润返还、收益分成等方式，引导牧民组建各类专业合作社，同时发展种养大户。目前，宝力根苏木有专业合作社13家，家庭牧场7个。玛吉格家2018年新建了220平方米暖棚、150平方米储草棚和180平方米羊圈。这些棚圈都是通过国家惠牧项目建起来的，牧户只承担30%的建设资金。2016年玛吉格和老伴从牧区搬进了锡林浩特市宝力根苏木"爱祺乐"牧民养老院园区。园区内健身室、文体室、图书室、餐厅等一应俱全，每天按照不同的菜谱供餐，还免费提供洗澡、理发、洗衣等服务。园区根据各家需求提供面积50平方米到100平方米不等的住房，家具家电应有尽有，月房租仅300元。

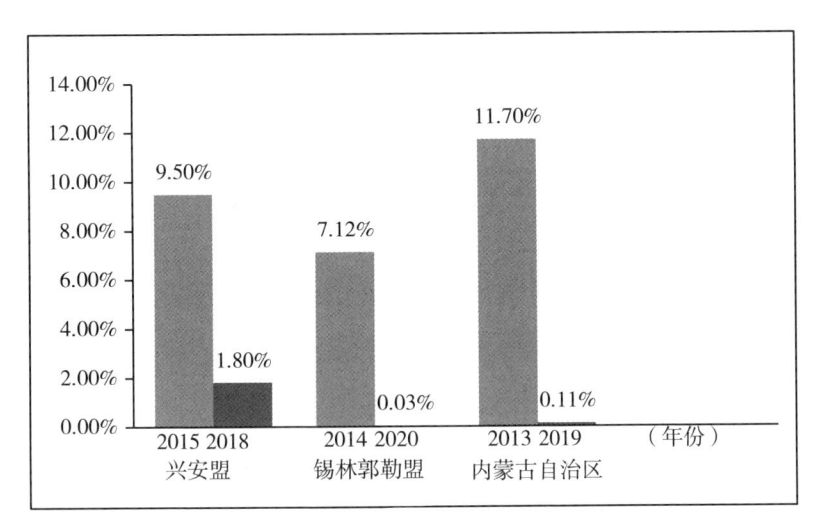

兴安盟、锡林郭勒盟、内蒙古自治区贫困发生率变化

政策解读

在提出"精准扶贫"后，调研不同类型地区扶贫实践和发展经验，为脱贫攻坚的全面实施和"十三五"规划做准备，这成为习总书记考察农村的重要目的。内蒙古是我国最早成立民族自治区、党的民族区域自治制度最早付诸实施的地方，又地处祖国北疆，战略地位十分重要。内蒙古区情特殊，扶贫开发面临的情况复杂，边境地区广阔，少数民族人口多，牧业经济脆弱，生态保护压力大，在此背景下，总书记对内蒙古扶贫的考察意义重大。

从2009年起，阿尔山市就开始了棚户区改造和产业转型，到2013年底，已进行了4年多，总结其成效、经验和教训有助于为其他贫困地区的危房改造和产业发展提供经验。在考察了山东朱村后不久，总书记就来到了内蒙古自治区兴安盟、锡林郭勒盟、呼和浩特市等地，深入林场、牧场、企业、牧户、社区调研考察，深入了解了当地危房改造和产业转型的进展情况，对其产业转型方向提出了两个建议："我看出路主要有两条，一条是继续组织实施好重大生态修复工程，搞好京津风沙源治理、三北防护林体系建设、退耕还林、退牧还草等重点工程建设；一条是积极探索加快生态文明制度建设。"对于内蒙古自治区的经济发展与转型，习总书记也根据内蒙古的情况提出了"五个结合"，即"推动转方式同调整优化产业结构相结合，推动转方式同延长资源型产业链相结合，推动转方式同创新驱动发展相结合，推动转方式同节能减排相结合，推动转方式同全面深化改革开放相结合"。

自党的十八大报告首次提出生态文明建设的概念以后，中央把生态文明建设作为"经济、政治、文化、社会、生态五位一体"的现代化建设总体布局的重要组成部分，并要求把生态文明建设的价值理念方法贯彻到现代化建设的全过程和各个方面，同样也要求贯彻、落实到脱贫攻坚战中。如何贯彻和执行这一理念？总书记提出的"两条出路"和"五个结合"为生态文明建设与现代化建设相结合提供了指导性方向，这一指导思想不仅为内蒙古自治区的产业转型和经济发展提出了符合实际的方向，也为其他生态脆弱地区和面临产业转型地区的经济发展指明了方向，更为全国各地的生态文明建设提供了指导。在脱贫攻坚战略中，这一思想则具体转化为"生态补偿脱贫一批"。通过实施重大生态工程建设、加大生态补偿力度、大力发展生态产业、创新生态扶贫方式等，切实加大对贫困地区、贫困人口的支持力度，推动贫困地区扶贫开发与生态保护相协调、脱贫致富与可持续发展相促进，使贫困人口从生态保护与修复中得到更多实惠，实现了脱贫攻坚与生态文明建设的"双赢"。

扶贫小卡片

"五个一批"之"生态补偿脱贫一批"

"生态补偿脱贫一批"是将生态保护与扶贫开发相结合的一种扶贫工作模式。通过实施重大生态工程建设、加大生态补偿力度、大力发展生态产业、创新生态扶贫方式等，加大对贫困地区、贫困人口的支持力度，以达到推动贫困地区扶贫开发与生态保护相协调、脱贫致富与可持续发展相促进的扶贫模式，最终实现脱贫攻坚与生态文明建设"双赢"。

2015年11月29日，中共中央国务院颁布的《中共中央国务院关于打赢脱贫攻坚战的决定》，在实施精准扶贫方略中明确要求结合生态保护脱贫。主要内容有：国家实施退耕还林还草、天然林保护、防护林建设、石漠化治理、防沙治沙、湿地保护与恢复、坡耕地综合整治、退牧还草、水生态治理等重大生态工程，在项目和资金安排上进一步向贫困地区倾斜，提高贫困人口参与度和受益水平；加大贫困地区生态保护修复力度，增加重点生态功能区转移支付；结合建立国家公园体制，创新生态资金使用方式，利用生态补偿和生态保护工程资金使当地有劳动能力的部分贫困人口转为护林员等生态保护人员；合理调整贫困地区基本农田保有指标，加大贫困地区新一轮退耕还林还草力度；开展贫困地区生态综合补偿试点，健全公益林补偿标准动态调整机制，完善草原生态保护补助奖励政策，推动地区间建立横向生态补偿制度。

2016年11月23日，国务院发布《国务院关于"十三五"脱贫攻坚规划的通知》。《通知》第二章明确指出，针对生态敏感和脆弱地区（流域）的贫困人口，重点采取加大生态补偿力度，实施生态保护修复工程等措施，提高收入水平，创造更多就业岗位。

国家发展和改革委员会、国家林业局、财政部、水利部、农业部、国务院扶贫办2018年1月18日印发《生态扶贫工作方案》，目标是到2020年，贫困人口通过参与生态保护、生态修复工程建设和发展生态产业，收入水平明显提升，生产生活条件明显改善。贫困地区生态环境有效改善，生态产品供给能力增强，生态保护补偿水平与经济社会发展状况相适应，可持续发展能力进一步提升。

参考文献

1.《习近平赴内蒙古调研　向全国各族人民致以新春祝福》，新华网，2014年1月29日。

2.《内蒙古脱贫攻坚：按下"快进键"打出"精准牌"》，《内蒙古日报》，2019年3月5日。

3.《内蒙古扎实推进脱贫攻坚　2018年实现减贫23.5万人》，央广网，2019年2月27日。

4.《中共中央国务院关于打赢脱贫攻坚战的决定》，《人民日报》，2015年12月8日。

5.《生态扶贫工作方案》，中国政府网，2018年1月26日。

河南省张庄村：焦裕禄同志的形象一直在我心中

兰考县是习近平总书记第二批党的群众路线教育实践活动联系点，2002年被确定为国家级贫困县。2009年4月，习近平曾来兰考参观焦裕禄事迹展，并种下一棵泡桐。2014年3月17日，习近平总书记再次来到兰考张庄村视察指导工作。"根据中央安排，第一批活动期间，我联系的是河北省。在第二批党的群众路线教育实践活动中，我联系兰考县。兰考县地处中原，改革发展和各方面工作有一定代表性；兰考还是焦裕禄同志工作和生活过的地方，是焦裕禄精神的发源地。因此，我很愿意联系兰考，很高兴又一次来到兰考。"[1]

3月17日下午，习近平风尘仆仆来到张庄村考察，首先看望了85岁老人张景枝。此后，他先后走进张庄村村委会办公室、焦裕禄干部学院教学楼1号教室，与兰考乡村部分基层干部、普通共产党员进行面对面交流、长时间座谈。兰考是焦裕禄精神的发源地。在调研中，习近平说："我们这一代人都深受焦裕禄精神的影响，是在焦裕禄事迹教育下成长的。我后来无论是上山下乡、上大学、参军入伍，还是做领导工作，焦裕禄同

---

[1] 习近平：《在河南省兰考县委常委扩大会议上的讲话》，出自《做焦裕禄式的县委书记》，中央文献出版社2015年版。

志的形象一直在我心中。"他在兰考县调研指导党的群众路线教育实践活动时强调，要大力学习、弘扬焦裕禄精神。

兰考县地处豫东平原西北部，是开封市下辖县，地势西高东低，平均海拔66米。兰考自然条件恶劣，"春天风沙狂，夏天水汪汪；秋天不见收，冬天白茫茫；一年汗水半年糠"，风沙、盐碱和内涝被称为兰考的"三害"。历史上，频发的战争和水患，是兰考贫困的根源。兰考历史上有据可查的战争多达1500多次。截至中华人民共和国成立前，黄河在兰考境内决口达143次，其中大的改道8次，"风沙""盐碱""内涝"更是频频发生。虽然焦裕禄精神影响了几代人，这个地方的群众一直在战天斗地地劳动和创造财富，但截至2014年，依然有7.7万人生活在贫困线上。兰考经济实力不强，经济总量偏小，脱贫攻坚任务艰巨。

兰考县东坝头乡张庄村距黄河东坝头六七里远，东坝头是黄河九曲十八弯的最后一道弯，曾是兰考县最大的风口，沙丘遍布，土地贫瘠，收成低下，人们生活困难。20世纪60年代初的县委书记榜样焦裕禄，曾在这里查风口、治理风沙。他深入基层，问计于民，受村民魏铎彬翻淤固坟的启示，创造了"贴膏药"（翻淤压沙）、"扎针"（种植槐树）的治沙办法，从群众实践中总结出了"造林固沙，百年大计；育草封沙，当年见效；翻淤压沙，立竿见影"的方法。数十年过去，有效治沙让当地群众结束了逃荒的历史。张庄人虽然治住了风沙，却始终未能摆脱贫困。2001年起，张庄村就是国家级贫困村，截至2014年底，全村2960多口人中，仍有贫困户207户、754人，贫困发生率高达25%。张庄村隶属兰考县东坝头乡，由13个村民组、4个自然村组成，共计711户，2963人，其中党员53人，村干部7人。该村总耕地面积4800亩，其中黄河滩区就有2800亩。

脱贫攻坚

2014年，习近平曾先后两次赴兰考指导工作。面对总书记的嘱托和全国人民的期盼，兰考县政府作出了"三年脱贫、七年小康"的庄严承诺。为了完成三年脱贫摘帽的承诺，兰考县政府先后选拔345名年轻干部，派驻到115个贫困村精准帮扶，按照"五天四夜"的工作制，坚持不脱贫不脱钩，不拔穷根不撤队伍。兰考县立足本地优势，围绕家居、食品两个主导产业，着力打造统筹城乡的兰考特色产业体系，"一二三产业融合发展"的产业布局基本形成。

2017年3月，兰考县率先脱贫摘帽，张庄村也脱了贫。张庄村之所以能够脱贫，产业发展立下了汗马功劳。张庄村引进了一批产值高、效益好、带动能力强的产业，多元巩固发展，与脱贫攻坚结合起来，不断汇集乡村振兴的强大力量。大象食品有限公司流转张庄村土地1000余亩，每亩1000元，主要种植土豆、红薯、红萝卜、白萝卜等经济作物，带动150余人就业。村"两委"积极推广"企业＋农民合作社＋农户"的经营模式，成立合作社11家，发展莲藕种植350亩，水稻种植120亩，南美白对虾养殖基地312亩。通过以上产业的发展，张庄村实现了1100余人稳定就业，村集体经济收入达40余万元。张庄村还为207户村民办理了小麦种植保险、玉米种植保险，为村里22户蛋鸡养殖户免费上了期货保险，降低了散户养殖风险。

张庄村地处九曲黄河最后一道弯，又是焦裕禄找风口、治风沙的地方，习近平总书记也来过这里，因此发展红色旅游有着得天独厚的条件。脱贫后，张庄村重点发展红色乡村旅游，将自然资源优势和红色资源优势转化为产业发展优势，动员村民将闲置房屋改造成民宿、农家乐，打造了一个"梦里张庄"。目前，"梦里张庄"旅游建设项目已投资200多万元，建成了 1 处具有张庄本地特色的农家酒店和 9 间豫东特色农家客房，31 户农家小院建设已基本完成。围绕旅游产业的务工人员有 500 多人，其中贫困户有 70 多人。如今的张庄村，建成了焦裕禄精神体验教育基地，年接待近万人次进行拓展训练；还建成了"四面红旗"纪念馆，再现当年兰考人民战天斗地的奋斗热情。

整齐干净的水泥街道，白墙青瓦风格的二层、三层小楼林立左右，一串串大红的灯笼飞挂道路东西，洋溢着春节将临的气氛，让人不敢相信，这就是那个在几年前还是国家级贫困村、"雨天一地泥，刮风一脸土"的小村庄。如今的张庄，美丽乡村建设已经融入到每个村民的日常生活之中。走在张庄村里的路上，你会很惊奇地发现，这里比城里的高档小区还要干净。环境美了，村民们的精神生活也丰富了。村开展起了"幸福家园"大讲堂、"五好家庭"评选活动。群众还自发成立了"梦里张庄"艺术团，村里大喇叭中不时传来《焦裕禄》《朝阳沟》等剧目唱段。

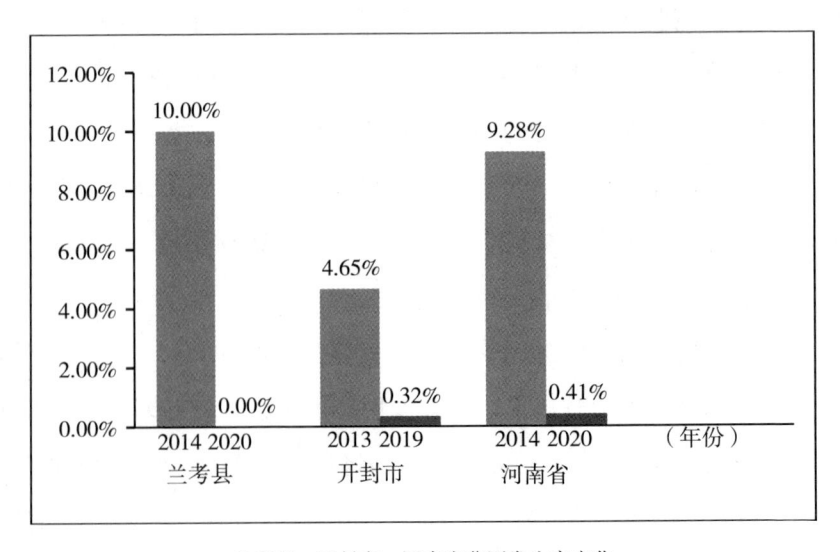

兰考县、开封市、河南省贫困发生率变化

张庄发生了翻天覆地的变化，村里就业机会和岗位逐渐增多，越来越多的张庄人"就地变工人，就业增收不离村"。家乡变美了，增收机会多了，吸引了不少外出务工的张庄人返乡创业，有的发展规模化养殖，有的继承祖传工艺制醋，有的做起了电商销售土特产，有的改造自家院落办起了农家乐……全村在外务工人数2014年超过1100人，现在已经减少到700多人，越来越多的张庄人选择了"往家回"。

政策解读

河南省兰考县是焦裕禄精神的发源地，也是多年的国定贫困县，在我国扶贫史上具有重要的地位。自党的群众路线教育实践活动开展以来，兰考县成为习近平总书记第二批党的群众路线教育实践活动的联系点，在此背景下，习近平总书记对兰考的考察，对于探索扶贫经验、推动脱贫攻坚、丰富精准扶贫政策体系具有重要意义。

习近平总书记对兰考有着浓浓的感情，他十分关心兰考的发展，于2009年4月，2014年3月、5月先后3次深入兰考调研指导工作，要求兰考探索精准扶贫好的做法，要"把强县和富民统一起来、把改革和发展结合起来、把城镇和乡村贯通起来"，让精准扶贫落地生根、开花结果，为打赢精准脱贫攻坚战和实施乡村振兴战略提供有益借鉴。

根据总书记的指示，2014年，兰考县委向习近平总书记作出"三年脱贫、七年小康"的庄严承诺。2017年3月27日，兰考县正式退出贫困县序列，成为全国第一批实现脱贫的国家级贫困县。兰考的经验主要有以下几方面：

一、坚持和深化脱贫攻坚领导体系和责任体系。兰考县坚持政府主导，把扶贫攻坚与经济社会发展统筹谋划，作为各项工作的"重中之重"，加以强力推进。2014年5月，兰考县委县政府制定了《兰考县2014—2016年扶贫攻坚规划》。实行"五轮驱动"、"五级联动"和"一支队伍"。"五轮驱动"就是政府推动、市场拉动、农户主动、科技带动、金融撬动；"五级联动"就是县扶贫领导小组、县直部门、乡镇领导班子、驻村工作队和贫困农户互联互动；"一支队伍"，就是通过县领导包乡、县直部门包村、工作队驻村、党员干部包贫困户，层层落实帮扶责任，锻炼出一支坚强的扶贫攻坚党员干部队伍。

二、坚持和强化"三位一体"大扶贫格局，既充分利用党政部门力量，又充分利用市场力量及社会力量。兰考县的大扶贫格局主要体现在以下几个方面：县委县政府统揽脱贫攻坚工作，充分利用政府力量和社会力量，服务脱贫攻坚中心工作；专项扶贫与行业扶贫高度融合，专项扶贫相对弱化为目标指向性强的资金和项目，各政府部门承担的行业扶贫工作大大增强。

三、实现驻村帮扶的转型，创新驻村帮扶机制。兰考县委组织部出台了驻村工作队的派驻、管理、考核办法，实行科级干部当队长、科级后备干部当队员；后备干部不愿驻村的，取消其后备资格；驻村考核连续两年优秀的，优先提拔使用；所驻村面貌变化不大，或违反纪律、考核不合格的，在干部 提拔时实行一票否决。

四、实现从产业扶贫向产业带贫的转变。2017年，兰考县摘掉了贫困县的帽子之后，根据"脱贫不脱政策"的要求，又提出了稳定脱贫奔小康的发展战略。在产业发展战略方面，除了继续对脱贫户和未脱贫户进行产业扶持以外，提出了"从产业脱贫转向产业带贫"的战略转变，将工作重点放在稳定脱贫和巩固脱贫成果上，在产业发展上做减法，优化产业结构，做强、做大优势产业。

五、构建适度普惠型基本公共服务。2017年贫困县摘帽之后，兰考县坚持以稳定脱贫奔小康统揽经济社会发展全局，巩固并提高脱贫质量，在脱贫攻坚十二项政策的基础上，将部分政策惠及全体城乡居民。

此外，兰考在脱贫攻坚中探索的建档立卡、党建扶贫、贫困县退出办法等精准扶贫经验和做法充分贯彻和体现了习近平精准扶贫思想，很多做法和经验被复制和推广到全国，为我国其他贫困地区的脱贫攻坚提供了可贵的经验和榜样力量。

扶贫小卡片

贫困退出机制

2016年4月29日，中共中央办公厅、国务院办公厅印发了《关于建立贫困退出机制的意见》，对贫困退出程序和标准给出了意见，要求各地区各部门结合实际认真贯彻执行。

基本原则：

一是坚持实事求是。对稳定达到脱贫标准的要及时退出，新增贫困人口或返贫人口要及时纳入扶贫范围。二是坚持分级负责。实行中央统筹、省（自治区、直辖市）负总责、市（地）县抓落实的工作机制。三是坚持规范操作。严格执行退出标准、规范工作流程，切实做到程序公开、数据准确、档案完整、结果公正。四是坚持正向激励。贫困人口、贫困村、贫困县退出后，在一定时期内国家原有扶贫政策保持不变。

退出标准和程序：

（一）贫困人口退出。贫困人口退出以户为单位，主要衡量标准是该户年人均纯收入稳定超过国家扶贫标准且吃穿不愁，义务教育、基本医疗、住房安全有保障。贫困户退出，由村"两委"组织民主评议后提出,经村"两委"和驻村工作队核实、拟退出贫困户认可,在村内公示无异议后,公告退出,并在建档立卡贫困人口中销号。

(二)贫困村退出。贫困村退出以贫困发生率为主要衡量标准,统筹考虑村内基础设施、基本公共服务、产业发展、集体经济收入等综合因素。原则上贫困村贫困发生率降至2%以下(西部地区降至3%以下),在乡镇内公示无异议后,公告退出。

(三)贫困县退出。贫困县包括国家扶贫开发工作重点县和集中连片特困地区县。贫困县退出以贫困发生率为主要衡量标准。原则上贫困县贫困发生率降至2%以下(西部地区降至3%以下),由县级扶贫开发领导小组提出退出,市级扶贫开发领导小组初审,省级扶贫开发领导小组核查,确定退出名单后向社会公示征求意见。公示无异议的,由各省(自治区、直辖市)扶贫开发领导小组审定后向国务院扶贫开发领导小组报告。

2017年9月30日,国务院扶贫办关于印发《贫困县退出专项评估检查实施办法(试行)》的通知,将上述意见具体化为可操作的指标。见下表:

贫困县退出专项评估检查指标

	评估指标	评估标准	计算公式
主要指标	综合贫困发生率	中部地区低于2% 西部地区低于3%	综合贫困发生率,指建档立卡未脱贫人口、错退人口、漏评人口三项之和,占申请退出贫困县的农业户籍人口的比重。
参考指标	脱贫人口错退率	低于2%	脱贫人口错退率,指抽样错退人口数占抽样脱贫人口数的比重。
	贫困人口漏评率	低于2%	贫困人口漏评率,指调查核实的漏评人口数占抽查村未建档立卡农业户籍人口的比重。
	群众认可度	原则上应达到90%	群众认可度,指认可人数占调查总人数的比重。

参考文献

1.《习近平：党员干部要把焦裕禄精神作为镜子照照自己》，新华网，2014年3月19日。

2.《兰考张庄村：从"大风口"到"明星村"》，人民网，2020年6月4日。

3. 黄承伟、吕方：《贫困县脱贫摘帽案例研究——兰考脱贫攻坚的基本经验与启示意义》，出自《扶贫蓝皮书：中国扶贫开发报告（2017）》，社会科学文献出版社2017年版。

4. 中国社会科学院农村发展研究所"脱贫攻坚和乡村振兴衔接研究"课题组：《兰考县案例报告》，2019年5月。

5.《关于建立贫困退出机制的意见》，新华网，2016年4月28日。

新疆维吾尔自治区阿亚格曼干村：要把民族团结紧紧抓在手上，坚持正确的祖国观、民族观

2014年4月27日至30日，习近平总书记到新疆考察，对做好新疆维护社会稳定、推进跨越式发展、保障和改善民生、促进民族团结、加强党的建设等工作进行指导。

4月28日上午，习近平来到喀什地区疏附县托克扎克镇阿亚格曼干村看望干部群众。他首先走进维吾尔族村民阿卜都克尤木·肉孜家，一一察看了起居室、厨房、牛羊圈、果园、农机具，详细了解生产生活情况。在院子里，总书记同乡村干部和村民围坐在一起，拉起了家常。总书记还详细了解了村级组织为民服务和"访民情、惠民生、聚民心"驻村工作组的工作情况。此后，习近平又先后来到党员活动室和便民服务中心了解就业帮扶情况。接着又来到托克扎克镇中心小学了解学生上课学习情况，并同学生们合影。在调研中，习近平说："我这次来，就是要看中央惠民政策是不是深入人心。我们党的一切政策，都要围绕合民意、惠民生来制定和落实。我们的农村党组织，一定要成为团结带领群众建设社会主义新农村的坚强堡垒。有了这一条，无论抓稳定还是抓发展，都会有力量、有后劲。"

新疆是全国贫困面最大、贫困程度最深的地区之一，南疆四地州（喀

什、和田、阿克苏、克孜勒苏柯尔克孜自治州）地区更是难中之难、坚中之坚，是全国14个集中连片贫困地区之一，脱贫攻坚任务十分艰巨。

2014年喀什地区有建档立卡贫困人口28.58万户、105.59万人，占农村总人口的32.43%，占全疆贫困人口总数的40.6%，占南疆四地州贫困人口的48.3%。扶贫开发重点村1222个，占全疆43%，占全地区行政村总数的52.09%，占南疆四地州贫困村总数的46.91%。很多贫困人口分布在生存环境恶劣、基础设施落后、居住分散、发展水平更低的深山区、边境线，是扶贫开发最难啃的"硬骨头"。

阿亚格曼干村隶属喀什地区的疏附县。疏附县位于新疆维吾尔自治区西南部，地处帕米尔高原东麓，塔里木盆地西缘的喀什噶尔绿洲上，辖4个镇、6个乡，总人口25.4万人，有维吾尔、汉、柯尔克孜、蒙古、回、哈萨克、乌孜别克、塔吉克等13个民族。疏附县是一个以农业为主的国家扶贫工作重点县，脱贫致富、改善生活是当地村民的共同愿望。阿亚格曼干村位于疏附县城东部，共有1190户、5400多人，人均耕地不足1亩，生存环境恶劣，村民住的是土屋，睡的是土炕，走的是土路。自习近平总书记到访后，该村展开了脱贫攻坚，2016年，阿亚格曼干村成功摘掉了"贫困村"的帽子，实现整体脱贫。

脱贫攻坚

近年来，新疆工作以经济发展和民生改善为基础，真抓实干，成效显著。在脱贫攻坚方面，新疆实行了"七个一批"，即"通过转移就业扶持一批、通过发展产业扶持一批、通过土地清理再分配扶持一批、通过转为护边员扶持一批、通过易地扶贫搬迁扶持一批、通过实施生态补偿扶持一批、通过综合社会保障措施兜底一批"。同时，围绕新疆社会稳定和长治久安，实施边境扶贫、基层基础建设两个专项行动。发挥贫困群众主体作用，常态化开展感恩教育、民族团结联谊等活动，深入推进"去极端化"教育，破除"等靠要"思想。2018年，新疆制定了《南疆四地州深度贫困地区就业扶贫培训促进计划（2018—2020年）》，聚焦南疆四地州22个深度贫困县，分层分类开展职业培训，对具备转移就业条件的贫困家庭劳动力实现应培尽培，确保基本劳动素质培训全覆盖，3年共培训10万人以上。

在各项政策的合力下，阿亚格曼干村发展起来，村"两委"和"访惠聚"驻村工作队根据村里的现状，依靠帮扶项目，带领村民们共同努力，于2016年实现了全村的整体脱贫。同时，群众居住环境和出行条件得到极大改善，村容村貌发生了翻天覆地的变化，群众幸福指数进一步提高。阿亚格曼干村的主要经验是有一个接地气的"访民情、惠民生、聚民心"（简称"访惠聚"）的好班子。工作队队员和村干部心往一处想、劲往一处使，坚决贯彻落实党中央治疆方略特别是社会稳定和长治久安总目标，实实在在地为群众服务，解决群众生产生活中的困难，齐心协力把脱贫攻坚工作落到实处。目前，村里已有党员65人，预备党员6人，村民们主动向党组织靠拢，积极递交入党申请书。

特色产业带动农民致富奔小康，阿亚格曼干村围绕"村有主导产业、户有增收项目，人有创收技能"，建起了150亩双膜瓜示范基地，拓展扫把合作社、养殖合作社、织布合作社、缝纫合作社等产业经济，村民的生活大变样。针对人均耕地不足1亩的村情，阿亚格曼干村大力发展庭院经济，采取"企业+合作社+农户"的模式，充分利用一些农户的闲置后院引来企业建花卉种植基地。这些农户不仅可以通过土地入股每年拿到分红，还可以在花卉种植基地务工。不仅如此，按照"精准扶贫、精准脱贫"的要求，村"两委"还在村委会主干道和曼干路沿线大力发展汽车修理部、小洗车场、小饭馆、小卖部、小摊点等解决贫困户就地就业。同时，积极引导农民发展蔬菜种植及特色种植、实施"十小微店"创业就业、转移就业和在县城就业等，多渠道增加农民收入。2016年该村实现了整村脱贫，2018年村里的建档立卡贫困户人均纯收入达到7298元。

如今的阿亚格曼干村日子是越来越好了。当年村里的小土路变成了宽阔的柏油路，临路的墙上都贴着具有当地浓郁民族风格的深红色花砖，整齐划一，人居环境整治、厕改都已按要求高标准完成，垃圾堆、旱厕、土坯房、土围墙、土棚圈已成为历史。村民的生活也基本上和城里人没啥区别了，"过去是土房子里地毯往地上一铺，来客喝茶吃饭睡觉等全在地毯上。现在是吃饭上桌，孩子写作业有书桌，睡觉则上床"。阿亚格曼干村还成了红色旅游景点，许多来自全国各地的游客来喀什旅游时都要来这里看看，村里为发展民俗旅游已建好了游客集散中心和几处富有当地人文特色的景点。

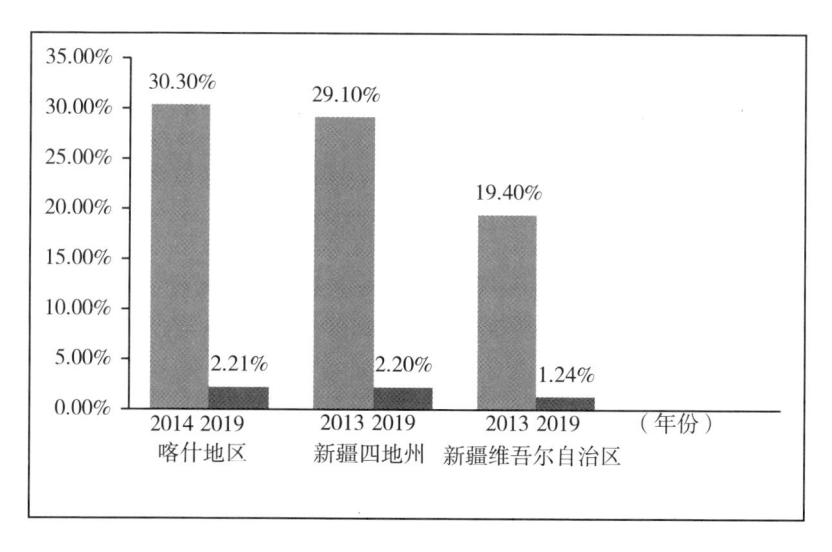

喀什地区、南疆四地州、新疆维吾尔自治区贫困发生率变化

政策解读

新疆是全国面积最大、毗邻国家最多、陆地边境线最长的边境省区。实现社会稳定和长治久安是新疆工作的总目标，贫困是影响新疆稳定的重要因素之一，特殊的区情决定了新疆尤其是南疆地区既是脱贫攻坚的主战场，又是反恐维稳的主战场。在此背景下，习总书记高度重视新疆的维稳和脱贫攻坚工作。总书记强调，新疆的社会稳定和长治久安，关系全国改革发展稳定大局，关系祖国统一、民族团结、国家安全，关系中华民族伟大复兴。反对民族分裂，维护祖国统一，是国家最高利益所在，也是新疆各族人民的根本利益所在。

为了维护新疆稳定和脱贫攻坚，新疆维吾尔自治区党委决定从2014年开始，从全疆各级机关中抽调20万名干部开展为期3年的"访惠聚"活动。这一举措，是新疆维吾尔自治区针对区情和形势提出的密切联系群众、融入群众、服务群众、践行党的群众路线的具体体现，也是习近平精准扶贫思想在新疆的实践体现。这一举措，得到了总书记的关注，因此，"访惠聚"活动开始后不久，总书记就来到了新疆，调研这里正在开展的干部驻村工作和"访惠聚"活动，"这次来新疆，就是要听听大家的意见和建议"。

通过调研，"访惠聚"得到了总书记的重视和肯定。习近平总书记在考察新疆工作期间，关切询问了"访惠聚"工作组同志的工作和生活，与工作组成员亲切交谈。此后不久，2014年5月28日至29日，中央召开第二次新疆工作座谈会，会后，中央出台了《关于进一步维护新疆社会稳定和实现长治久安的意见》，明确要求：以深入开展党的群众路线教育实践活动为契机，切实解决党员、干部"四风"方面的突出问题，完善党员、干部直接联系群众等制度，深入开展"访民情、惠民生、聚民心"活动。

6年来,新疆将"访惠聚"活动作为抓基层、打基础、发动群众、服务群众、维护稳定的治本之策,选派优秀干部组成工作队进驻村(队)和居委会,与群众同吃、同住、同学习、同劳动,重点抓好维护社会稳定、建强基层组织、拓宽致富门路、开展群众工作、办好实事好事、推进脱贫攻坚、落实惠民政策等工作,夯实城乡稳定发展的社会基础。自"访惠聚"活动开展以来,自治区各级机关每年有7万余名干部驻村,覆盖了所有村(社区),截至2018年,累计选派了35万多人次。"访惠聚"既解决了新疆维稳问题,也解决了精准扶贫中"谁来扶"的问题,打通了精准扶贫的"最后一公里",这一做法和经验也推广到全国。2015年4月,中共中央组织部、中央农村工作领导小组办公室、国务院扶贫开发领导小组办公室联合印发了《关于做好选派机关优秀干部到村任第一书记工作的通知》,要求根据贫困村的实际需求,精准选配第一书记,精准选派驻村工作队,提高县以上机关派出干部比例。

扶贫小卡片

选派驻村第一书记

2015年4月30日,中共中央组织部、中央农村工作领导小组办公室、国务院扶贫开发领导小组办公室联合印发《关于做好选派机关优秀干部到村任第一书记工作的通知》[1],就深入贯彻落实习近平总书记关于大抓基层党建、推动基层党建建设全面进步全面过硬和精准扶贫、精准脱贫等重要指示精神,对选派机关优秀干部到村任第一书记

---

[1] 《人民日报》,2015年5月1日04版。

工作作出了安排：

选派第一书记的重点范围是：党组织软弱涣散村和建档立卡贫困村，要做到全覆盖。对赣闽粤等原中央苏区，陕甘宁、左右江、川陕等革命老区，内蒙古、广西、宁夏等边疆地区和民族地区，四川芦山和云南鲁甸、景谷等灾后恢复重建地区，要加大选派第一书记力度，做到应派尽派。

第一书记的基本条件是：政治素质好，坚决贯彻执行党的路线方针政策，热爱农村工作；有较强工作能力，敢于担当，善于做群众工作，开拓创新意识强；有2年以上工作经历，事业心和责任感强，作风扎实，不怕吃苦，甘于奉献；具有正常履行职责的身体条件。主要从各级机关优秀年轻干部、后备干部，国有企业、事业单位的优秀人员和以往因年龄原因从领导岗位上调整下来、尚未退休的干部中选派。中央和国家机关部委、人民团体、中管金融企业、国有重要骨干企业和高等学校，每个单位要向定点扶贫单位至少选派1名第一书记，为基层作出示范。

第一书记的主要职责任务是：建强基层组织、推动精准扶贫、为民办事服务、提升治理水平。要在乡镇党委领导和指导下，紧紧依靠村党组织，带领村"两委"成员开展工作，注意从派驻村实际出发，抓住主要矛盾、解决突出问题。

第一书记任期一般为1至3年，由县（市、区、旗）党委组织部、乡镇党委和派出单位共同管理。要加强第一书记考核，关心关爱第一书记，确保下得去、待得住、干得好。

《通知》强调，各级党委要高度重视选派第一书记工作，党委组织部门要牵头组织，做好协调指导工作，农办、扶贫等部门要开展涉农、扶贫等政策和技能培训，加强业务指导。要保证第一书记工作经费，加大支持帮扶力度。要以求真务实的作风做好选派工作，力戒形式主义。

参考文献

1.《习近平新疆考察纪实：民族团结是发展进步的基石》，新华网，2014 年 5 月 3 日。

2.《"像石榴籽那样紧紧团结在一起"——新疆阿亚格曼干村村民齐心协力建设家园》，国际在线，2017 年 9 月 28 日。

3.《阿亚格曼干村：一座边疆村庄的小康之路》，《人民日报》（海外版），2017 年 10 月 30 日。

4.《南疆四地州·新疆疏附县阿亚格曼干村：讲述新时代的南疆故事》，人民网，2019 年 10 月 21 日。

5.《阿亚格曼干村何以旧貌换新颜》，中国农网，2020 年 10 月 17 日。

云南省鲁甸灾区和古生村：决不能让困难地区和困难群众掉队

2015年1月19日至21日，习近平总书记来到云南省昭通、大理、昆明等地，看望鲁甸地震灾区干部群众。他深入企业、工地、乡村考察，就灾后恢复重建和经济社会发展情况进行调研。

1月19日下午，习近平来到鲁甸地震灾区龙头山镇原镇政府所在的遗址，走进满是废墟的院子，询问地震伤亡、抗震救灾的情况。习近平还来到震后搭建的板房学校察看情况，并叮嘱当地干部说，当前安置工作和灾后重建工作交叉在一起，要协调指挥，统筹有序安排，总体考虑设计。接着，习近平来到鲁甸灾区甘家寨红旗社区过渡安置点，走进邹体富老两口和孙子住的帐篷问寒问暖。1月20日，习近平来到大理白族自治州大理市湾桥镇古生村村民李德昌家，同村民们围坐在一起亲切拉家常。他叮嘱大家："云南有很好的生态环境，一定要珍惜，不能在我们手里受到破坏。"习近平接下来又来到洱海边木栈道，同当地干部合影后说："立此存照，过几年再来，希望水更干净清澈。"

云南省昭通市鲁甸县位于云、贵、川三省接合部，地处乌蒙山集中连片特困地区。总人口44.1万人，其中少数民族人口占20%。2014年8月3日，鲁甸发生6.5级地震，震中位于龙头山镇，造成108.84万人受灾、617人死亡、112人失踪、3143人受伤，转移安置25.4万人。乌蒙山片区是国家新一轮扶贫开发攻坚战的主战场之一，包括了三省 10 个毗邻地区的 38 个县（市、区），即四川省凉山、乐山、宜宾、泸州四州市 13 个县，贵州省遵义、毕节两市 10 个县（市、区），云南昆明、曲靖、昭通、楚雄四州市 15 个县（市、区）。乌蒙山片区集革命老区、民族地区、边远山区、贫困地区于一体，跨省交界面积大、少数民族聚集多、贫困程度深、区域边缘性强，既是集中连片特困地区，也是面向西南开放的重要通道、国家生态安全的重要保障和能源供给接续地。

脱贫攻坚

在总书记的关怀下，鲁甸灾区重建、脱贫双推进，以脱贫攻坚统揽经济社会发展全局，主动融入国家和省里的发展战略，紧扣精准识别，精准施策，坚持"133"脱贫攻坚工作思路，全面实施脱贫攻坚、交通先行、产业培育、新型城镇化、教育兴昭、生态文明"六大战略"和《镇彝威革命老区精准扶贫精准脱贫三年行动计划》，决战贫困、决胜小康，决心坚决打赢脱贫攻坚这场输不起的硬仗，让昭通 110 多万建档立卡贫困人口如期脱贫，实现昭通跨越发展。

2015 年底，在地震中被整体掩埋的甘家寨村的全体村民喜搬新房；2016 年底，龙头山镇新建成了 9 个集中安置点，所有受灾群众按时间节点和搬迁要求入住新家；2017 年 11 月 30 日，鲁甸地震灾区恢复重建规划项目圆满完成，实现了"户户安居、家家有业、乡乡提升、生态改善、设施改进、经济发展"的重建目标。

鲁甸灾区围绕"家家有业"的目标，大力优化调整产业结构，一大批特色优势产业顺势而起，产业化发展水平全面提高。在优势特色产业上，走生态优先、绿色发展的道路，着力巩固畜牧、烤烟、桑蚕、核桃、花椒等传统产业，做大做强以昭龙绿色产业发展示范带为龙头的高原特色农业，建成一批以昭通苹果、鲁甸樱桃为主的高原特色产业基地和庄园农业示范园；随着灾后恢复重建规划中的65个特色产业项目全部建成，工矿企业已全面恢复生产，灾区业已建成昭阳、鲁甸等4个百亿元产业园区；在第三产业上，沿71公里的昭龙绿色产业发展示范带建成了生态景观带，将新型旅游小镇、观光旅游、生态种植、园区经济等融为一体，较好地促进了第一、二、三产业的融合发展，为灾区群众脱贫致富架起了金色桥梁。

古生村

古生村位于大理洱海边，大理白族自治州位于云南省中部偏西地区，是全国唯一的白族自治州。该州总人口357万，白族人口占总人口的三分之一。这里被历史学家誉为"亚洲文化十字路口的古都"，形成了灿烂的南诏大理文化、鲜明的白族文化、浓郁的民族风情和璀璨的人文景观。一水绕苍山，苍山抱古城。在云南九大高原湖泊中，洱海人口密度最大，有80万人一直饮用着洱海水。

古生村是洱海之滨众多白族村庄中的一个自然村落，隶属大理市湾桥镇中庄村委会，该村有2000多年历史，全村辖5个村民小组，总户数439户，总人口1842人，白族占98%以上。古生村里民居古朴，街巷整洁，溪水环绕，绿树成荫，村中心的大青树有300多年树龄，建于明代的福海寺、凤鸣桥，清代的古戏台、龙王庙等文物古迹至今保存完好，村内古桥、古庙、古树、古戏台，古色古香，到处洋溢着浓浓的乡土气息，一派千年古村的风貌。

2009年以来，古生村开展了以洱海流域"百村整治"工程为重点的新农村建设工作，按照建筑民族化、村容整洁化、产业生态化、管理民主化的整治标准，取得了显著成效，乡村面貌焕然一新。不仅有效保护了洱海生态，还大幅提升了村容村貌，充分展现了白族文化特色。

美丽乡村建设

古生村紧紧围绕建成中国最美乡村的目标，以生态为本，以文化为魂，以美丽乡村建设为载体，强化环境整治提升和历史文化传承保护，着力建设更加美丽富饶、有传承有记忆的乡村。习近平总书记到古生村考察后，各级党委政府更加重视古生村发展，将古生村列为省级美丽乡村建设项目。

打好"古生牌"，走出一条文旅融合发展之路。村中心的大青树有300多年树龄，建于明代的福海寺、凤鸣桥，清代的古戏台、龙王庙等文物古迹至今保存完好，古桥、古庙、古树、古戏台，古色古香，到处洋溢着浓浓的乡土气息。同时，村里有古建筑、古民居、古巷道、古树木、古习俗、古技艺、古传说等"七古"。古生村制定了《古生村保护管理办法》，对村里的大青树实施抢救性保护，对7户有较重历史和民族文化底蕴的白族民居古院落进行挂牌保护，对村内凤鸣桥、古戏台、福海寺、水晶宫等文物古迹，实施修旧如旧的修缮，连同龙王庙一起进行分类保护。编制了村内重要节点景观营造和文化内涵提升方案，加强传统文化和民间民俗文化资源深度开发。同时，按照"保护古建、引导在建、规划未建、改造老建、打击违建"的工作思路，实施建筑民居风格整治。

如今，走进古生村，一条条平坦整洁的青石板环绕着田野；村内被挂牌保护的一座座民居得到精心维护、修缮，白族民居建筑风格得以保留；一户户农家小院花开四季，优美干净。古生村的美景，吸引了众多省内外游客前来游览，这里已逐渐成为大理乡村旅游的新亮点。2015年，古生村被列入第三批"中国传统村落";2017年,古生村实施了"民族团结进步示范村"建设项目,同年4月,该村荣获"'九康杯'2016年中国美丽乡村百佳范例"的称号。

注重生态保护,打好"苍山和洱海"牌。苍山和洱海共同组成了"苍山不墨千秋画,洱海无弦万古琴"的绝美之景,是大自然在操鬼斧、作神工时馈赠给大理人的至宝。古生村用白族传统的大本曲,编排了一曲《保护洱海,从我做起》:"海边滩地不能占,乱取沙土埋祸根。环湖树木要保护,垃圾莫乱扔。禁止机动船捕捞,珍稀鱼种保护起。保护水禽和候鸟,禁止乱杀生。洗涤莫用含磷剂,生产销售更不行。"每到农闲时节,这首大本曲就会在古生村唱起来。这两年来,古生村还在村内主干道、巷道铺设了污水管网。村里还设立了滩地管理员,负责洱海边滩地、水面和公路的日常保洁。推广生态种植,用有机肥代替化肥,并制定村规民约,禁止村民向田间地头和沟渠中倒垃圾、乱丢农膜塑料和农药瓶袋。

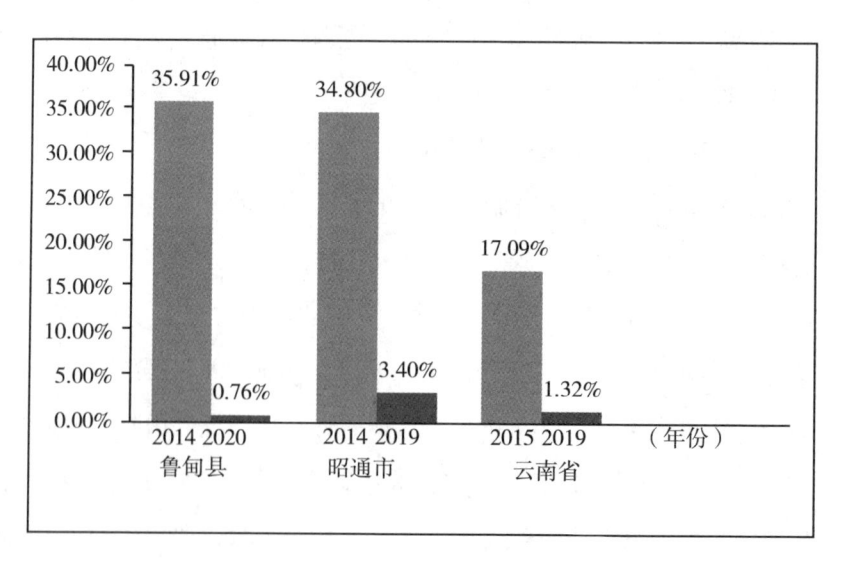

鲁甸县、昭通市、云南省贫困发生率变化

政策解读

我国是世界上自然灾害最为严重的国家之一，灾害种类多，分布地域广，发生频率高，造成损失重，自然灾害与贫困具有高度的内在关联性，"因灾致贫、因灾返贫"是我国农村贫困的重要原因，因灾致贫的贫困户占建档立卡贫困户总数的 20% 左右。由于灾害通常会系统性破坏基础设施、农业生产、家庭财产，造成的贫困状况也是系统性的，自然灾害频发区往往与贫困地区特别是深度贫困地区存在空间叠加的关系。因此，防灾救灾也是脱贫攻坚的重要内容。鲁甸灾区就处于乌蒙山集中连片特困地区，灾后重建和脱贫攻坚是其面临的双重任务。这是总书记此次考察的重要背景。

总书记在鲁甸灾区考察中强调，"当地一定要做好扶贫、救灾双重任务"，"要灾后恢复重建和扶贫开发一起抓"，这不仅是对鲁甸灾区村民的要求，也是我国其他地区和我国未来防灾减灾和应对因灾致贫的重要指导原则。

防止"因灾致贫、因灾返贫"的最重要的措施是易地搬迁，使群众脱离灾害频发地区，从而摆脱因灾致贫。群众搬迁后，灾害频发地区也可以因为减少了人为干预而得以恢复自然生态。2015 年 12 月 8 日，国家发展改革委等五部门联合印发的《"十三五"时期易地扶贫搬迁工作方案》中，明确了易地扶贫搬迁的对象主要是居住在深山、石山、高寒、荒漠化、地方病多发等生存环境差、不具备基本发展条件，以及生态环境脆弱、限制或禁止开发地区的农村建档立卡贫困人口，优先安排位于地震活跃带及受泥石流、滑坡等地质灾害威胁的建档立卡贫困人口。用 5 年时间对"一方水土养不起一方人"的地方建档立卡贫困人口实施易地扶贫搬迁，力争"十三五"期间完成 1000 万人口搬迁任务，帮助他们与全国人民一道进入全面小康社会。

目前,"十三五"规划的易地扶贫搬迁建设任务已基本完成。有930万贫困人口乔迁新居,走出大山和自然条件恶劣的地方,有920万人通过搬迁实现脱贫,各地工作重心已从工程建设全面转向搬迁群众后续扶持。截至目前,全国22个省(自治区、直辖市)已建成集中安置区3.9万个,建成安置住房260多万套。

2020年后,中国将实现现行标准下农村贫困人口全部脱贫,但全部脱贫并不意味着发生贫困的风险全部消除,各类致贫因素仍然长期存在,特别是各类灾害带来的致贫风险仍然存在。并且,随着全球气候变化,因灾致贫的风险还有可能提升,防止因灾致贫也是2020年后减贫战略的重要内容。

扶贫小卡片

"五个一批"之"易地搬迁脱贫一批"

易地搬迁扶贫是精准扶贫的重要组成部分,是指将生活在缺乏生存条件地区的贫困人口搬迁安置到其他地区,并通过改善安置区的生产生活条件、调整经济结构和拓展增收渠道,帮助搬迁人口逐步脱贫致富。"十五"期间,国家发展和改革委员会组织实施了易地扶贫搬迁试点工程。

2015年11月29日颁布的《中共中央国务院关于打赢脱贫攻坚战的决定》中,明确了"实施易地搬迁脱贫"。提出"对居住在生存条件恶劣、生态环境脆弱、自然灾害频发等地区的农村贫困人口,加快实施易地扶贫搬迁工程。坚持群众自愿、积极稳妥的原则,因地制宜选择搬迁安置方式，合理确定住房建设标准，完善搬迁后续扶持政策，确保搬迁对象有业可就、稳定脱贫，做到搬得出、稳得住、能致富。要紧密结合推进新型城镇化，编制实施易地扶贫搬迁规划，支持有条件的地方依托小城镇、工业园区安置搬迁群众，帮助其尽快实现转移就业，享有与当地群众同等的基本公共服务。加大中央预算内投资和地方各级政府投入力度，创新投融资机制，拓宽资金来源渠道，提高补助标准。积极整合交通建设、农田水利、土地整治、地质灾害防治、林业生态等支农资金和社会资金，支持安置区配套公共设施建设和迁出区生态修复。利用城乡建设用地增减挂钩政策支持易地扶贫搬迁。为符合条件的搬迁户提供建房、生产、创业贴息贷款支持。支持搬迁安置点发展物业经济，增加搬迁户财产性收入。探索利用农民进城落户后自愿有偿退出的农村空置房屋和土地安置易地搬迁农户。

2015年12月8日，国家发改委等五部门联合印发的《"十三五"时期易地扶贫搬迁工作方案》中，明确用5年时间对"一方水土养不起一方人"的地方建档立卡贫困人口实施易地扶贫搬迁，力争在"十三五"期间完成1000万人口搬迁任务，帮助他们与全国人民同步进入全面小康社会。

参考文献

1.《习近平察看鲁甸地震遗址》，新华网，2015年1月20日。

2.《习近平大理考察：入庭院访村民 谈创新话环保》，新华网，2015年1月20日。

3.《大理古生村：建设让人"记得住乡愁"的美丽乡村》，人民网，2018年4月29日。

4.《"十三五"易地扶贫搬迁建设任务基本完成》,新华网,2020年3月4日。

5.《中共中央国务院关于打赢脱贫攻坚战的决定》,《人民日报》,2015年12月8日。

6.《"十三五"时期易地扶贫搬迁工作方案》,国家发展改革委,2015年12月8日。

陕西省梁家河：我迈出人生第一步就来到梁家河

2015年2月13日，在春节前夕，总书记来到陕西省延安市延川县文安驿镇梁家河村，看望了当年插队当知青时的乡亲们，重申了全面建成小康社会的第一个百年奋斗目标。

2015年9月22日，习近平在美国华盛顿州当地政府和美国友好团体联合欢迎宴会上的演讲中说道："梁家河修起了柏油路，乡亲们住上了砖瓦房，用上了互联网，老人们享有基本养老，村民们有医疗保险，孩子们可以接受良好教育，当然吃肉已经不成问题。这使我更加深刻地认识到，中国梦是人民的梦，必须同中国人民对美好生活的向往结合起来才能取得成功。梁家河这个小村庄的变化，是改革开放以来中国社会发展进步的一个缩影。我们用了30多年时间，使中国经济总量跃居世界第二，13亿多人摆脱了物质短缺，总体达到小康水平，享有前所未有的尊严和权利。这不仅是中国人民生活的巨大变化，也是人类文明的巨大进步，更是中国对世界和平与发展事业的重要贡献。"

1969年1月，15名北京知青来到梁家河，其中包括习近平在内的6名知青分在二队。知青的到来打破了梁家河原有的那份静谧，也开启了知青们难忘的插队岁月。习近平总书记在这里度过了7年上山下乡的插队生活。这段经历对习近平影响至深，磨砺了他坚韧的意志。在这里，他吃苦在前，带领村民打坝治沟，改善环境，21岁就全票当选为村支部书记。在这里，他体会了中国农村的厚重与广阔，也了解了中国农民的艰辛和付出，更是在这里形成了脚踏实地、实事求是的作风。习近平在自述文章《我的上山下乡经历》中说，最大的收获有两点："一是让我懂得了什么叫实际，什么叫实事求是，什么叫群众。这是我获益终生的东西。二是培养了我的自信心。"

离开梁家河后，习近平依旧心系那里的乡亲，帮助他们通电、修小学、修桥。习近平在《我是黄土地的儿子》一文中这样写道："延安养育了我好几年，为延安老区农民做点事，是我们应该做的。""15岁来到黄土地时，我迷惘、彷徨；22岁离开黄土地时，我已经有着坚定的人生目标，充满自信。作为一个人民公仆，陕北高原是我的根，因为这里培养出了我不变的信念：要为人民做实事！"

梁家河村因有一条穿村而过的河流而得名，梁家河村地处陕北黄土高原丘陵沟壑区，隶属陕西省延安市延川县文安驿镇。多年以前，这本是一个寂寂无名的村落，土地贫瘠，水源缺乏，"贫穷"与"落后"曾是它的代名词。有史以来，这里的居民靠天吃饭，荞麦、土豆、糜子等耐旱作物是这里常见的种植作物。改革开放40年来，梁家河村从那个"掏个坡坡，吃个窝窝"的黄土高原贫困村，一跃发展成为人均年收入超过1万元的致富村，成为"改革开放以来中国社会发展进步的一个缩影"。自梁家河村2007年被确定为市县新农村建设重点村以来，村容村貌发生了较大变化，村民拥有了舒适、整洁的生活环境。村里先后通电、通自来水、通柏油路、通电话，基础设施有了明显改善。2015年，梁家河村人均纯收入达1.5万元，梁家河村被确定为全国第四批"一村一品"示范村。梁家河村辖7个村民小组，总共1187人。

脱贫攻坚

习近平担任大队书记时的梁家河，一穷二白，被当地人形象地称为"山顶洞"。而今的梁家河，已经阔步走上了共同富裕的道路。梁家河的变化，是改革开放以来中国社会发展进步的一个缩影。中国用了30多年时间经济总量跃居世界第二，13亿多人摆脱了物质贫困，总体达到小康水平，获得了前所未有的尊严。2017年梁家河村实现旅游综合收入2820万元，人均纯收入达20826元。梁家河村已成为远近闻名的村庄，2017年获评"中国最美乡村"，2019年被列入第五批中国传统村落名录，并且被授予"陕西省级历史文化名村"称号。

梁家河村注重发展高效农业产业，共建成高标准山地苹果园500亩，其中200亩已挂果。为推动苹果产业化经营，村里还成立了2家苹果专业合作社，形成了"张卫庞""梁家河"2个高端苹果品牌。种植业统一施肥、统一修剪、统一管理，达到了现代化管理的水平。梁家河村还组织159户村民成立了梁家河果香养猪专业合作社，采取"党支部＋公司＋基地＋合作社＋农户"的模式，建成现代化标准生猪养殖大棚10座，可存栏生猪1万多头，年均可得分红155万元。

梁家河村还注重乡村旅游业发展，成立了乡村文化旅游公司、村农牧公司、卖纯粮食醋的工贸公司、饮用水公司。农户还办起了十几家农家乐，又开办了杂粮铺。村委会聘请专家做了规划，建设知青生活体验园、生态农业观光采摘园，恢复了知青旧居、沼气池、铁业社等，拓宽了村里的道路，安装了太阳能路灯。乡村文化旅游公司的125名员工中，绝大多数是本村村民，40岁的村支书巩保雄兼任公司董事长。公司在村口开辟了一个大型停车场，并投资200多万元购买了40台电瓶观光车，专门接送游客。2019年，梁家河共接待游客100万人次，实现旅游综合收入1300

多万元。

十八大以来，梁家河村发生了翻天覆地的变化：村里基础设施完善了，通上了自来水，用上了天然气，用上了互联网，办起了养殖场；村里山变绿了，环境变好了。同时，该村还实施生态环境治理，营造美丽宜居环境，引导村民树家风、正民风，打造文明村庄，还办起了民间艺术馆，成为名副其实的"最美乡村"。村民们住上了大房子，用上了互联网，发展起观光农业，还成立了公司来经营文化旅游产业，人均收入和生活水平逐年提高。现在，村上老百姓都住到了镇上来，每户村民在镇上都有一套楼房，开上了新能源小汽车。

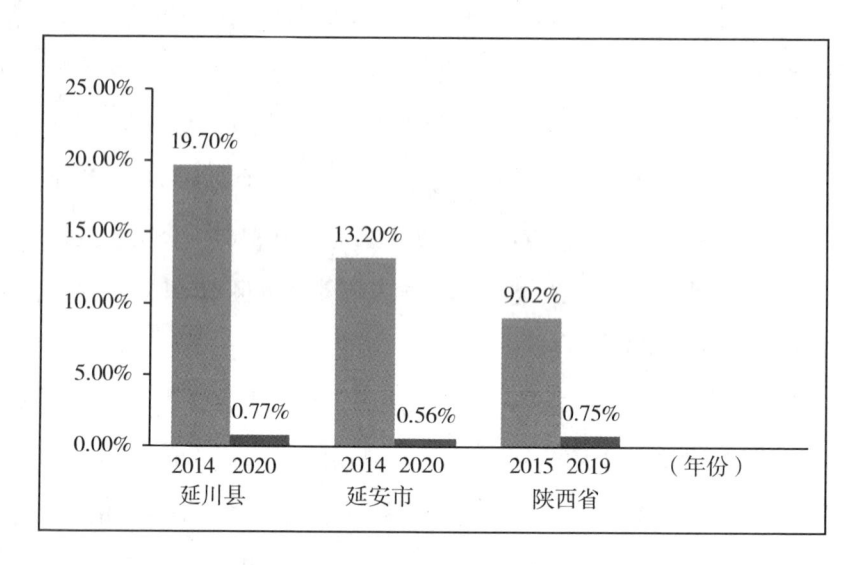

延川县、延安市、陕西省贫困发生率变化

政策解读

离开梁家河的当天下午，习总书记在中国延安干部学院主持召开了陕甘宁革命老区脱贫致富座谈会。当年陕甘宁革命老区所属部分市县主要负责同志参加了座谈，就推进老区扶贫开发工作讲情况、谈工作、提建议。在听取大家发言后，习近平发表了重要讲话。他指出，革命老区是党和人民军队的根，我们永远不能忘记自己是从哪里走来的，永远都要从革命的历史中汲取智慧和力量。老区和老区人民为我们党领导的中国革命作出了重大牺牲和贡献，我们要永远珍惜、永远铭记。我们要实现第一个百年奋斗目标，全面建成小康社会，没有老区的全面小康，没有老区贫困人口脱贫致富，那是不完整的。各级党委和政府要增强使命感和责任感，把老区发展和老区人民生活改善时刻放在心上，加大投入支持力度，加快老区发展步伐，让老区人民都过上幸福美满的日子，确保老区人民同全国人民一道进入全面小康社会。

梁家河是习近平总书记农村感情的起点。这里有青年时代习近平带领乡亲们探索脱贫致富的经验，也是习总书记的初心所在。延安是中国革命圣地，习总书记在春节前夕在此召开座谈会，要求"确保老区人民同全国人民一道进入全面小康社会"，这是继河北阜平县之后，他再次向全党强调要"不忘初心"。这不仅显示了习总书记对革命老区的感情，也彰显了习总书记对脱贫攻坚和实现第一个百年奋斗目标，全面建成小康社会的高度重视和坚定决心。

"脱贫攻坚是我心里最牵挂的一件大事。""小康不小康，关键看老乡。""多年来，我一直在跟扶贫打交道，其实我就是从贫困窝子里走出来的。"在梁家河脱贫岁月的历练中，习近平总书记最了解农民需要什么，最了解农民的心愿，在梁家河，他最大心愿就是让乡亲们饱餐一顿肉。这也是在精准扶贫政策实施过程中，他反复强调"两不愁三保障"的扶贫目标：使贫困群众不愁吃、不愁穿，义务教育、基本医疗、住房安全有保障。

从贫穷到小康，梁家河的变化可以说是我国农村从贫困到小康发展变化的一个缩影。如今，千千万万个贫困村正同梁家河村一样，在总书记的关怀下从贫困走向小康。2013年至2019年，全国832个贫困县农民人均可支配收入从6079元增加到11567元，年均增长9.7%，比同期全国农民人均可支配收入增幅高2.2个百分点。全国建档立卡贫困户人均纯收入从2015年的3416元增加到2019年的9808元，年均增幅30.2%。贫困群众"两不愁"质量水平明显提升，"三保障"突出问题得到总体解决[①]。如期建成小康社会，实现了中国人民几千年的梦想。

扶贫小卡片

两不愁三保障

"两不愁三保障"是我国脱贫攻坚的总体目标："两不愁"即不愁吃、不愁穿，"三保障"即义务教育、基本医疗、住房安全有保障。

《中国农村扶贫开发纲要（2011—2020年）》提出，到2020年我国扶贫开发针对扶贫对象的总体目标是"稳定实现扶贫对象不愁吃、不愁穿，保障其义务教育、基本医疗和住房"，简称"两不愁三保障"。2015年11月召开的中央扶贫开发工作会议强调，"十三五"期间脱贫攻坚的目标是，到2020年稳定实现农村贫困人口不愁吃、不愁穿，农村贫困人口义务教育、基本医疗、住房安全有保障；同时实现贫困地区农民人均可支配收入增长幅度高于全国平均水平、基本公共服务主要领域指标接近全国平均水平。

---

① 习近平：《在决战决胜脱贫攻坚座谈会上的讲话》，人民出版社2020年版。

不愁吃是指贫困人口一年四季不仅能够吃饱饭，还能基本吃得起满足人体营养需求的肉蛋奶等产品。不愁穿是指贫困人口不仅有穿的，而且一年四季都有可以轮换的衣服。义务教育有保障主要是指确保贫困家庭适龄儿童能够有学上、上得起学，完成义务教育。这方面的标准是"控辍保学"，一方面是降低义务教育辍学率，确保贫困家庭子女在义务教育阶段无失学辍学现象；另一方面是为返校的失学生，尤其是那些失学较久、跟不上正常学习进度的学生提供必要的补偿教育，让贫困家庭义务教育阶段的孩子没有失学辍学现象。基本医疗有保障主要指把所有贫困人口全部纳入基本医疗保险、大病保险和医疗救助等制度保障范围，常见病、慢性病能够在县乡村三级医疗机构获得及时诊治，得了大病、重病后基本生活过得去。住房安全有保障主要是让贫困人口不住危房。在脱贫攻坚中，总书记要求对这些基本标准要坚持既不拔高，也不降低，保持政策稳定性和持续性。

参考文献

1.《黄土地的儿子回家了——习近平回梁家河村看望父老乡亲》，新华网，2015年2月13日。

2.《梁家河的变化是中国进步的缩影》，《人民日报》(海外版)，2017年7月27日。

3.《梁家河的岁月》，人民网，2018年6月8日。

4.《梁家河初心从这里出发》，央视网，2018年7月8日。

5.《中国农村扶贫开发纲要（2011—2020年）》，中国政府网，2011年12月1日。

6.《习近平：在解决"两不愁三保障"突出问题座谈会上的讲话》，《求是》，2019年8月16日第16期。

贵州省花茂村：政策好不好，要看乡亲们是哭还是笑

2015年6月16日至18日，习近平总书记来到贵州遵义，就做好扶贫开发工作、谋划好"十三五"时期经济社会发展进行调研考察。

6月16日下午，习近平走进遵义县枫香镇花茂村现代高效农业园区的智能温控大棚，看大棚蔬菜产品展示，向正在劳动的村民了解园区解决农民就业、促进增收的情况。随后，他到白泥组党员群众之家，听取村级组织建设和脱贫致富情况介绍，察看驻村工作室、金融便民服务点、藤编工艺和制陶工坊，了解开展精准扶贫的具体项目和实际效果。接着，习近平又来到经营农家乐的村民王治强家中，进房间、看院落，同村民们围坐在一起亲切交谈。习近平对该村把扶贫开发与富在农家、学在农家、乐在农家、美在农家的美丽乡村建设结合起来的做法表示肯定，希望村党支部、村委会和村干部心往一处想、劲往一处使、汗往一处流，共同把乡亲们的事情办好。

遵义位于贵州省的北部，南临贵阳市，北倚重庆市，西接四川省泸州市，处于云贵高原向湖南丘陵和四川盆地过渡的斜坡地带，地形起伏大，地貌类型复杂。1935年，中国共产党在遵义召开了著名的"遵义会议"，这次会议成为党生死攸关的转折点，因此遵义也被称为"转折之城""会议之都"。由于特殊地形地貌特征，遵义有9个县处于武陵山片区和乌蒙

山片区，有省级贫困乡镇116个，重点贫困村871个，贫困人口52万。

贵州省简称"黔"或"贵"，坐落于中国西南，但提到这里，人们想到的往往不是它的美丽和独特的地貌，而是把它和落后、贫穷、偏远联系在一起。很长一段时间里，贵州一直是全国农村贫困面最大、贫困程度最深、贫困人口最多的省份。这里所面临的诸多贫困难题，都是世界性贫困难题。国家14个集中连片特困地区中，贵州省就占了3个，分别是武陵山片区、乌蒙山片区和滇桂黔石漠化片区，共有65个片区县，片区贫困人口几乎占全省贫困人口的95%。自2012年被中央确定为扶贫开发攻坚示范区以来，贵州省的农村脱贫速度明显加快，多数年份高于全国农村平均减贫速度。

花茂村位于贵州省遵义市播州区枫香镇之东北部，距镇政府所在地6公里，东接乐山镇新华村，西靠枫元村，南邻土坝村，北抵苟坝村。全村总面积9.8平方公里，共有1345户、4950人。这个村过去是贫困村，原来的村名叫"荒茅田"。这些年，脱贫致富成效显著，改名为"花茂"，寓意花繁叶茂。前些年，花茂村靠种植低效的农作物为主，进村的道路只有一条石子路。一个4000多人的村子，外出人口就多达2000人。2012年以前，这里的人均收入只有3000元。2012年开始，村里实施新农村建设，村容村貌逐渐有了变化。2014年，花茂村被遵义县（今遵义市播州区）列为"四在农家·美丽乡村"升级版创建试点后，致力于统筹推进精准扶贫与率先小康齐步走，发展高效特色农业，引导村民积极发展乡村旅游，推进农旅文一体化。2014年，村民人均可支配收入达10948元，全面小康实现程度达97.62%。2015年，全村村民基本实现小康生活。习近平考察花茂村时感叹："怪不得大家都来，在这里找到乡愁了。"

美丽乡村建设

2015年,习近平总书记在花茂村考察时要求:"村支部要带好头,把花茂村建设好、发展好。"花茂村牢记嘱托,坚持把抓党建作为关键,积极发挥村党支部在新农村建设中的"领头雁"和"火炬手"作用,建设好基层服务型党组织升级版,打通了联系群众的"最后一公里"。花茂村统筹推进精准扶贫和率先小康齐步走,致力于打造"富在农家,学在农家,乐在农家,美在农家"的美丽乡村。

在基础设施建设上,花茂村通过"一事一议"财政奖补政策,整合资金2.4亿元,全面改善了水、电、路、通信、气、污水垃圾处理等基础设施,建成陶艺文化创意一条街、游客服务中心,核心区域还实现了免费Wi-Fi和"天网工程"全覆盖,既改善了群众生活条件,也为产业发展奠定了基础。同时,花茂村积极引导农村住宅和居民点建设,以"小青瓦、坡屋顶、转角楼、三合院、雕花窗、白粉墙、穿斗枋"七元素为基调,既注重保持村庄传统风貌,又积极与现代化元素结合,新改建黔北民居880栋,成了村里一道亮丽的风景线。

在产业振兴上,把第一产业与第三产业融合,打造旅游新业态,将城市的需求、农村的生态、产业、文化等资源集聚起来,形成多元化的农村经济,吸引游客走进来,让百姓富起来。该村引进山东寿光九丰、天津枫桦等公司种植蔬菜1000亩,带动周边农户种植蔬菜5000亩;发展精品水果和生态传统农业1000亩、苗林1000亩、刺梨2500亩、25°以上坡耕地经济林3000亩。培育乡村旅馆50余家,特色农家乐18家,电商10余户,特色产品店28家,陶艺作坊3家。

立足生态宜居,绘就美丽乡村画卷。花茂村从环境保护、产业发展、文化挖掘、便民服务、管理优化五个方面全力提升宜居环境。修建旅游主干道、旅游栈道、旅游步道、特色街道各 1 条，旅游次干道 4 条；共完成旅游环线基础工程 16 公里，垃圾池建设 60 立方米；种植花草 700 余亩，种植绿化树木 6000 余亩；完善了水、电、路、通信、民居改造等基础设施建设。

立足乡土文化，铸就美丽乡村灵魂。花茂村致力于保护和传承红色文化和当地传统文化，建成苟坝会议陈列馆、纪念广场，打造陶艺一条街，创建特色陶艺吧、根雕艺术中心、古法造纸特色商品馆、匠心园商业街，开发各种体验互动项目 10 余种。同时保留了该村的民风民俗，让游客融入乡村，体验乡村生活，感受淳朴民风。

依托建设美丽乡村，花茂村解决了当地 600 余人就业，带动贫困人口就业 56 人，实现民居改造率 100%、庭院整治率 100%。现在的花茂村已是"望得见山、看得见水、记得住乡愁"的最美田园，实现了农旅文融合、一二三产业融合、产业与生态融合、人与自然融合。

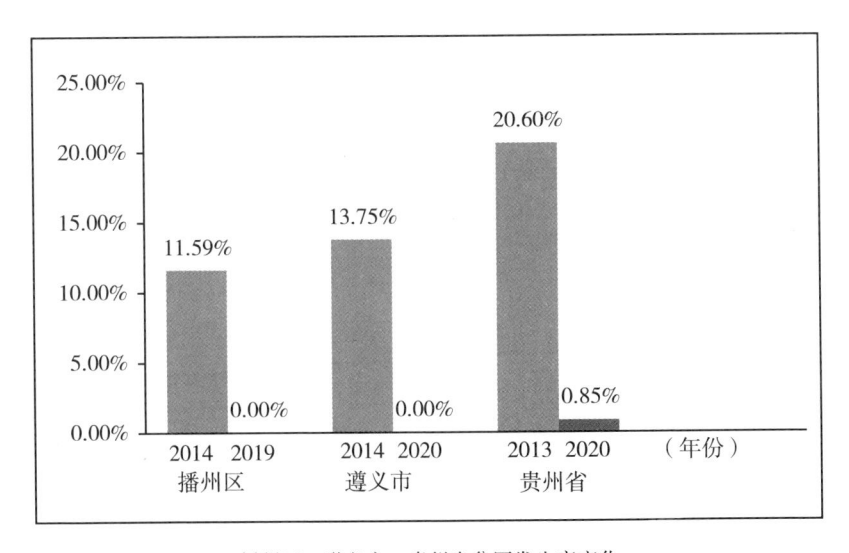

播州区、遵义市、贵州省贫困发生率变化

花茂村先后获得全国"最美红村""全国度假社区""中国乡村旅游创客示范基地""全国乡村旅游重点村寨""贵州省乡村旅游扶贫示范村"等称号，美丽乡村建设的"花茂路径"得以全面推广。2019年，花茂村共接待游客195.47万人，实现综合收入19.03亿元，农民人均可支配收入从2012年的6478元增至2019年的18556元。

政策解读

自十八洞村提出精准扶贫，解决了"扶持谁"的问题以后，为了解决"谁来扶""怎么扶""如何退"等关键问题，总书记又去了山东、内蒙古、河南、新疆、云南、陕西等地的村庄深入调研，了解各地的扶贫经验和做法，谋划精准扶贫精准脱贫的具体方略以及"十三五"扶贫规划。通过上述大量调研，总书记对"谁来扶""怎么扶"等问题已形成了基本的看法。2015年6月18日，在调研过花茂村以后，习近平总书记在贵州召开部分省区市扶贫攻坚与"十三五"时期经济社会发展座谈会，在会上正式提出了"六个精准"、"四个一批"、"三位一体"、落实领导责任制等一系列重要观点，其中，"六个精准"是指扶持对象、项目安排、资金使用、措施到户、因村派人（第一书记）和脱贫成效精准；"四个一批"是指通过扶持生产和就业发展一批、通过移民搬迁安置一批、通过低保政策兜底一批、通过医疗救助扶持一批；"三位一体"是指形成专项扶贫、社会扶贫、行业扶贫的大扶贫格局；"落实领导责任制"，即中央统筹、省负总责、市（地）县抓落实的管理体制，片为重点、工作到村、扶贫到户的工作机制，党、政一把手负总责的扶贫开发工作责任制。

上述观点的提出，全面解决了"扶持谁""谁来扶""怎么扶""如何退"等关键问题。至此，总书记的精准扶贫思想体系正式成型，涵盖了脱贫攻坚的战略任务和科学方法等各个方面。其中,"六个精准"是精准扶贫的主要内容和核心要求,"四个一批"是脱贫的具体路径,"三位一体"是扶贫工作的供给主体,领导责任制则是明确了脱贫攻坚的领导主体和责任主体。

2015年11月27日,习近平在中央扶贫开发工作会议上发表长篇讲话,进一步深刻论述精准扶贫精准脱贫的重大理论实践问题,标志着精准扶贫思想完全成型。在两天后发布的《中共中央国务院关于打赢脱贫攻坚战的决定》中,总书记的"六个精准"和"四个一批"演化成"六个精准"和"五个一批",并成为中国精准扶贫的工作机制,即"健全精准扶贫工作机制。抓好精准识别、建档立卡这个关键环节,为打赢脱贫攻坚战打好基础,为推进城乡发展一体化、逐步实现基本公共服务均等化创造条件。按照扶持对象精准、项目安排精准、资金使用精准、措施到户精准、因村派人精准、脱贫成效精准的要求,使建档立卡贫困人口中有5000万人左右通过产业扶持、转移就业、易地搬迁、教育支持、医疗救助等措施实现脱贫,其余完全或部分丧失劳动能力的贫困人口实行社保政策兜底脱贫"。《中共中央国务院关于打赢脱贫攻坚战的决定》的出台,标志着我国的精准扶贫工作在总书记考察遵义后进入了新的全面实施阶段。

扶贫小卡片

美丽乡村

美丽乡村,是指中国共产党第十六届五中全会提出的建设社会主义新农村的要求,包括"生产发展、生活宽裕、乡风文明、村容整洁、管理民主"等。让乡村成为生态宜居的美丽家园,让居民望得见山、看得见水、记得住乡愁，是实现乡村振兴的题中之义。美丽乡村建设是促进农业增产、农民增收、农村繁荣的根本之路。

"美丽乡村"这一概念最早源于总书记在浙江余村考察时提出的"绿水青山就是金山银山"，农业部等逐渐把美丽乡村建设作为农业农村工作的一项重要内容。国家质量监督检验检疫总局、国家标准化管理委员会于2015年4月29日发布了《美丽乡村建设指南》(GB/T 32000—2015)，作为全国各地美丽乡村建设的标准。《美丽乡村建设指南》规定了美丽乡村建设的术语和定义、基本要求、村庄建设、生态环境、经济发展、社会事业发展、社会精神文明建设、组织建设与常态化管理等方面。2018年12月28日，国家市场监督管理总局、国家标准化管理委员会发布了《美丽乡村建设评价》(GB/T 37072—2018)国家标准，作为美丽乡村建设验收考核标准。美丽乡村建设主要从六方面进行推进。

一、规划乡村振兴的路线图。研究出台当地实施乡村振兴战略规划，细化实化工作重点和政策措施。加强村庄建设管控，启动实施村级公益性设施共管共享，实现本地所有村社村级公益性设施管护工作全覆盖，引导形成具有特色的乡村风貌。

二、积极探索完善多元投入机制。鼓励社会资本投资农村基础设施和公用事业领域，健全完善PPP投资体系，通过创新运营模式、挖掘项目商业价值等方式，建立项目合理回报机制，吸引社会资本积极参与乡村振兴。

三、大力发展农业产业。突出农业绿色化、优质化、特色化、品牌化，积极推动第一、二、三产业融合发展，不断提高农业创新力、竞争力和全要素生产率，加快农业新旧动能转换，率先实现农业现代化。

四、建设生态宜居乡村。积极推行绿色生产方式，全面建立以绿色生态为导向的制度体系，完善生态保护补偿机制，努力构建稳定可持续的田园生态系统。

五、繁荣兴盛乡村文化。进一步挖掘乡村传统文化资源，依托各种节会、展会、旅游景点和互联网平台，将当地乡村工艺品推出去，助推乡村经济结构调整。

六、提高农村民生保障水平。探索建立城乡更加均等的公共就业服务体系，不断提升农村劳动者素质，拓展农民外出就业和就地就业增收空间。大力发展特色县域经济、魅力小镇、乡村旅游和农村服务业，为农村劳动者就地就近转移就业创造空间。探索开展返乡人员创业试点，加快培育区域特色产业，拓宽就业创业空间。

参考文献

1.《习近平考察贵州：政策好不好 要看乡亲们是哭还是笑》，新华网，2015年6月17日。

2.《从"荒茅田"到花茂村的蜕变》，人民网，2019年8月15日。

3.《干出来的新"花茂"——贵州遵义市播州区花茂村脱贫攻坚记》，《农民日报》，2019年10月31日。

4.《美丽乡村建设评价》（GB/T 37072—2018），中国农业规划网，2019年2月28日。

吉林省光东村：全面小康哪个少数民族也不能少

2015年3月9日，习近平在参加十二届全国人大三次会议吉林代表团审议时，有代表邀请总书记到延边去看看，习近平说，我一直想去延边看一看，下次到吉林一定去。2015年7月16日至18日，习近平总书记如约来到吉林，走边疆、访农户、下田间、进企业、问民生、谋发展。

7月16日下午，习近平来到位于海兰江畔的和龙市东城镇的光东村。进村前，经过一大片水稻田，习近平下车沿着泥泞的田埂走进稻田，同正在田间劳作的村民和农技人员攀谈起来。进村后，习近平走进村委会便民服务室、图书室和文体活动室视察。村里老年舞蹈队正在排练，习近平驻足欣赏，称赞朝鲜族群众舞蹈跳得好。习近平走进70岁的村民李龙植家。按照朝鲜族习俗，习近平脱鞋走进屋里，察看主人的生活起居情况。随后，他盘腿而坐，同乡亲们拉起家常。习近平强调："我们正在为全面建成小康社会而努力，全面小康一个也不能少，哪个少数民族也不能少，大家要过上全面小康的生活。"

吉林省物产丰富，但由于发展不充分不平衡，贫困时有发生。延边朝鲜族自治州位于吉林省东部，地处中俄朝三国交界处，面临日本海，是东北振兴、图们江开发等国家战略叠加区。延边朝鲜族自治州是我国唯一的朝鲜族自治州和最大的朝鲜族聚居地区，人口215万，朝鲜族占36.4%。

这里环境优良、资源优质，森林覆盖率达 80.8%。长白山区是我国重要的木材和中药材基地，人参、延边黄牛、食用菌、大米等特色农产品驰名中外。延边朝鲜族自治州地处长白山腹地，多山少地、无霜期短的地理气候特征使当地的农业生产受到局限。作为吉林省两大集中连片特困地区之一的延边朝鲜族自治州共有 5 个贫困县，其中，国家扶贫开发工作重点县 4 个，省定贫困县 1 个，建档立卡贫困人口 50829 人。

光东朝鲜族民俗村位于吉林省延边朝鲜族自治州和龙市东城镇中北部，海兰江中游，平岗河谷平原下段，与龙井市毗邻，全村面积 7.25 平方公里，现有 6 个自然屯，7 个自然小组，共有 317 户人家，898 口人，其中朝鲜族人口 882 人，占全村人口的 98%。现有耕地面积 6165 亩，其中水田 2565 亩，主要以种植有机大米、绿色大米为主。昔日的光东村平凡又贫穷，全村 301 户、858 口人中，在村人口仅 180 人，且多为老人、孩子。

脱贫攻坚

习近平总书记来到延边视察调研时朴实亲切的话语非常暖心，他留下的诸多叮咛和希望，给了光东村人无限动力。光东村在乡村振兴上，打造出集民俗旅游、观光体验、风味餐饮等功能于一体的 2A 级现代农村田园旅游新区，将一二三产业深度融合，走出了一条产业振兴的新道路。

光东村实施产业兴村战略，致力于打造绿色大米品牌。将全村 2565 亩水田全部纳入质检系统，24 小时全方位监控水稻生长环境，积极推进有机大米、绿色大米品牌化步伐。曾经传统的种稻方式，变成了"稻田养蟹""鸭稻共生"的新模式，实现零农药、零化肥的有机生产。曾经的"吗西达"大米加工厂也从小作坊发展成为现代化大米加工企业。"吗西达"由"一种好吃的大米"变成全国知名的大米品牌，价格也提高了很多。2018年至2019年，光东村紧抓东西部协作帮扶的有利契机，创新谋划实施了"共享稻田"项目，销售额达1400万元，获得效益资金500万元。目前，村集体收入增加至100余万元。如今，全村生活用水实现了全免费，村里的基础设施也得到了改善。

光东村还积极以民俗旅游促进乡村振兴。光东村成立了村民演出队，为游客表演朝鲜族歌舞。而且，陆续将村里空闲的60栋房屋改建成朝鲜族民宿。民宿不仅增强了游客对朝鲜族文化的体验感，也提高了村民的收入。光东村还筹集资金建设了游客服务中心、停车场、景观大门、疗休养基地、共享农业基地和边疆爱国主义教育基地等。前来观光的游客可以追随总书记的足迹，重走视察路线，领略水稻文化，并亲手制作辣白菜、打糕等朝鲜族传统美食，学习朝鲜族传统礼仪。2019年光东村接待国内外游客45万人次，比2015年增长了80%。光东村通过旅游分红、房屋租赁等，实现村集体经济收入115万元。

光东村还在精准扶贫上发力，确保贫困村民收入增加。村里投入扶贫资金18万元，购买了200只肉羊，由专人进行集中养殖。每一名贫困人口每年能拿到肉羊扶贫分红款700元；投入扶贫资金100万元成立了吗西达有机大米加工厂，水稻加工销售利润的6%用作扶贫资金和村集体收入。政府拨付给村里每一位贫困村民1万元的精准扶贫款，大家可以自由组合，寻找脱贫项目进行经营。现在的光东村已完成脱贫攻坚，成为远近闻名的富裕村。从有机品牌水稻生产，到打造民俗旅游，光东村村民的收入上来了。2018年，村民人均纯收入就增加到1.3万元，村集体经济收入增长到20万元。

在吉林延边考察调研时，习总书记要求将"厕所革命"推广到广大农村地区。很快，光东村210户家庭全部完成了自家的"厕所革命"。村民的生活环境也改善了，一排排笔直的水泥路，错落有致的民居民宅，处处皆景，处处怡情。崭新的围墙、宽敞的文化广场、专业的门球场、多样的体育健身器材……原本就能歌善舞的光东村农民，拥有了更加丰富多彩的业余生活，乡村呈现出更加文明的新气象。今天的光东村，与歌曲《红太阳照边疆》中所唱的一样，长白山下果树成行，海兰江畔稻花香，光东村已经成了明星村。这里的环境犹如世外桃源，一望无际的水稻田围绕着光东村，远处的山脉连绵不绝，水草肥沃，鸟语花香。

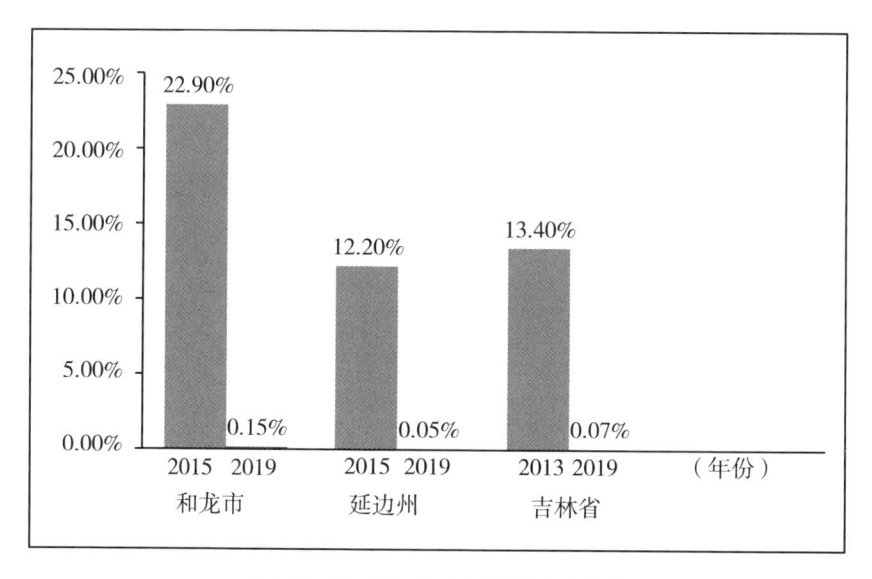

和龙市、延边州、吉林省贫困发生率变化

政策解读

在中国整体战略布局中，在中国全面推进小康社会的过程中，东北处于重要的战略地位。一方面，东北是中国重要的边境地区和民族地区，辽宁、吉林、黑龙江都有着很长的边境线，边境地区的发展和稳定对于整个国家的战略稳定有着非常重要的作用；另一方面，东北的产业振兴，尤其是东北的农业振兴对于保障我国的粮食安全具有重要的战略意义。但由于粮食种植的收益比较低下，东北还存在着不少贫困人口。因此，总书记对东北地区的脱贫攻坚和小康建设也是高度重视。另外，延边作为中国唯一的朝鲜族自治州和重要的边境城市，习总书记东北调研首站到访这里也体现了他对民族问题和边境问题的重视。民族地区、边疆地区的脱贫攻坚关系到全局，习总书记这次光东村之行，考察少数民族地区、边疆地区的脱贫攻坚和乡村振兴主要是为了强调全面建成小康社会，一个都不能少，哪个少数民族都不能少。

总书记对少数民族地区和边疆地区的贫困问题的关心在不久后制定的脱贫攻坚战略的顶层设计中得到了体现。在《中共中央国务院关于打赢脱贫攻坚战的决定》中，提出"重点支持革命老区、民族地区、边疆地区、连片特困地区脱贫攻坚。加快推进民族地区重大基础设施项目和民生工程建设，实施少数民族特困地区和特困群体综合扶贫工程，出台人口较少民族整体脱贫的特殊政策措施。改善边疆民族地区义务教育阶段基本办学条件，建立健全双语教学体系，加大教育对口支援力度，积极发展符合民族地区实际的职业教育，加强民族地区师资培训。加强少数民族特色村镇保护与发展。大力推进兴边富民行动，加大边境地区转移支付力度，完善边民补贴机制，充分考虑边境地区特殊需要，集中改善边民生产生活条件，扶持发展边境贸易和特色经济，使边民能够安心生产生活、安心守边固边"。

对居住环境的改造升级也是这次光东村考察的重点。当得知一些村民还在使用传统的旱厕，习近平总书记指出，随着农业现代化步伐加快，新农村建设也要不断推进，要来个"厕所革命"，让农村群众用上卫生的厕所。基本公共服务要更多向农村倾斜，向"老、少、边、穷"地区倾斜。

在《中共中央国务院关于打赢脱贫攻坚战的决定》中，要求加快农村人居环境整治，"加大贫困村生活垃圾处理、污水治理、改厕和村庄绿化美化力度"，"以整村推进为平台，加快改善贫困村生产生活条件，扎实推进美丽宜居乡村建设"。

厕所革命是指对发展中国家的厕所进行改造的一项举措，最早由联合国儿童基金会提出。厕所是衡量文明的重要标志，改善厕所卫生状况直接关系到这些国家人民的健康和环境状况。厕所是文明的尺度，也是国家发展的注脚。厕所映射着国人卫生习惯的改变，影响着亿万群众的出行，关系着美丽乡村建设的全局。2017年11月，习近平总书记就旅游系统推进"厕所革命"工作取得的成效作出重要指示。从此，从改建旅游厕所到推进农村改厕，从布局城市公厕到增加女厕数量，从全国性会议部署加快改水改厕步伐，到农村改厕被列为"十三五"必须完成的约束性任务，一场"厕所革命"的浪潮在中国城乡大地掀起。

扶贫小卡片

厕所革命

厕所革命是指对发展中国家的厕所进行改造的一项举措，最早由联合国儿童基金会提出。厕所是衡量文明的重要标志，改善厕所卫生状况直接关系到这些国家人民的健康和环境状况。厕所是文明的尺度，也是国家发展的注脚。厕所映射着国人卫生习惯的改变，影响着亿万群众的出行，关系着美丽乡村建设的全局。

20世纪80年代前，无论是对中国人还是对外国人来说，如厕这件事都是一个挑战。20世纪80年代，中国开始推动改水、改厕、健康教育"三位一体"爱国卫生运动。以筹备亚运会为契机，中国拉开了"厕所革命"的序幕。主要从卫生防病角度入手，以改变厕所"数量少、环境差"的现状为目的。20世纪90年代，将农村改厕工作纳入《中国儿童发展规划纲要》和《中共中央、国务院关于卫生改革与发展的决定》，在中国农村掀起了一场轰轰烈烈的"厕所革命"。在厕所质量上的要求不断提高，公厕的配套设施不断完善。

2002年，《中共中央、国务院关于进一步加强农村卫生工作的决定》指出，在农村继续以改水改厕为重点，带动环境卫生的整治，以预防和减少疾病的发生，促进文明村镇建设。

2009年政府又将农村改厕纳入深化医改重大公共卫生服务项目。2010年，中国启动以农村改厕为重点的全国城乡环境卫生整洁行动，农村地区卫生厕所普及率快速提升。

2014年10月17日，中国爱卫会在河北省石家庄市正定县召开了全国农村改厕工作现场推进会，明确2020年实现中国农村卫生厕所普及率达到85%的规划目标。

2015年4月1日，习近平总书记专门就厕所革命和文明旅游作出重要批示，要求我们从小处着眼，从实处着手，不断提升旅游品质；要发扬钉钉子的精神，采取有针对性的措施，一件接着一件抓，抓一件成一件，积小胜为大胜，推动我国旅游业迈上新台阶。

2015年7月16日，习总书记在吉林省延边朝鲜族自治州调研时，了解到一些村民还在使用传统的旱厕，他指出，随着农业现代化步伐加快，新农村建设也要不断推进，要来场"厕所革命"，让农村群众用上卫生的厕所。

2017年11月，习近平总书记就旅游系统推进"厕所革命"工作取得的成效作出重要指示。从此，从改建旅游厕所到推进农村改厕，从布局城市公厕到增加女厕数量，从全国性会议部署加快改水改厕步伐，到农村改厕被列为"十三五"必须完成的约束性任务，一场"厕所革命"的浪潮在中国城乡大地掀起。

参考文献

1.《习近平总书记"如约"到延边》，新华网，2015 年 7 月 17 日。

2.《边疆小村——光东村的 800 天华丽蜕变》，国际在线，2017 年 9 月 21 日。

3.《光东村：三年后小山村已经成了著名的朝鲜族民俗村》，中国新闻网，2018 年 7 月 19 日。

4.《和龙市全方位做好脱贫攻坚巩固提升"大文章"》，人民网，2019 年 10 月 25 日。

5.《中国兴起"厕所革命"破解乡村治理难题》，新华网，2015 年 2 月 9 日。

第三章

精准扶贫的全面实践

从2016年起,中国的精准扶贫和精准脱贫战略进入了全面实施阶段。战略实施后各地的进展如何?实施中还存在着什么样的问题和困难?带着这些问题,从2016年2月的神山村到2017年1月的德胜村,短短一年,总书记调研了7个省(自治区)的8个村庄,囊括了6个集中连片贫困区。这期间,根据总书记的指示精神,我国精准扶贫的一系列行业政策相继出台,如健康扶贫、产业扶贫、教育扶贫、易地扶贫搬迁等。

江西省神山村：扶贫、脱贫的措施和工作一定要精准

2016年2月1日至3日，习近平来到江西吉安、井冈山、南昌等地，深入乡村、企业、学校、社区、革命根据地纪念场馆调研考察，就贯彻落实党的十八届五中全会精神和中央经济工作会议、中央扶贫开发工作会议、中央城市工作会议精神进行指导，给广大干部群众送去了党中央的新春祝福和亲切关怀。

2月2日，习近平来到井冈山市茅坪乡神山村。他首先走进村党支部了解基层组织建设和精准扶贫情况，拿起台账和村居改造的设计图认真察看。接着，他来到红军烈士后代左秀发家门前，拿起木槌，同村民一起打糍粑。在贫困户张成德家，总书记进厨房、看卧室，询问生产生活情况，还察看了羊圈、娃娃鱼池、水冲厕所。临别前，村路一侧挤满了人，总书记向大家拜年，和他们一一热情握手。他说："我对井冈山怀有很深的感情。这是我第三次来，来瞻仰革命圣地，看望苏区人民，祝老区人民生活越来越好。"在调研中，习近平强调，扶贫、脱贫的措施和工作一定要精准，要因户施策、因人施策，扶到点上、扶到根上，不能大而化之。

井冈山市地处湘赣边界罗霄山脉中段，介于湖南炎陵县和江西宁冈、遂川、永新四县之交。井冈山革命根据地是土地革命战争时期，中国共产党在湖南、江西两省边界罗霄山脉中段创建的第一个农村革命根据地。井

冈山革命根据地的创建,为中国共产党领导的各地武装斗争树立了榜样,成为中国革命走上建立农村根据地,以农村包围城市,最后夺取全国胜利的道路的开端。茅坪乡位于井冈山市中西部,乡政府驻茅坪村。茅坪乡以山地为主,南部黄洋界、铁顶界、剪刀山均在海拔1000米以上。毛泽东曾居住和办公过的旧址之一、著名的八角楼就坐落在该乡。井冈山斗争时期,湘赣边界党、政、军领导机关和红军后勤机关曾设立于茅坪。

神山村,位于江西省井冈山市茅坪乡,地处井冈山黄洋界脚下、罗霄山脉中段,平均海拔800多米。神山村有200多年的历史,曾因高山环拱,状若城垣,故名曰"城山",后又因客家方言谐音为"神山",且村中四季云雾缭绕,犹如仙境,久而久之便被称为"神山村"。在井冈山斗争时期,这里曾是革命的主战场,有名有姓的烈士就有10位。目前,神山村有54户、231人,耕地198亩,山林4975亩。神山村是"十二五"期间的省定贫困村,2015年全村有村民54户、231人,人均可支配收入仅3300元,其中建档立卡贫困户21户、50人,贫困发生率高达22%。这里地理位置偏僻,土地瘠薄,基础设施落后,长期闭塞落后,有超过三分之一的家庭是贫困户,是革命老区典型的贫困村。当地人常说:"神山是个穷地方,有女莫嫁神山郎,走的是黄巴路,住的是土坯房,穿的是旧衣服,吃的红薯山芋当主粮。"

脱贫攻坚

"在扶贫的路上,不能落下一个贫困家庭,丢下一个贫困群众。"2016年2月,习近平总书记赴江西看望慰问广大干部群众、来到井冈山市茅坪乡神山村时对乡亲们说。习总书记上井冈山到访神山村后,这里旧貌换新颜,原来的牛棚变成了新房,家家户户都有了和城里一样卫生干净的厕所，乡村公路已经拓宽，乡村旅游配套设施也初步完善，可以充分满足游客吃、住、行、乐、游等需求。2017 年，神山村获得"全国文明村镇""全国美丽休闲乡村"等荣誉称号，并于当年通过江西省旅游发展委员会评估，被评为江西省 4A 级乡村旅游点。2020 年，神山村入选世界旅游联盟旅游减贫案例。

神山村紧扣"井冈桃源、好客神山"的定位，高标准编制了神山谷旅游规划，着力开发神山谷、双龙潭、水帘洞等景点，将神山与八角楼、黄洋界等景区景点串联起来，形成旅游精品线路，融入井冈山全域旅游。与此同时，当地还推出了"精准扶贫课"，探索出一条"培训在农村，体验在农户，红色旅游助推精准脱贫"的路子。2019 年，神山村共接待游客 32 万人次，实现旅游收入 460 余万元，农民人均收入 2.2 万元，村集体经济收入 38 万元。神山村旅游业态不断丰富，旅游人气越来越旺，正所谓"糍粑越打越黏，生活越过越甜"。

神山村还紧紧围绕"四个一"（一户一亩竹茶果、一户一栋安居房、一户一个农家乐、一户一张保障网）精准脱贫模式，大力推进产业扶贫，通过推广毛竹加工、养殖黑山羊、发展娃娃鱼养殖、种植黄桃等方式，对全村贫困户实现了帮扶全覆盖。神山村还采取"合作社+基地+贫困户"的经营模式，成立了黄桃、茶叶两个合作社，种上了 460 多亩黄桃树、200 多亩茶树。曾经的贫困户都成了合作社的"股东"，每年仅分红就有 3000 多元。有劳动力的村民参与种植生产还可获得工资薪酬，参与土地流转还有额外的租金收入。在产业发展上，神山村非常重视技术培训，以黄桃种植为例，省科技特派团的专家们不定期来到村里现场讲解，手把手指导，使神山村黄桃种植户人人都掌握了黄桃种植、嫁接、施肥及病虫害防治的技术要领，很快就提高了黄桃亩产量和品质。其他地方的黄桃只能卖 2~3 元一斤，神山村的黄桃最高可卖到 10 元一斤。

如今的神山村，映入眼帘的是一条条宽阔的乡村马路、一幢幢整洁的客家小楼。小溪的一侧是随处可见的农家菜馆，对面的山头就是大面积的黄桃、茶叶种植基地。4年多来，这个贫困发生率曾高达30%的小山村，经历了一系列神奇的变化。那些久别归来的游子更是清晰地感觉到，曾经缓慢沉重的生活节奏变得轻盈明快起来，神山村正如翠竹拔节般生长更新。2015年之前，村里只有38个老人小孩守着37栋土坯房，年轻人都出去打工了。而现在，村里多了138口人，越来越多的年轻人回到了家乡，有开"农家乐"的，有开民宿的，大家"八仙过海，各显神通"，人人都奔着好日子去。

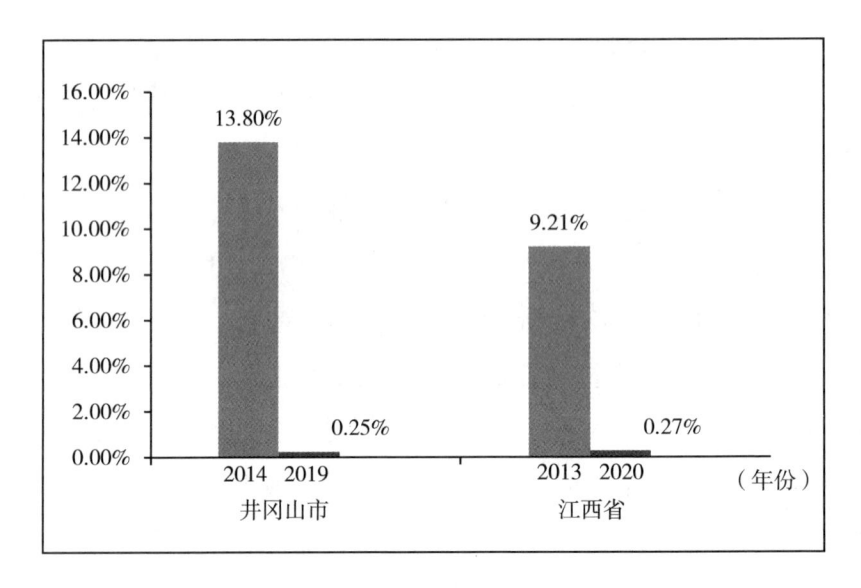

井冈山市、江西省贫困发生率变化

神山村是井冈山脱贫致富的一个缩影。以跨越时空的井冈山精神为引领，4年来，井冈山人拿出当年共产党人带领工农群众闹革命的信念和定力，冲在脱贫攻坚第一线。2017年2月26日，经国务院扶贫开发领导小组评估并经江西省政府批准,井冈山市正式宣布在全国率先脱贫。井冈山人在小康路上的步履从未停下。井冈山市通过精品民宿产业发展,美化了乡村环境、做旺了乡村产业、提升了乡村人气,实现了山区变景区、田园变公园的美丽蝶变,为实现可持续脱贫奔小康奠定了坚实基础。

政策解读

《中共中央国务院关于打赢脱贫攻坚战的决定》发布以后,中国的精准扶贫和精准脱贫战略进入了全面实施阶段。实施后各地的进展如何?实施中还存在着什么样的问题和困难?在哪些方面、哪些地区还需要进一步的政策支持?带着这些问题,总书记继续在典型贫困地区进行调研和指导,以更好地推进脱贫攻坚工作。在此背景下,总书记首先选择了著名革命老区井冈山。

井冈山是中国的"红色摇篮",革命战争年代,无数先辈在这里以坚如磐石的信念点燃了中国革命的星星之火,为党领导人民创造中国奇迹奠定了基础。中华人民共和国成立70多年特别是改革开放40年来,在党中央、国务院的关心支持下,井冈山老区面貌发生了深刻变化,人民生活水平显著提高。但由于自然、历史等多重因素影响,井冈山一些偏远地区发展相对滞后、基础设施薄弱、人民生活水平不高,脱贫攻坚任务相当艰巨。

总书记对井冈山的调研,再次说明了他对革命老区脱贫攻坚的高度重视。他提出,"在扶贫的路上,不能落下一个贫困家庭,丢下一个贫困群众""井冈山要在脱贫攻坚中作示范、带好头"。不久后,中共中央办公厅、国务院办公厅印发《关于加大脱贫攻坚力度支持革命老区开发建设的指导意见》,要求各地区各部门结合实际认真贯彻执行。该意见指出:"革命老区是党和人民军队的根，老区和老区人民为中国革命胜利和社会主义建设作出了重大牺牲和重要贡献。"要求"以贫困老区为重点，更加注重改革创新、更加注重统筹协调、更加注重生态文明建设、更加注重开发开放、更加注重共建共享发展，进一步加大扶持力度，实施精准扶贫、精准脱贫，着力破解区域发展瓶颈制约，着力解决民生领域突出困难和问题，着力增强自我发展能力，着力提升对内对外开放水平，推动老区全面建成小康社会，让老区人民共享改革发展成果。到2020年，老区基础设施建设取得积极进展，特色优势产业发展壮大，生态环境质量明显改善，城乡居民人均可支配收入增长幅度高于全国平均水平，基本公共服务主要领域指标接近全国平均水平，确保我国现行标准下农村贫困人口实现脱贫，贫困县全部摘帽，解决区域性整体贫困"。

在神山村，习近平总书记说，"扶贫、脱贫的措施和工作一定要精准，要因户施策、因人施策，扶到点上、扶到根上，不能大而化之"。正是在这种精准思想的指导下，2016年我国一系列细化的精准扶贫政策出台，如《国务院关于进一步健全特困人员救助供养制度的意见》《关于实施光伏发电扶贫工作的意见》《贫困地区发展特色产业促进精准脱贫指导意见》《关于实施健康扶贫工程的指导意见》《关于印发乡村旅游扶贫工程行动方案的通知》《全国"十三五"易地扶贫搬迁规划》《关于促进电商精准扶贫的指导意见》《关于切实做好就业扶贫工作的指导意见》等。2016年是精准扶贫政策出台最密集的时期，这些政策主要解决了精准扶贫在各个领域怎么精准落实的问题，具有针对性和可操作性强的特点。

扶贫小卡片

井冈山脱贫模式

近年来，井冈山始终牢记习总书记"井冈山要在脱贫攻坚中作示范、带好头"的殷切嘱托。在习近平总书记精准扶贫思想的坚强指引下，按照"抓实抓细，经得起检验"总体要求，井冈山在全国脱贫攻坚中率先脱贫，被评为2017年全国十大新闻。井冈山用改革思维和创新办法推进精准脱贫的工作法，被评为2017年中国改革年度十大典型案例。其主要特点如下：

一是精准识别，变"面上掌握"为"精准到人"。井冈山早在2014年底就创新实施了红、蓝、黄三卡识别办法，也就是把贫困程度较重的作为红卡户，把一般贫困户作为蓝卡户，把2014年已经脱贫的作为黄卡户，按照"村内最穷、乡镇平衡、市级把关、群众公认"的原则，以"一访、二榜、三会、四议、五核"的办法，严格"五类人员"管理，精确"扫描"每一个贫困户，确保贫困户一个不漏、非贫困户一个不进。

二是精准帮扶，变"大水漫灌"为"精准滴灌"。每个季度开展一次"党员干部下基层、精准扶贫大会战""访民意、解民忧""百姓档案""干部下学"等主题大走访活动，根据贫困户的贫困原因开好"药方子"，紧紧围绕"两不愁三保障"的脱贫目标，把"有能力"的"扶起来"，"扶不了"的"带起来"，"带不了"的"保起来"，"住不了"的"建起来"，"建好了"的"靓起来"。

三是精准管理，变"整体退出"为"精准进退"。建立精准扶贫大数据管理平台，精确掌握每一个贫困户的所有脱贫信息。通过"基本信息卡、帮扶记录卡、政策明白卡、收益登记卡"的"四卡合一",实现贫困户的所有情况清清楚楚;通过红、蓝、黄"三表公开",逐项公示每一笔现金收入,实现贫困户的实际收入明明白白。严格动态管理,做到应进则进、应退则退,确保"贫困在库、脱贫出库"。

四是推进"产业+",将"有能力"的"扶起来"。因地制宜,大力实施"一户一块茶园、一户一块竹林、一户一块果园、一户一人务工"的"四个一"产业扶贫模式,让"资金跟着穷人走、穷人跟着能人走、能人跟着产业走、产业跟着市场走",确保家家有一个致富产业,户户有一份稳定的产业收入。

五是推进"公司+",将"扶不了"的"带起来"。每个乡镇都建立了产业示范基地、每个村都建立了产业合作社,吸纳贫困户或以资金或以土地等形式入股,参与产业发展,做到每个贫困户都有一个产业增收项目,实现"资源变资产、资金变股金、农民变股东"。

六是推进"兜底+",将"带不了"的"保起来"。对完全丧失劳动能力和因病、因残致贫的贫困群众,在落实国家普惠性政策基础上,由市本级财政自掏腰包,叠加实施差异化的保障政策,确保每一个贫困户都能实现"两不愁三保障"。首先,实施"扩面提标"保障扶贫。将低保政策向贫困户聚焦、向困难户叠加,推进贫困线和低保线"双线融合"。其次,实施"降提结合"健康扶贫。一方面,取消贫困人口县、乡住院补偿的起付线,降低省以上住院补偿的起付线;另一方面,提高贫困人口住院的医疗报付比例。最后,实行"免补并举"教育扶贫。一方面,对红卡户子女高中阶段学费、书本费全免;另一方面,对考取高等院校和职业院校的贫困户子女每年分别补助4000元和2000元,连续补助两年。

七是推进"安居+",将"住不了"的"建起来"。实行差异化奖补政策,全力消灭危旧土坯房,确保每一栋土坯房都拆得动、建得起、住得进。首先,采取"四个一点"确保"建得起"。通过政府补一点、群众出一点、社会捐一点、扶贫资金给一点的办法筹措资金,实行拆旧建新、维修加固、移民搬迁、政府代建 4 种建房模式。其次,实施"两套方案"确保"搬得出"。针对一般贫困移民户,实施搬迁奖补,人均补助 20000 元叠加政策;针对特别贫困移民户,采取政府统筹"爱心公寓"交钥匙工程进行集中安置。最后,完善"两类配套"确保"住得好"。针对危旧土坯房改造模式,主抓村庄整治和基础设施配套,让贫困户住上安居房,拥有美丽家园。针对移民搬迁模式,主抓就业和产业配套,重点在安置点周边发展规模产业,确保搬迁户有就业、有收入。

八是推进"美丽乡村+",将"建好了"的"靓起来"。积极开展消灭撂荒土地,发展致富产业;消灭危旧土坯房,建设美丽乡村的"两个消灭"专项行动。按照"整体规划、全域旅游、处处是景"的要求,全面开展美丽乡村建设,全山群众实现了走平坦路、喝干净水、上卫生厕、住安全房、有民宿收入的美好愿景。

参考文献

1. 《习近平春节前夕赴江西看望慰问广大干部群众》,新华网,2016 年 2 月 3 日。

2. 《井冈山脱贫攻坚见真效 全国实现率先脱贫"摘帽"》,改革网,2018 年 6 月 6 日。

3. 《井冈山:传承红色精神 助力脱贫攻坚》,光明网,2019 年 5 月 13 日。

4. 《神山村"神奇"何在? 井冈山深处觅答案》,新华网,2020 年 9 月 23 日。

安徽省大湾村：以行动兑现对人民的承诺

2016年4月24日至27日，习近平来到安徽六安、滁州、合肥等地，深入农村、企业、高校、科研文化单位，就贯彻党的十八届五中全会精神、落实"十三五"规划纲要进行调研考察。

4月24日下午，习近平来到六安市金寨县花石乡大湾村考察脱贫工作。他首先走进村民陈泽平家两间简陋的房子，仔细察看，询问家里的情况；接着又来到贫困户汪能保家察看扶贫手册，一边看一边询问老汪家的情况。习近平一连走进大湾村5户农家，听取村民对实施光伏发电扶贫项目、种植茶叶、发展养殖业以及移民搬迁等的想法，了解省市县开展扶贫工作的具体做法和取得的成效。在村民陈泽申家，听说陈泽申的孙子即将高考，习近平详细询问了孩子的学习情况。习近平强调，脱贫攻坚已进入啃硬骨头、攻坚拔寨的冲刺阶段，必须横下一条心来抓。要强化目标责任，坚持精准扶贫，认真落实每一个项目、每一项措施，全力做好脱贫攻坚工作，以行动兑现对人民的承诺。

金寨县位于皖西边陲、大别山腹地，是安徽省面积最大、人口最多的山区县和旅游资源大县，也是中国第二大将军县，被誉为"红军的摇篮、将军的故乡"，是著名的革命老区。金寨县是国家级首批重点贫困县，2011年被确定为大别山集中连片特困区扶贫攻坚重点县。

大别山片区地处鄂豫皖交界地带，北抵黄河，南临长江，我国南北重要地理分界线淮河横穿其中，总面积为 6.7 万平方公里。安徽省境内大别山片区包括 12 个县，总面积约 2.8 万平方公里。作为国家 2011—2020 年扶贫攻坚的主战场之一，大别山片区扶贫对象规模大，农户增收渠道单一。2010 年，1274 元扶贫标准以下农村人口有 236.8 万人，占全国扶贫对象总数的 8.8%，农户收入来源主要依靠外出务工。片区每平方公里有户籍人口 548 人，是人口密度最大的片区，人均耕地和人均林地面积仅为全国平均水平的 79.6% 和 22.5%，人地矛盾突出，矿产资源匮乏。这里洪涝与干旱等自然灾害频发且破坏性强，是我国洪涝灾害最为严重的地区之一。农村基础设施薄弱，内联外通的路网尚未形成，有 39.9% 的农村人口尚未解决饮水安全问题，基本公共服务水平低，人均教育、卫生、社会保障和就业三项支出仅为 767.4 元。产业层次低，第一产业比重过高，缺乏第二、三产业大的增长点。

大湾村地处大别山腹地，是安徽省六安市金寨县花石乡下辖的一个行政村，位于国家级自然保护区马鬃岭脚下。全村辖 37 个居民组，940 户、3610 人（其中库区移民 650 人），大部分群众分散居住在两边大山上，又属于重点移民安置区和高寒山区。全村山场总面积 48298 亩，其中耕地面积 5303 亩，园地面积 776 亩，林地面积 39846 亩（森林覆盖率占总面积的 82.5%），其他未利用面积 473 亩，全村主导产业以农业、种植养殖为主，基础设施薄弱，社会经济发展十分缓慢。2014 年，全村建档立卡贫困户有 242 户、707 人，集体经济主要靠政府转移支付，农民人均纯收入 4800 元，贫困发生率在 20% 以上。

脱贫攻坚

昔日的大湾村，房屋破旧杂乱，而如今，一进入大湾村，映入眼帘的是一排排现代化的二层小楼，安置点白墙黑瓦的二层小楼规划有序，与周边的秀丽风景相得益彰。村里的道路从过去泥泞的土路变成了现在干净的水泥大道，村民从低矮破旧的房子中搬到了小洋楼里。一天一个样，曾经基础薄弱、环境堪忧的大湾村，现在变成了美丽新乡村。2020年9月，大湾村入选"2020年中国美丽休闲乡村"。大湾村是如何实现蝶变的？

在住房保障方面，大湾村最大限度利用各方面、各层级的扶助政策，叠加使用易地扶贫搬迁、宅基地改革、移民避险解困、美丽乡村建设等政策，统筹解决了重点贫困户搬迁费用。现在已建成的大湾组、方湾组、基湾组、中心村庄4个集中安置点，共入住贫困户62户、201人。

在产业致富方面，大湾村探索出一条"山上种茶、家中迎客、红绿结合"的特色脱贫道路。通过"龙头企业+农户"的产业发展模式，因地制宜大力发展绿色茶产业，新建6000平方米的茶叶加工厂，并且通过土地流转建起1000亩茶园，通过吸纳务工、收购当地农户茶叶等多种举措，每年带动400多户贫困户均增收2000元以上。2019年，村里又争取到安徽省农业农村厅的支持资金500万元，新建茶园1050亩，改造提升低产茶园1070亩。大湾村鼓励村民从农作物种植转向茶叶种植，开发荒地，将林地周边、河谷两侧的荒地都改造成了茶园。村党总支书记何家枝说："高的收到100~150元一斤，根据季节不同，最便宜的也要10元一斤，一户最少也能卖到3000多块钱，老百姓每年采茶的时间加起来大约40天，老人、妇女都可以参与劳作。"

同时，大湾村还深挖红色文化资源，发展乡村旅游。2018年，该村引进企业对村庄内原有闲置老宅进行统一规划设计，开发建成2处面积280

平方米的"民宿客栈",当年就实现旅游收入 7 万多元。目前,拥有 110 多间客房的民宿群已经开始营业,游客接待中心、农产品展示中心、县级文保"汪家祖宅"到处游客如织。源源不断的客流,拓宽了村民的增收渠道。2020 年中秋国庆假期,大湾村游客接待中心农特产品展柜成了游客必经的"网红打卡地",当地村民自家的农产品成了游客争相购买的"香饽饽",每天营业额达两三千元。2020 年前 9 月,大湾村过境游客近 20 万人次,全村民宿、特产店等旅游接待场所发展到 42 家,村民自营、集体经营、企业运营的民宿"多点开花",成为开启村民致富的"金钥匙"。大湾村先后获评"安徽省旅游扶贫示范村""全国乡村旅游重点村"等称号。

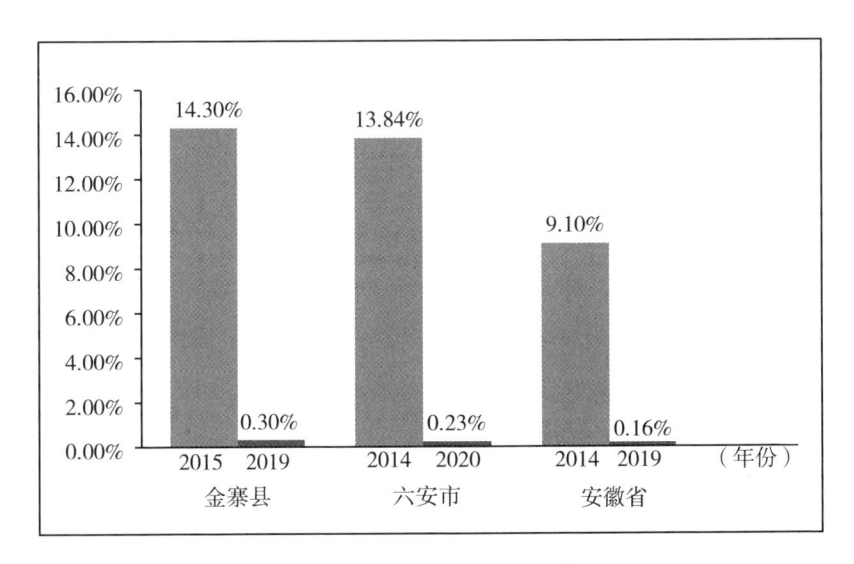

金寨县、六安市、安徽省贫困发生率变化

大湾村还积极推进金融帮扶、科技助推等扶贫措施,提高贫困户实用技术,助农增收,增加村集体经济,解决群众创业扶贫担保贷款和助学贷款,让他们享受到健康管理和基本医疗服务。2014 年大湾村贫困户中因病因残致贫的比例高达71%。金寨县2016年为农村贫困人口购买了总额4000多万元的补充医疗保险，实现了"贫困户免费医疗"，有效控制了因病返贫现象。大湾村所在的花石乡，已实现贫困人口个人年度自付医疗费用不超过1万元，每人都有健康档案、健康卡，每个贫困户都有专门的家庭医生，在县域范围内就诊可先看病后付费。

政策解读

2016年我国精准扶贫、精准脱贫战略全面实施，脱贫攻坚已进入啃硬骨头、攻坚拔寨的冲刺阶段。作为中部省份和劳动力输出大省，境内还有大别山集中连片特困区。安徽的贫困有其自身的特点，安徽省建档立卡贫困人口中，有一半以上都是因病致贫、因病返贫。2015年底，安徽建档立卡贫困人口有308.8万人，其中因病致贫返贫的占比达57.2%。因病致贫、因病返贫是我国贫困地区农村最突出的致贫因素之一，也是打赢脱贫攻坚战的难中之难。总书记选择对安徽金寨县进行调研，显示了总书记对因病致贫问题的重视。同时，金寨县还是革命老区，这也说明了总书记对革命老区的深厚感情和对老区脱贫攻坚工作的高度关注，也是提醒全党要"不忘初心、牢记使命"。

习近平总书记在大湾村看望农户时说："因病致贫、因残致贫问题时有发生，扶贫机制要进一步完善兜底措施，在医保、新农合方面给予更多扶持。"按此指示，国家卫生计生委等15个中央部门于2016年6月21日联合印发了《关于实施健康扶贫工程的指导意见》，要求坚持精准扶贫、精准脱贫基本方略与深化医药卫生体制改革紧密结合，针对农村贫困人口因病致贫、因病返贫问题，突出重点地区、重点人群、重点病种，进一步加强统筹协调和资源整合，采取有效措施提升农村贫困人口医疗保障水平和贫困地区医疗卫生服务能力。

根据总书记的要求和《关于实施健康扶贫工程的指导意见》，安徽省建立了"三保障一兜底一补充"（"351""180"）综合医疗保障体系，为贫困群众提供超常规的全面兜底保障，使其看病就医负担大幅减轻。"三保障"即基本医保（新农合）、大病保险以及医疗救助这三重保障；"一兜底"即在上述三重保障基础上，设定"351"政府兜底保障线，贫困人口在县域内、市级、省级医疗机构就诊，个人年度累计自付费用分别不超过3000元、5000元和10000元，剩余合规医药费用全部由政府兜底；"一补充"即实行慢性病门诊"180"补充医疗保障，贫困慢性病患者1个年度内门诊医药费用，经基本医保等补偿后，剩余合规费用由补充医疗险再报销80%。到2018年底，安徽省自实施健康脱贫工程以来，全省已有64.16万因病致贫、因病返贫户实现了稳定脱贫。

扶贫小卡片

健康扶贫

健康扶贫是指通过提升医疗保障水平，采取疾病分类救治，提高医疗服务能力，加强公共卫生服务等措施，让贫困人口能够看得上病、方便看病、看得起病、看得好病、防得住病，确保贫困群众健康有人管，患病有人治，治病能报销，大病有救助。

党的十八大以来，以习近平同志为总书记的党中央，把人民身体健康作为全面建成小康社会的重要内涵，从维护全民健康和实现国家长远发展出发，全面部署、持续推进。

在全面建成小康社会征途中，因病致贫、因病返贫是造成我国贫困人口贫困的最重要原因。2016年数据显示，因病致贫、因病返贫在所有贫困户中占比44.1%。预防病魔，方能驱逐"穷魔"。斗赢"病魔"，才能拔掉"穷根"。健康扶贫刻不容缓。《中共中央国务院关于打赢脱贫攻坚战的决定》（2015年11月29日）提出，要"开展医疗保险和医疗救助脱贫"，"实施健康扶贫工程，保障贫困人口享有基本医疗卫生服务，努力防止因病致贫、因病返贫"。在2016年8月的全国卫生与健康大会上，习近平要求深入实施健康扶贫工程。

2016年11月，国家发展改革委发布《全民健康保障工程建设规划》，多措并举，补齐贫困地区医疗卫生能力短板。2018年8月，《建档立卡贫困人口慢病家庭医生签约服务工作方案》印发，重点加强对已签约贫困人口中高血压、糖尿病、结核病、严重精神障碍等慢病患者的规范管理与健康服务。

2018年12月，国家卫生健康委员会发布《关于印发健康扶贫三年攻坚行动实施方案的通知》，包括贫困人口大病和慢性病精准救治，贫困地区重点传染病、地方病综合防控，贫困地区基层医疗卫生机构能力提升，深度贫困地区健康扶贫等三十一项要求。《方案》提出任务目标，到2020年，基本医疗保险、大病保险、签约服务管理、公共卫生服务对农村贫困人口实现全覆盖；贫困地区医疗卫生服务能力和可及性明显提升，贫困人口大病和长期慢性病得到及时有效治疗，贫困地区艾滋病、结核病、包虫病、大骨节病等重大传染病和地方病得到有效控制，健康教育和健康促进工作明显加强，贫困地区群众健康素养明显提升。

据统计，党的十八大以来，我国已为553万户因病致贫返贫家庭、734万名患病群众建立了健康扶贫工作台账和动态管理数据库。

参考文献

1. 《习近平考察安徽金寨》，新华网，2016 年 4 月 25 日。

2. 《金寨大湾村：旧貌换新颜　脱贫奔小康》，人民网，2017 年 4 月 26 日。

3. 《大湾村脱贫更美了》，《安徽日报》，2019 年 4 月 24 日。

4. 《总书记牵挂的大湾村，现在怎么样了》，新华网，2019 年 9 月 21 日。

5. 《六安金寨大湾村探访记：变迁看得见　希望在兑现》，凤凰网，2020 年 10 月 9 日。

6. 《关于印发健康扶贫三年攻坚行动实施方案的通知》，中国政府网，2018 年 12 月 31 日。

安徽省小岗村：坚持党的基本路线一百年不动摇

习近平总书记把"十三五"规划纲要出台后的首次地方调研，定在了中国农村改革的发源地——安徽省凤阳县小岗村。安徽是全国农村改革多项内容的试点地区。2014年全国"两会"期间，习近平会见安徽代表团时说，农村改革是全面深化改革的重要组成部分，做好"三农"工作，关键在于向改革要活力。

2016年4月25日，习近平来到滁州市凤阳县小岗村。他走进吴广利和当年"大包干"的带头人严金昌两户人家，询问他们家庭成员就业、上学的情况，了解他们用临街房屋开办小超市和农家乐的状况。之后，习近平来到"当年农家"院落，了解当年18户村民按下红手印，签订"大包干"契约的情景。总书记感慨道："当年贴着身家性命干的事，变成中国改革的一声惊雷，成为中国改革的标志。"习近平强调，雄关漫道真如铁，而今迈步从头越。今天在这里重温改革，就是要坚持党的基本路线一百年不动摇，改革开放不停步，续写新的篇章。当日下午，习近平来到小岗村4300亩高标准农田示范点，沿着田埂走进麦田，察看小麦长势，向村干部、种粮大户和农技人员了解土地流转、农田整理、种植品种、亩产量、病虫害防治、粮食收购等情况。习近平强调，新形势下深化农村改革，主线仍然是处理好农民和土地的关系。

小岗村隶属安徽省凤阳县小溪河镇，位于凤阳县城东部 25 公里处，距宁洛高速（G36）凤阳出口 15 公里。它是中国农村改革的发源地，中国十大名村之一，国家 4A 级旅游景区。

1978 年，18 位农民以"托孤"的方式，冒着极大的风险，立下"生死状"，在土地承包责任书上按下了红手印，创造了"小岗精神"，拉开了中国改革开放的序幕。截至 2018 年，小岗村下辖 23 个村民组，940 户、4173 人，村域面积 15 平方公里，其中可耕土地面积 1.45 万亩。2014 年，小岗村工农业总产值达 7.38 亿元。2017 年，小岗村人均可支配收入达到 18106 元。

小岗村获得了"中国幸福村""中国乡村红色遗产名村"的称号，同时还是全国红色旅游经典景区、全国旅游名村、全国干部教育培训基地、全国研学旅游示范基地、中国美丽休闲乡村、国内知名特色小镇和全国大学生假期社会实践教育基地。

脱贫攻坚

1978 年，凤阳遭遇了史上罕见的大旱。秋种时，安徽省委决定：集体无法耕种的土地，可以借给农民耕种，谁种谁收。县里一些村子借机开始包干到组。小岗生产队一开始也是包干到组，他们先划为 4 个组，干了没几天，组内产生矛盾，又细分成了 8 个组，每个组只有两三户，可还是有吵架的。于是，在那个冬夜里，生产队秘密集会，18 位带头人按下红手印、立下"生死契约"：明组暗户，瞒上不瞒下，分田到户。

18 枚红手印催生了家庭联产承包责任制。1980 年秋天，小岗村粮食产量猛增到 22.3 万多斤，家家户户喜上眉梢。到 1984 年底，全国 569 万个生产队中 99% 以上都实行了家庭联产承包责任制，人均粮食拥有量达到 800 斤。同年，"大包干"正式定名为"家庭联产承包责任制"。

"大包干"后，小岗村实现了连年粮食增产，温饱是没问题的，想致富却很难。有人算过一笔账：1994年种30多亩小麦的收入近2万元，年底盖了3间房子还有富余；但10年后，30多亩地扣掉成本，收入还不到1万元。"起了个大早"的小岗村，在经济发展的路上"赶了个晚集"，始终没有大变样。

2004年，小岗村开始了第二次改革。平静了多年的小岗村制定了"三步走"的战略：发展现代农业，搞科学种植；发展旅游，打特色旅游的小岗牌；招商引资办工业，搞工业园区。在这样的背景下，小岗村启动了"二次土改"，率先推行并建立新型土地流转机制，跳出种粮单一结构，走向规模经营。就在小岗人探索致富路时，中国农村土地改革又走到了新的关口。

2012年，小岗村在安徽省率先开展农村土地承包经营权确权登记颁证试点。伴随着确权，土地流转不再是难题，小岗村完成了建村以来最大规模的一次土地流转，总面积达4300亩，涉及329个农户。如今，这些土地全交给了安徽农垦集团经营，每亩租金1000元。

2016年，小岗村在安徽省率先开展集体资产股份合作制改革，经过清产核资、成员界定、配置股权，使得资源变资产、资金变股金，村民从"户户包田"实现了对村集体资产的"人人持股"。小岗村还以品牌作为资产入股了小岗创发公司，占股49%，并量化到村民。创发公司分别与互联网公司合作发展农村电商，与投资公司合作实施田园综合体项目，与电力公司合作组建光伏组件公司。2017年创发公司实现盈利300多万元，小岗村每人350元的分红就来源于此。

2018年2月，小岗村进行了改革开放40年来首次集体资产股份合作社分红，村集体经济收入突破1000万元大关，每个股东可分配金额为520元。小岗村实现了从村民"户户包田有地"到"人人持股分红"的转变。

从"大包干"的"红手印"到确权颁证的"红本本",再到集体股份合作、"三变"(资源变资产、资金变股金、农民变股东)改革的"分红利",小岗村的改革实践证明,大改革大发展,小改革小发展,不改革难发展。

如今的小岗村,按照"现代农业示范村、城乡统筹先行村、制度创新实验村、文明和谐新农村"的战略目标,积极调整产业结构,发展现代农业,通过土地流转和开展土地确权登记,在确保农户收益得到保障的基础上,对农村土地积极探索新模式进行经营和管理,发展现代化、集约化、规模化的高效农业。葡萄、大樱桃、蓝莓、黑豆等遍地开花。在建设宜居、宜业、宜游美好乡村的同时,小岗村还深入挖掘凤阳花鼓、花棍等民俗文化,努力打造安徽省乃至中国的美好乡村示范村,全力争创"全国干部教育培训基地"。目前,小岗村已初步形成以现代农业为基础,农产品加工为核心,旅游业、培训教育、农村电商为支撑的产业融合发展格局。迈向高质量发展的小岗村,正阔步走在乡村振兴的大路上。

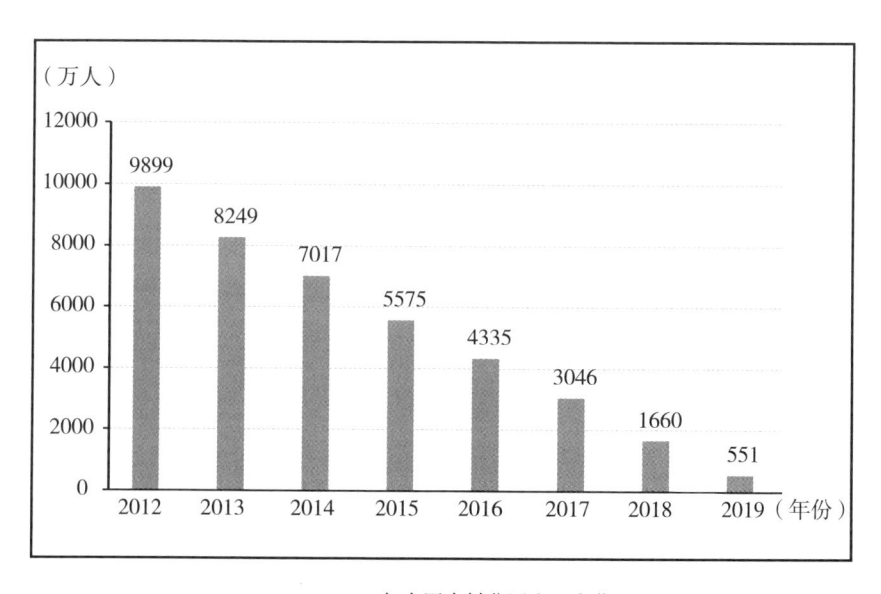

2012—2019年全国农村贫困人口变化

党的十八大以来，全国农村贫困人口累计减少超过 9000 万人。截至 2019 年末，全国农村贫困人口从 2012 年末的 9899 万人减少至 551 万人，累计减少 9348 万人；贫困发生率从 2012 年的 10.2% 下降至 0.6%，累计下降 9.6 个百分点。

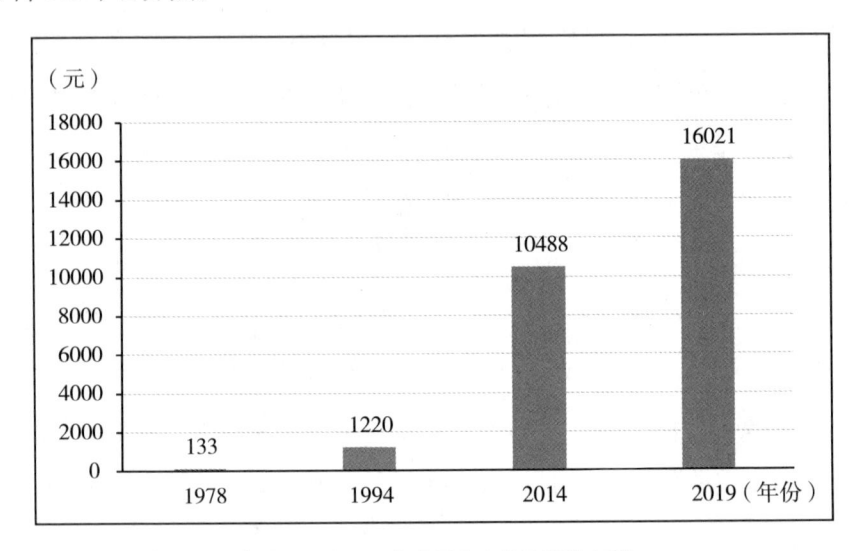

我国 1978—2019 年农民收入增长情况（元）

1978 年，我国农民收入名义值只有 133.57 元，1994 年便突破了千元大关，达到了 1220.98 元，2014 年突破万元大关，达到了 10488.88 元，2019 年已经增长到了 16021 元。1949 年，我国农村居民人均可支配收入仅为 44 元。2019 年，农村居民人均可支配收入 16021 元。

1978 年，农村贫困发生率为 97.5%，农村贫困人口 7.7 亿人。

2019 年底，全国农村贫困人口 551 万人，贫困发生率 0.6%。

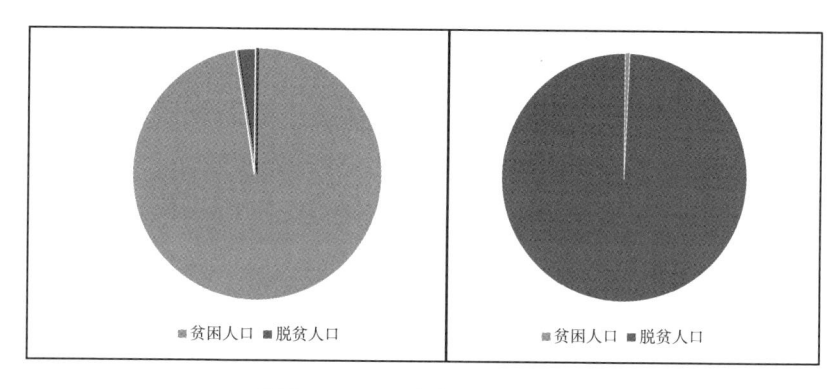

我国 1978—2019 年贫困发生率变化

政策解读

党的十八大后，习近平总书记的首次考察地点是改革开放前沿阵地广东省。而国家"十三五"规划纲要出台后，习近平总书记的首次农村调研则是定在了中国农村改革的发源地安徽省凤阳县小岗村。两个时间节点，两个改革"地标"，习近平调研释放出的信号非常明确：改革开放矢志不渝，攻坚克难决不止步。

我国的改革开放起步于农村改革。40 年前，18 户小岗村农民按下了红手印，以"托孤"的形式立下生死状，签订了"大包干"契约，将土地承包到户，小岗人从此摆脱了饥饿和困苦，也开启了改革的历程。习总书记感慨道："当年贴着身家性命干的事，变成中国改革的一声惊雷，成为中国改革的标志。""小岗梦也是广大农民的梦。""今天在这里重温改革，就是要坚持党的基本路线一百年不动摇，改革开放不停步，续写新的篇章。"

2016 年 4 月 25 日，习近平在小岗村主持召开农村改革座谈会并发表了重要讲话。他强调，中国要强农业必须强，中国要美农村必须美，中国要富农民必须富。要坚持把解决好"三农"问题作为全党工作重中之重，加大推进新形势下农村改革力度,加强城乡统筹,全面落实强农惠农富农政策,促进农业基础稳固、农村和谐稳定、农民安居乐业。他指出,小岗村是农村改革的主要发源地。在小岗村"大包干"等农业生产责任制基础上形成的以家庭承包经营为基础、统分结合的双层经营体制,是我们党农村政策的重要基石。

发源于小岗村的农村改革为我国农村大规模减贫和发展提供了最强大的动力。改革开放之初,我国农村绝对贫困人口占农村人口的比例高达90%以上。随着改革开放的进行和发展,我国贫困人口迅速减少。改革开放不仅使农村绝大多数贫困人口解决了温饱问题、摆脱了贫困,而且为中国的工业化和城市化提供了源源不断的劳动力资源、土地资源和资金支持。经过改革开放40年的努力,中国成了世界上减贫人口最多的国家和率先实现联合国千年发展目标的国家,创造了世界减贫史上的"中国样板"。而且,中国的减贫事业对世界减贫的贡献巨大,根据世界银行的报告,中国对全球反贫困的贡献率超过70%。

打赢脱贫攻坚战同样需要改革创新。习近平总书记精准扶贫思想最主要的特点就是改革和创新,即"精准扶贫、精准脱贫"思想和战略是对以往开发式扶贫的改革和创新。与开发式扶贫相比,精准扶贫在扶贫对象识别、扶贫手段、扶贫主体、考核方式、领导体制、责任机制等方面都实现了改革和创新。

扶贫小卡片

小岗村与农村改革

2016年4月25日,习近平在小岗村主持召开农村改革座谈会并发表了重要讲话。他强调，中国要强农业必须强，中国要美农村必须美，中国要富农民必须富。要坚持把解决好"三农"问题作为全党工作重中之重，加大推进新形势下农村改革力度，加强城乡统筹，全面落实强农惠农富农政策，促进农业基础稳固、农村和谐稳定、农民安居乐业。

在听取了大家的发言后，习近平发表了重要讲话。他指出，小岗村是农村改革的主要发源地。在小岗村"大包干"等农业生产责任制基础上形成的以家庭承包经营为基础、统分结合的双层经营体制，是我们党农村政策的重要基石。在小岗村召开这个座谈会，具有特殊意义。

习近平强调，改革开放以来农村改革的伟大实践，推动我国农业生产、农民生活、农村面貌发生了巨大变化，为我国改革开放和社会主义现代化建设作出了重大贡献。这些巨大变化，使广大农民看到了走向富裕的光明前景，坚定了跟着我们党走中国特色社会主义道路的信心。对农村改革的成功实践和经验，要长期坚持、不断完善。

最大的政策，就是必须坚持和完善农村基本经营制度。习近平指出，当前，农业还是现代化建设的短腿，农村还是全面建成小康社会的短板。全党必须始终高度重视农业、农村、农民问题，把"三农"工作牢牢抓住、紧紧抓好，不断抓出新的成效。解决农业农村发展面临的各种矛盾和问题，根本靠深化改革。新形势下深化农村改革，主线仍然是处理好农民和土地的关系。最大的政策，就是必须坚持和完善农村基本经营制度，坚持农村土地集体所有，坚持家庭经营基础性地位，坚持稳定土地承包关系。要抓紧落实土地承包经营权登记制度，真正让农民吃上"定心丸"。

习近平强调，完善农村基本经营制度，要顺应农民保留土地承包权、流转土地经营权的意愿，把农民土地承包经营权分为承包权和经营权，实现承包权和经营权分置并行。这是农村改革又一次重大制度创新。放活土地经营权，推动土地经营权有序流转，政策性很强，要把握好流转、集中、规模经营的度，要与城镇化进程和农村劳动力转移规模相适应，与农业科技进步和生产手段改进程度相适应，与农业社会化服务水平提高相适应。要尊重农民意愿和维护农民权益，把选择权交给农民，由农民选择而不是代替农民选择，可以示范和引导，但不搞强迫命令、不刮风、不一刀切。不管怎么改，都不能把农村土地集体所有制改垮了，不能把耕地改少了，不能把粮食生产能力改弱了，不能把农民利益损害了。

深化农村改革需要多要素联动，要紧紧扭住三大任务。习近平指出，深化农村改革需要多要素联动。要在坚持和完善农村基本经营制度的同时，着力推进农村集体资产确权到户和股份合作制改革，加快构建新型农业经营体系，推进供销合作社综合改革，健全农业支持保护制度，促进农业转移人口有序实现市民化，健全城乡发展一体化体制机制。

习近平强调，加快农村发展，要紧紧扭住发展现代农业、增加农民收入、建设社会主义新农村三大任务。发展现代农业，要在稳定粮食生产、确保国家粮食安全基础上，着力构建现代农业产业体系、生产体系、经营体系，加快构建职业农民队伍，形成一支高素质农业生产经营者队伍。增加农民收入，要构建长效政策机制，通过发展农村经济、组织农民外出务工经商、增加农民财产性收入等多种途径，不断缩小城乡居民收入差距，让广大农民尽快富裕起来。在政策上，要考虑如何提高粮食生产效益、增加农民种粮收入，实现农民生产粮食和增加收入齐头并进，不让种粮农民在经济上吃亏，不让种粮大县在财政上吃亏。建设社会主义新农村，要规划先行，遵循乡村自身发展规律，补农村短板，扬农村长处，注意乡土味道，保留乡村风貌，留住田园乡愁。要因地制宜搞好农村人居环境综合整治，创造干净整洁的农村生活环境。

习近平指出，农村稳定是广大农民切身利益。农村地域辽阔，农民居住分散，乡情千差万别，加强和创新社会管理要以保障和改善民生为优先方向，树立系统治理、依法治理、综合治理、源头治理理念。要形成农村社会事业发展合力，努力让广大农民学有所教、病有所医、老有所养、住有所居。要推进平安乡镇、平安村庄建设，开展突出治安问题专项整治，引导广大农民自觉守法用法。

习近平强调，党管农村工作是我们的传统，这个传统不能丢。各级党委要加强对"三农"工作的领导，各级领导干部要多到农村走一走、多到农民家里看一看，了解农民诉求和期盼，化解农村社会矛盾，真心实意帮助农民解决生产生活中的实际问题，做广大农民贴心人。要把农村基层党组织建设成为落实党的政策、带领农民致富、密切联系群众、维护农村稳定的坚强领导核心。

参考文献

1. 《习近平考察小岗村　重温中国改革历程》，新华网，2016 年 4 月 25 日。
2. 《习近平考察小岗村：与乡亲唠家常、话改革》，人民网，2016 年 4 月 28 日。
3. 《从小岗村到"小岗牌"——习近平考察后有啥变化？》，人民网，2016 年 12 月 30 日。
4. 《改革是脱贫攻坚的决胜利器》，《新华日报》，2018 年 12 月 11 日。
5. 《安徽小岗村的希望田野》，中国新闻网，2020 年 8 月 28 日。
6. 《习近平：加大推进新形势下农村改革力度》，新华网，2016 年 4 月 28 日。

黑龙江省八岔村：各民族要像石榴籽一样紧紧抱在一起

2016年全国"两会"期间，黑龙江代表团的赫哲族代表刘蕾在发言时动情地说："赫哲族群众生活就像《乌苏里船歌》中唱的一样走上了幸福路。"习近平总书记亲切回应："这首歌早就耳熟能详，还会哼唱。歌中描绘的就是中华民族大家庭和睦团结的美好景象。"刘蕾邀请总书记去自己的家乡看看。习近平承诺"一定去看看"。

2016年5月24日下午，习近平来到同江市八岔村，看望赫哲族群众。在村文化活动中心，习近平参观了赫哲族民俗展。一些村民身着民族服装，正在学习赫哲族特有的伊玛堪说唱艺术。大家簇拥到总书记身边，唱了一曲又一曲。习近平说，《乌苏里船歌》家喻户晓，"船儿满江鱼满舱"，脑子里总有一个这样的美好画面。现在看来，乡亲们的生活比歌里唱的更美好。之后，习近平走进82岁的尤桂兰的家，坐在沙发上聊家常。习近平强调，各民族要像石榴籽一样紧紧抱在一起，在实现中华民族伟大复兴的征程上团结一致，共同发展进步。

赫哲族是中国东北地区一个历史悠久的少数民族，民族语言为赫哲语，全国有5300多人。赫哲族逐江而居、以渔为业，主要分布于黑龙江、松花江、乌苏里江交汇构成的三江平原和完达山余脉，集中居住于"三乡两村"，即同江市街津口赫哲族乡、八岔赫哲族乡、双鸭山市饶河县四排赫哲族乡和佳木斯市敖其镇敖其赫哲族村、抚远县抓吉镇抓吉赫哲族村。赫哲族文化是国家级非物质文化遗产，迫切需要保护和传承。

八岔村地处佳木斯市辖下同江市东北部黑龙江南岸，距离同江市区140公里，是全国六小民族之一赫哲族的主要聚居地之一。"八岔"这一名称源于赫哲语"八陈"，即"夹芯子"之意，后演变为"八岔"。村域内黑龙江从此流过，泡泽、河流众多，有著名的"四泡一河"，八岔岛国家级自然保护区。八岔村现有耕地3.2万亩、草原1500亩、林地3000亩，水面16万亩，自然资源丰富。全村共有198户、502人。

20世纪七八十年代，八岔村使用柴油机发电，仅供每家的照明。后来，改革的春风吹拂了八岔村的大地，村里经济发展起来，村民的生活也开始丰富起来。1997年10月，八岔村联网通电，彻底告别了点煤油灯的日子。通电之后，八岔村村民不再拘泥于打鱼这种单一的发展模式，开始探索餐饮、养殖、旅游等致富之路。如今，赫哲人家过上了小康生活，八岔村获得了"佳木斯市新农村建设十大魅力村屯""省级五个好建设先进村党组织""全国少数民族特色村寨""全国美丽休闲村庄""第五届全国文明村镇"等荣誉。

脱贫攻坚

从20世纪90年代"弃船上岸"，到20世纪初开始实施兴边富民行动，再到如今实施乡村振兴战略，赫哲族同胞走出了一条超越自我的发展之路。八岔村利用自身独特的民族风情和丰富的自然资源，引导和支持群众发展种植、养殖、旅游、餐饮和鱼皮手工艺术品加工等产业，逐步成为以旅游民俗文化产业为引领，农、林、牧、副、渔全面发展的新型边陲风情小镇。

秉承习总书记"绿水青山就是金山银山"的理念，八岔村打造出两大民俗游经典线路：跟着总书记脚步走进渔猎文化馆、在天赐湖公园等体验"赫乡民俗"线路，与赫哲族老乡一同上船在黑龙江上捕鱼、在滩涂上动手体验赫哲族原生态吃鱼的"滩地渔猎"线路。与此同时，八岔村内还涌现出30多个以赫哲民俗为特色的家庭旅馆，为游客提供一鱼多吃的地道赫哲族鱼宴。

为了加快旅游发展，八岔村引资1200万元建造了两艘游船，开通两条旅游线路，沿黑龙江串联起八岔村上下游从同江市到抚远市的众多知名景区、景点，从黑龙江与松花江汇合处——三江口的自然奇景到同江著名的赫哲民俗旅游目的地——街津口，从八岔村到华夏东极抚远的中俄边境黑瞎子岛，旅游线路不断延伸，不同类型的旅游目的地强强联手，既提升了旅游产品的丰富度，也将"红利"惠及更多沿江而居的赫哲乡镇。同时，八岔村还与北京果园、天津王兰庄、上海九星、浙江花园、杭州航民5个名村结成友好村，与缅甸、泰国等地的名村建立了友好关系，开展国际村社交流，促进赫哲文化的国际传播。

大量游客的到来还催生出生产旅游伴手礼、纪念品的产业链条。村民王海珠学习过赫哲族非遗项目，创立了海珠手工艺农民专业合作社，采用前店后厂的方式连培训带生产。王海珠出售的精美鱼皮画、鱼骨挂件等手工艺制品及鱼松、鱼柳等赫哲族特色鱼制品深受游客欢迎，带动周边53位村民增收致富。近年来，八岔村文化和旅游产业蒸蒸日上，近4年接待游客6万多人次，旅游收入超过300万元。

一业举，百业兴，八岔村的产业项目正在由旅游业单兵突进，升级为全产业链的集群"舰队"。赫哲族鱼骨工艺省级传承人孙玉林见证了街津口旅游市场从"游客零星"到"迅速走红"的历程，自己的鱼皮工艺品生意也跟着越来越红火。随着天南海北游客的到来，孙玉林所制作的鱼皮画被带到全国各地，甚至德国、英国、韩国、日本等国家。八岔村按照习近平总书记提出的"学习传承好赫哲文化"的要求，深度挖掘赫哲族文化资源。伊玛堪传习所里的传习授课让伊玛堪和赫哲语得到了很好的传承。村里还开办了赫哲手工艺品培训班，培训了手工艺品能手50多人，研发制作精品鱼皮画、鱼骨挂件等手工艺制品。同时，村里还推出了"渔家乐"赫哲餐饮文化品牌，让赫哲美食文化不断推陈出新。

如珠嵌碧野的八岔村落，正演绎着"小康生活进渔家"的时代变迁，赫哲人在奔向小康的幸福路上唱响了"新渔歌"。2018年，八岔村人均纯收入稳定超过2万元。

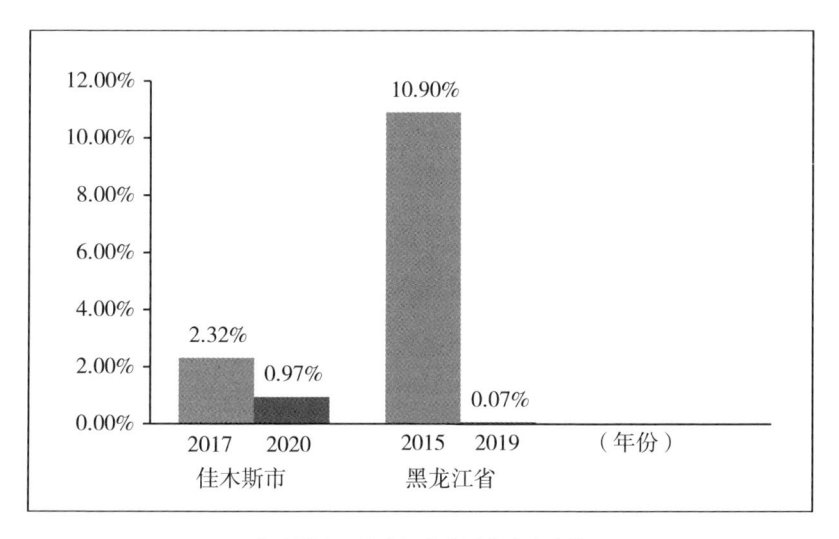

佳木斯市、黑龙江省贫困发生率变化

政策解读

2010年第六次人口普查的资料显示，我国少数民族人口的城镇化率仅为32.84%，分别低于汉族20个百分点，低于全国平均水平17个百分点，民族地区义务教育巩固率平均只有86%。全国14个集中连片特困地区中有11个在民族地区，这些地区群众困难多、困难群众多。因此，少数民族的小康社会建设关系到我国全面建成小康社会目标的实现。而且，边疆民族地区是我国对外开放的桥头堡和前沿地带，正如习近平总书记所讲，民族地区和少数民族的发展"是关系祖国统一和边疆巩固的大事，是关系民族团结和社会稳定的大事，是关系国家长治久安和中华民族繁荣昌盛的大事"。"我心里惦记着每一个少数民族。各民族要像石榴籽一样紧紧抱在一起，在实现中华民族伟大复兴的征程上团结一致，共同发展进步。"这是总书记一再强调"全面实现小康，少数民族一个都不能少"的主要背景。

八岔村虽然不是贫困村，但其致富的经验却可以在其他民族地区进行推广和复制。其主要经验就是利用自身独特的民族风情和丰富的自然资源，形成了以旅游民俗文化产业为主导产业，第一、二、三产业相融合的美丽乡村。因此，总书记对八岔村的调研，提高了边疆少数民族脱贫攻坚的信心，也为边疆少数民族贫困地区的脱贫指明了一个有价值的参考方向。

在习近平总书记考察八岔村后不久，2016年8月11日，国家旅游局等多部门联合印发了《乡村旅游扶贫工程行动方案》。该方案明确要求，因地制宜、创新模式，按照"六个精准"的要求，精准锁定乡村旅游扶贫重点村、建档立卡贫困户和贫困人口，精准发力，精准施策，切实提高乡村旅游扶贫脱贫工作成效，并推进乡村旅游扶贫八大行动。

目前，乡村旅游业已成为脱贫攻坚和乡村振兴的重要产业。乡村旅游已成为国内旅游消费市场和投资新热点。2015—2017年，乡村旅游人数占国内旅游人数比重超过50%，2018年达到30亿人，占国内旅游人数的48.39%。《全国乡村旅游发展监测报告（2019年上半年）》发布的数据显示，2019 年上半年我国乡村旅游人数 15.1 亿人，同比增加 10.2%；总收入 0.86 万亿元，同比增加 11.7%。截至 2019 年 6 月底，全国乡村旅游就业总人数 886 万人，同比增加 7.6%。

扶贫小卡片

乡村旅游脱贫

乡村旅游是以旅游度假为宗旨，以村庄野外为空间，以人文无干扰、生态无破坏，以游居和野行为特色的村野旅游形式。乡村旅游作为以乡村社区为活动场所、以乡村独特的生产形态、以生活风情和田园风光为对象的一种旅游业态，其发展能够起到农民增产增收、农业多元经营、农村美丽繁荣的作用，因此已经成为乡村振兴中的重要引擎，更是精准扶贫的一个重要抓手。

2016 年 8 月 11 日，国家旅游局等多部门联合印发《乡村旅游扶贫工程行动方案》。该方案明确要求，因地制宜、创新模式，按照"六个精准"的要求，精准锁定乡村旅游扶贫重点村、建档立卡贫困户和贫困人口，精准发力，精准施策，切实提高乡村旅游扶贫脱贫工作成效，并推进乡村旅游扶贫八大行动：

一、乡村环境综合整治专项行动。大力改善乡村旅游基础和公共服务设施，规划启动"六小工程"，确保每个乡村旅游扶贫重点村建好停车场、旅游厕所、垃圾集中收集站、医疗急救站、农副土特产品商店和旅游标识标牌。

二、旅游规划扶贫公益专项行动。组织和支持 300 家旅游规划设计单位开展旅游规划扶贫公益行动，围绕旅游产品建设和促进旅游产业发展，为乡村旅游扶贫重点村编制旅游发展规划。

三、乡村旅游后备箱和旅游电商推进专项行动。依托乡村旅游发展带动农副土特产品销售，支持乡村旅游扶贫重点村在邻近的重点景区景点、高速公路服务区、主要交通干道旅客集散点等设立农副土特产品销售专区。开展旅游电商万村千店行动，组织实施贫困地区"一村一店""旅游淘宝村""旅游扶贫村＋特色馆"立体扶贫等。

四、万企万村帮扶专项行动。组织动员全国10000家旅游企业、宾馆饭店、景区景点、旅游规划设计单位、旅游院校等单位，对乡村旅游扶贫重点村进行帮扶脱贫。采取安置就业、项目开发、输送客源、定点采购、指导培训等多种方式帮助乡村旅游扶贫重点村发展旅游，通过5年时间解决100万左右贫困人口的脱贫。

五、百万乡村旅游创客专项行动。组织和引导百万返乡农民工、大学毕业生、专业艺术人才、青年创业团队等各类"创客"投身乡村旅游发展，通过一系列的创意研发、产品开发、宣传推广，推动乡村旅游实现转型提升、创新发展。

六、金融支持旅游扶贫专项行动。加快乡村旅游扶贫项目库建设，统筹资源支持国开行、农发行等银行创新金融服务，设计符合旅游扶贫项目特点、与旅游扶贫项目周期相匹配的支持产品。

七、扶贫模式创新推广专项行动。探索景区带村、能人带户、"企业（合作社）＋农户"等多种类型的旅游扶贫新模式，按照景区扶贫加分政策，鼓励每个4A、5A级景区带动周边乡村旅游扶贫重点村不少于3个，每个能人带动不少于5户建档立卡贫困户，一个合作社带动不少于20户建档立卡贫困户，通过招工、订单采购农产品、建设绿色食品基地、成立互助社等方式帮扶脱贫。

八、旅游扶贫人才素质提升专项行动。设立乡村旅游扶贫东部、西部培训基地，组建"全国乡村旅游扶贫专家库"，动员规划、管理、营销专业人才到扶贫开发重点县、易地扶贫搬迁小镇、乡村旅游扶贫重点村开展公益指导培训。

参考文献

1.《习近平登上黑瞎子岛：保护生态，留一张白纸》，新华网，2016年5月25日。

2.《习近平登上黑瞎子岛　看望赫哲族群众》，人民网，2016年5月25日。

3.《八岔村：赫哲人用实干撑起"稳稳的幸福"》，《中国民族报》，2018年4月19日。

4.《重访同江：同江八岔村乡村振兴步履坚实》，《黑龙江日报》，2018年5月23日。

5.《文旅赋能　赫哲族唱响新时代"乌苏里船歌"》，中国旅游新闻网，2020年7月24日。

6.《乡村旅游扶贫工程行动方案》，国家乡村振兴局官网，2016年8月11日。

宁夏回族自治区杨岭村、姚磨村和原隆村：一个村子建设得好，关键要有一个好党支部

"三西"指甘肃的定西地区、河西地区以及宁夏的西海固地区，曾是全国最贫困的地区。这里作为中国特色扶贫开发的发源地之一，在扶贫思路、体制机制、方式方法上做了大量的探索和实践。2016年7月18日至20日，习近平总书记来到宁夏固原、银川等地，深入农村、企业、革命传统教育基地，就落实"十三五"规划、推动经济社会发展、推进脱贫攻坚工作进行调研考察。

7月18日下午，习近平来到泾源县大湾乡杨岭村看望父老乡亲。他坐在杨岭村村民马克俊家的炕上，同村干部、党员代表、养牛大户和贫困户代表拉起家常，大家向总书记汇报近几年脱贫攻坚的情况。养牛是杨岭村产业脱贫的重要途径。村里的贫困户在政府帮扶下，每家饲养2头安格斯基础母牛、3头育肥牛。习近平询问肉牛出栏育肥、贷款等情况。习近平说，通过走访，了解到村里已经解决了饮水问题，住房等生活条件有了明显改善，还找到了产业脱贫的路子。全国还有5000万贫困人口，到2020年一定要实现全部脱贫目标，这是我当前最关心的事情。接着，习近平来到固原市原州区彭堡镇姚磨村，了解冷凉蔬菜种植及销售情况。7月19日上午，习近平来到银川市永宁县闽宁镇原隆移民村，实地察看福建和宁夏

合作开展移民搬迁安置和脱贫产业的发展情况。习近平表示，闽宁镇探索出了一条康庄大道，我们要把这个宝贵的经验向全国推广。

西海固，是宁夏回族自治区南部山区的代称，这里是全国最贫穷的地方之一，属于六盘山集中连片特困地区，范围包括固原地区的西吉县、中卫市海原县、固原市原州区、泾源县、隆德县、彭阳县，以及同心县的部分地区，不是一个标准的行政区划，没有严格的定义。西海固地区属于黄土高原干旱地区，1972 年被联合国粮食开发署确定为最不适宜人类生存的地区之一。西海固还是革命老区、贫困山区和少数民族聚居区，是国家确定的 14 个集中连片特困地区之一，也是宁夏脱贫攻坚的主战场和核心区。这里地处黄土高原丘陵沟壑地带，山高坡陡，雨水稀少，十年九旱。

脱贫攻坚

杨岭村

杨岭村位于六盘山集中连片特困地区的腹地，隶属泾源县大湾乡，大湾乡是泾源县最贫穷的乡。泾源县位于宁夏回族自治区最南端，地处六盘山东麓，素有"秦风咽喉，关陇要地"之称。泾源县为西海固六县之一，是国家级贫困县，2017 年 GDP 仅有 15.97 亿元，同比增长 3%。山大沟深、产业滞后等因素制约着当地群众脱贫的步伐。杨岭村有 6 个村民小组、319 户、1226 人，2015 年农民收入 5580 元。近年来，杨岭村采取了多项措施，扎实开展脱贫攻坚工作。2014 年，村里共有 87 户建档立卡户，59 户贫困户已于 2015 年脱贫，剩下的 28 户中，除了 9 户因病因残缺劳力，报民政兜底外，其他的也已全部脱贫。2016 年，杨岭村成为泾源县 26 个脱贫销号村之一。

习总书记的到访让杨岭村干部群众备受鼓舞，大家把他的亲切关怀化为脱贫致富的动力。杨岭村通过新时代农民讲习所，开展了包括理论政策、实用技术、新风正气等一系列教育活动，逐步树立起群众脱贫致富的信心、自我发展的决心。短短几年，杨岭村从贫困村一跃变成了全乡人均纯收入最高的村子，百姓生活和精神面貌也发生了翻天覆地的变化。

针对村容村貌破旧不堪、居住环境脏乱差等问题，杨岭村组织开展了民宿改造和"幸福农家 123 工程"，在对全村农户危旧房屋进行彻底翻新的同时，引导群众"建好 1 个幸福大院、种好 2 个增收园子、栽好 3 棵树"，使村容村貌焕然一新。今天的杨岭村，泥泞的村道不见了，取而代之的是水泥硬化路；村后原本光秃秃的小山坡上也覆盖了浓郁的绿色，山脚下是五颜六色的花海；低矮的土坯房没有了，白墙青砖蓝瓦的新居拔地而起。

同时，杨岭村还创新推行乡村文明实践积分卡制度，以"爱心超市"为载体，对邻里团结、孝老爱亲、讲究卫生、参与集体活动等行为实行量化积分，以积分兑换实物，让好人好事和新风良俗既有分值又有价值。杨岭村从过去的落后村、问题村、信访村变成了先进村、示范村、文明村。

因地制宜，产业牛起来。近年来，杨岭村根据本地条件，积极引导农民养殖育肥快、肉质佳、售价高的安格斯肉牛。为构建肉牛全产业链，解决农户面临的养殖技术和环境问题，村里采取"公司+合作社+大户+农户""公司引领、能人带动、技术跟踪、服务保障"等方式，解决了农户养殖技术、养殖环境、市场对接、风险防控等方面的难题。同时，按照"景村一体化"的发展模式，杨岭村配套建设了生态观光园和康养中心，由龙头企业组织农户入股经营，举办首届杨岭乡村文化旅游节，2019 年旅游综合收入达到 300 万元。通过持续不断地发展产业，2019 年杨岭村村民人均可支配收入突破 1 万元，是 2014 年的 2.5 倍，实现了产业致富的梦想。

姚磨村

姚磨村位于六盘山东麓，距离宁夏回族自治区固原市 24 公里，地处"苦瘠甲天下"的宁夏南部山区，曾经是一个地地道道的贫困村。这里有 8000 多亩山塬旱地，主要作物是玉米、小麦、马铃薯，村民大多靠天吃饭。过去，姚磨村村民能填饱肚子就算不错了。2007 年，姚磨村全体党员干部在村党支部的带领下，通过争取国家财政项目，修水利、整农田、平道路、建温棚，依托当地气候凉爽、光照充足、昼夜温差大这一气象条件优势，大力发展冷凉蔬菜产业。到 2019 年，姚磨村蔬菜种植面积 6000 亩，村民人均可支配收入 1.55 万元，高出原州区农民人均可支配收入 4500 多元，实现了脱贫致富。

近年来，姚磨村以"两个带头人"工程为牵引，充分发挥村党支部书记、致富带头人姚选带动能力强的优势，推行"组织跨村建、能人跨村带、产业跨村育"的模式，辐射带动周围群众增收致富，采取"党总支＋合作社＋基地＋农户"的方式，全力推动蔬菜产业发展。

村里成立了姚磨村土地股份经济合作社，在村"两委"认真研究并征求村民意愿后，将扶持资金注入合作社运营。姚磨村采取"党总支＋合作社＋基地＋农户"的办法，探索五级联动产业发展模式，相继建立河东等 3 个冷凉蔬菜基地，建成特色实训基地 100 亩，成立农民田间学校 1 所，组织农民就地就近参加学习培训，带动辐射周边 10 个村组大力发展蔬菜产业，种植蔬菜 2.5 万亩，解决剩余劳动力 3000 多人。

姚磨村还因地制宜，盘活土地资源，大做土地文章。村干部、驻村工作队及致富带头人通过召开会议、走村入户等方式，引导和鼓励村民将土地经营权向合作社流转，优化土地资源配置，盘活土地利用效率，合理规划种植种类，发展冷凉蔬菜大规模种植。该村共流转土地 3.6 万亩，种植西兰花、松花菜等十余种蔬菜,坚持走"夏菜南下、冬菜北上"的发展路子,紧盯市场需求,积极发展订单农业,分批定植,错时上市,有效规避了市场风险,提高了经济效益。

姚磨村采取"统一品牌、统一标准、统一包装、统一收购、统一销售"的模式,牵头抓总,与农民专业合作社、种植大户签订蔬菜保底收购协议,不低于同期市场价收购。依托"互联网+支部+电商平台+农产品销售"的新模式,在西安欣桥、南京众彩、广州江南市场等地开设蔬菜外销窗口11个,蔬菜外销兰州、合肥、广州等十余地,年外销鲜菜10万吨以上。树立起"六盘清水河"冷凉蔬菜的响亮品牌,打消了农户蔬菜滞销的后顾之忧。农户在蔬菜基地每天务工收入平均150元,农忙时期平均每天在基地务工的人员达到300多人,带动建档立卡户560户、1790多人务工创收,年解决农村剩余劳动力3000多人。

姚磨村还跨村连片开发建设休闲观光农业,打造红梅杏采摘基地,全面做好村域水库的生态治理修复,改造提升周边水域基础设施,打造集休闲、娱乐等于一体的水上公园。

原隆村

原隆村,是宁夏银川市永宁县闽宁镇下辖村,是永宁县最大的生态移民村,安置了来自固原市的14个村组、10515人。村民都是2012年5月从西海固地区的原州区和德县13个乡镇、50多个自然村迁徙过来的。原隆村所在的闽宁镇,在20年前还是一个地处荒滩仅有8000人的村子。1996年,福建和宁夏启动对口扶贫协作,开始兴修水利、引黄灌溉,在20多年的发展过程中,陆续有近6.6万名移民从宁夏南部大山深处搬迁至此。

闽宁对口扶贫协作历经20多年,1996年福建和宁夏两省区党委政府根据中央"两个大局"的战略思想和开展东西扶贫协作的决策部署，决定全面开展闽宁对口扶贫协作。时任福建省委副书记习近平担任对口帮扶宁夏领导小组组长，负责组织实施闽宁对口扶贫协作。1997 年，在福建工作、来宁夏扶贫的习近平在这里调研后，启动了一项根本性工程"移民吊庄"，让西海固群众搬迁到这里。他亲自命名"闽宁村"，并满怀信心地预言："闽宁村现在是个干沙滩，将来会是一个金沙滩。"20 多年来，闽宁镇已从 8000 多人的贫困移民村，发展成为 6 万多人的"江南小镇"，农村居民人均可支配收入从 1996 年的不足 500 元，增加到 2017 年的 11976 元，增长了 20 多倍。

原隆村过去是"锅里缺粮、缸里缺水、身上没钱"，而今"龙头一拧水冒着呢，每个人都干干净净的，精气神大不一样了"；以前住房差、出行难、上学难、就医难，现在家家住新房、有院子，家用设施接近城里，公共服务完善便利。原隆村移民搬迁的成功在于做好了后续工作，避免了重搬迁、轻后续帮扶的问题，让户户有营生、事事有人管、家家过得好。坚持搬迁、产业同步抓，因地制宜加大后续扶持力度，移民搬迁群众的日子将更有奔头。

原隆村地处贺兰山东麓葡萄酒产区，这些葡萄园不但是原隆村坚固的生态屏障，也是村民们脱贫致富奔小康的主阵地。酒庄集葡萄种植、葡萄酒酿造和观光旅游一、二、三产业于一体，产业附加值高，具有吸纳不同年龄段移民，特别是"4050"移民就业的能力，既能确保移民稳得住，也有利于实现尽快脱贫。原隆村村民每年务工总收入达 1500 万元，人均纯收入达到 1 万~2 万元，全村提前实现了整体脱贫。

"旅游+"为移民新村持续发展增添了新动能。在原隆村，青禾公司、立兰酒庄、华盛绿能公司都在发展旅游业，立兰酒庄年游客接待量突破 6 万人次，这 3 家公司共流转土地 6300 多亩，占原隆村土地总面积的 90%

以上，原隆村全域旅游格局已具雏形。此外，原隆村还将旅游业与光伏园区、种植养殖业结合起来。原隆村光伏园区占地 2078 亩，一期建成光伏大棚 588 栋，工人也都是来自原隆村，建档立卡贫困户还可享受特殊政策承包大棚。公司提供种子、技术并包销产品，扶贫重点贫困户多为老弱病残，靠承包大棚快速脱贫的建档立卡贫困户有 30 多户，光伏公司每年还给原隆村 76 户建档立卡贫困户每户分红 1 万元。

原隆村还有一个远近闻名的扶贫车间叫"巧媳妇儿电商扶贫车间"，这里共有 35 位工人，只有 1 位男士，其他都是来自建档立卡贫困户的农家妇女。扶贫车间还成立了一个由 6 人组成的"巧媳妇直播团队"。车间货架上不仅摆放着红枣、黄花菜、枸杞等宁夏当地的农副产品，还有一些产自福建的特色产品。扶贫车间除了线上销售，还有许多旅游团队来现场购买，最多的时候一天会有 300 多人来到这里。

2020 年 9 月 29 日，原隆村迎来了一件大喜事：全村 1992 户中的最后 2 户建档立卡贫困户通过村民大会评议，退出了建档立卡贫困户序列，这意味着全村全面脱贫。

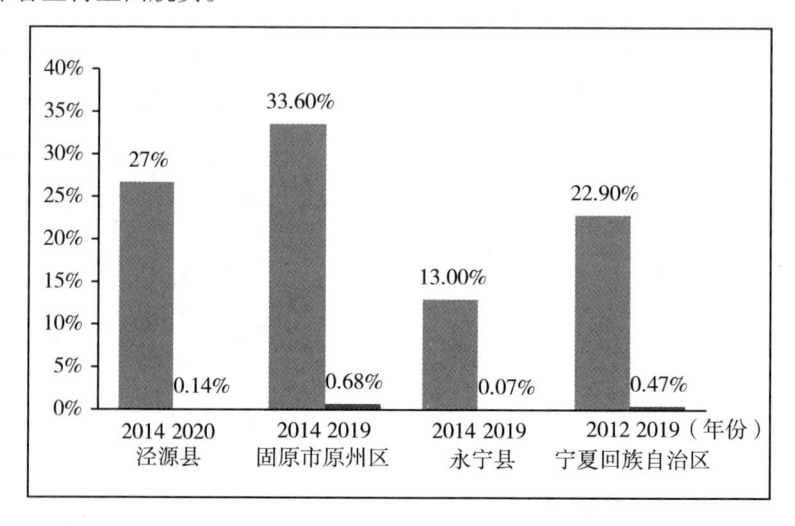

地区	起始年贫困发生率	结束年贫困发生率
泾源县	2014年 27%	2020年 0.14%
固原市原州区	2014年 33.60%	2019年 0.68%
永宁县	2014年 13.00%	2019年 0.07%
宁夏回族自治区	2012年 22.90%	2019年 0.47%

泾源县、固原市原州区、永宁县、宁夏回族自治区贫困发生率变化

政策解读

1982年,"三西"地区作为全国第一个区域性扶贫开发实验地,拉开了有计划、有组织、大规模扶贫开发的序幕,国务院成立了"三西"地区农业建设领导小组,负责组织各方面力量,制定建设规划,合理使用国家专项资金,协调解决建设中的有关问题。国家连续30多年安排专项资金(简称"三西"资金)支持"三西"地区扶贫开发,使"三西"地区特别是定西、西海固地区告别了极端贫困状况。在新一轮精准扶贫中,"三西"地区依然是扶贫的主战场,本次总书记考察的泾源县和原州区还是宁夏的深度贫困县(区)。

总书记对西海固的贫困状况非常了解和关心,在任福建省省长、省委副书记以及对口帮扶宁夏领导小组组长时,他曾直接组织实施了闽宁对口扶贫协作,并多次到宁夏调研。此次考察的原隆移民村就是福建对口援助的成果。

习近平总书记高度重视"三西"地区的脱贫攻坚工作,他在宁夏调研时指出"到2020年全面建成小康社会,任何一个地区、任何一个民族都不能落下"。对于"三西"地区脱贫的艰巨性,总书记也有着清醒的认识。一方面,他要求西部地区要"立下愚公移山志,咬定目标、苦干实干,坚决打赢脱贫攻坚战,确保到2020年所有贫困地区和贫困人口一道迈入全面小康社会"。另一方面,他也特别强调东西部扶贫协作的重要性,指出东西部扶贫协作是加快西部贫困地区脱贫进程、缩小东西部发展差距的重大举措,必须长期坚持并加大力度。7月20日,习总书记在银川主持召开东西部扶贫协作座谈会并发表重要讲话。他强调,东西部扶贫协作和对口支援,是推动区域协调发展、协同发展、共同发展的大战略,是加强区域合作、优化产业布局、拓展对内对外开放新空间的大布局,是实现先富帮后富、最终实现共同富裕目标的大举措,必须认清形势、聚焦精准、深化帮扶、确保实效,切实提高工作水平,全面打赢脱贫攻坚战。他提出了4点要求:一是提高认识,加强领导;二是完善结对,深化帮扶;三是明确重点,精准聚焦;四是加强考核,确保成效。

总书记宁夏调研后不久,中共中央办公厅、国务院办公厅于2016年12月印发了《关于进一步加强东西部扶贫协作工作的指导意见》。《意见》提出,将对东西部扶贫协作原有结对关系进行适当调整,在完善省际结对关系的同时,实现对民族自治州和西部贫困程度较深的市州全覆盖。东西部将开展携手奔小康行动。东部省份组织本行政区域内经济较发达的县(市、区)与扶贫协作省份、市州扶贫任务重、脱贫难度大的贫困县合作,探索在乡镇之间、行政村之间结对帮扶。

扶贫小卡片

东西部协作扶贫

20年来,我国东西部开展多层次、多形式、宽领域、全方位的扶贫协作,逐步形成以政府援助、企业合作、社会帮扶、人才支持为主要内容的工作体系,涌现出了闽宁协作等各具特色的东西帮扶模式,取得显著成绩。

东西部扶贫协作和对口支援,是推动区域协调发展、协同发展、共同发展的大战略,是加强区域合作、优化产业布局、拓展对内对外开放新空间的大布局,是打赢脱贫攻坚战、实现先富帮后富、最终实现共同富裕目标的大举措。

在《中共中央国务院关于打赢脱贫攻坚战的决定》中,要求广泛动员全社会力量，合力推进脱贫攻坚，健全东西部扶贫协作机制。加大东西部扶贫协作力度，建立精准对接机制，使帮扶资金主要用于贫困村、贫困户。东部地区要根据财力增长情况，逐步增加对口帮扶财政投入，并列入年度预算。强化以企业合作为载体的扶贫协作，鼓励东西部按照当地主体功能定位共建产业园区，推动东部人才、资金、技术向贫困地区流动。启动实施经济强县（市）与国家扶贫开发工作重点县"携手奔小康"行动，东部各省（直辖市）在努力做好本区域内扶贫开发工作的同时，更多发挥县（市）作用，与扶贫协作省份的国家扶贫开发工作重点县开展结对帮扶。建立东西部扶贫协作考核评价机制。

2016年12月，中共中央办公厅、国务院办公厅印发《关于进一步加强东西部扶贫协作工作的指导意见》，主要目标是经过帮扶双方不懈努力，推进东西部扶贫协作和对口支援工作机制不断健全，合作领域不断拓展，综合效益得到充分发挥，确保西部地区现行国家扶贫标准下的农村贫困人口到2020年实现脱贫，贫困县全部摘帽，解决区域性整体贫困。主要任务有五项：

一、开展产业合作。激发企业到贫困地区投资的积极性，支持建设一批贫困人口参与度高的特色产业基地，培育一批带动贫困户发展产业的合作组织和龙头企业，引进一批能够提供更多就业岗位的劳动密集型企业、文化旅游企业等，促进产业发展带动脱贫。

二、组织劳务协作。帮扶双方要建立和完善劳务输出精准对接机制，提高劳务输出脱贫的组织化程度。西部地区要摸清底数，准确掌握建档立卡贫困人口中有就业意愿和能力的未就业人口信息，以及已在外地就业人员的基本情况，因人因需提供就业服务，与东部地区开展有组织的劳务对接等。

三、加强人才支援。帮扶双方要选派优秀干部挂职,广泛开展人才交流,促进观念互通、思路互动、技术互学、作风互鉴。采取双向挂职、两地培训、委托培养和组团式支教、支医、支农等方式,加大教育、卫生、科技、文化、社会工作等领域的人才支持,把东部地区的先进理念、人才、技术、信息、经验等要素传播到西部地区。

四、加大资金支持。东部省份要根据财力增长情况,逐步增加扶贫协作和对口支援财政投入,并列入年度预算。西部地区要以扶贫规划为引领,整合扶贫协作和对口支援资金,聚焦脱贫攻坚,形成脱贫合力。要切实加强资金监管,提高使用效益。

五、动员社会参与。帮扶省市要鼓励支持本行政区域内民营企业、社会组织、公民个人积极参与东西部扶贫协作和对口支援。注重发挥军队和武警部队在西部贫困地区脱贫攻坚中的优势和积极作用,因地制宜做好帮扶工作。积极组织民营企业参与"万企帮万村"精准扶贫行动,与被帮扶地区贫困村开展结对帮扶等。

在 2021 年 4 月 8 日全国东西部协作和中央单位定点帮扶工作推进会前,习近平对深化东西部协作和定点帮扶工作作出重要指示指出,开展东西部协作和定点帮扶,是党中央着眼推动区域协调发展、促进共同富裕作出的重大决策。要适应形势任务变化,聚焦巩固拓展脱贫攻坚成果、全面推进乡村振兴,深化东西部协作和定点帮扶工作。

参考文献

1.《习近平:缅怀先烈,不忘初心,走好新的长征路》,新华网,2016 年 7 月 19 日。

2.《据说,这件事习近平总书记牵挂了 20 多年》,新华网,2016 年 7 月 21 日。

3.《闽宁镇 20 年:从"干沙滩"到"金沙滩"》,《新京报》,2018 年 8 月 6 日。

4.《总书记的深情牵挂：宁夏泾源县杨岭村荒山变绿产业兴》,《人民日报》,2019年2月12日。

5.《关于进一步加强东西部扶贫协作工作的指导意见》,中国政府网,2016年12月7日。

青海省长江源和班彦村：移民搬迁是脱贫攻坚的一种有效方式

2016年"两会"期间，习近平参加了青海代表团的审议，询问了有关青海的绿色发展、脱贫攻坚、生态保护、牧民生活等具体情况。2016年8月22日至24日，习近平来到青海调研考察，这是他担任总书记以来对青海的首次考察。

8月22日下午，习近平来到长江源村，走进村民申格的家，同他们拉起家常。离开长江源村时，村里男女老少排起了长长队伍，挥着哈达，高喊"总书记好""扎西德勒"，依依不舍地同总书记握手话别。8月23日上午，习近平来到正在建设中的班彦新村。在村民吕有章抓阄选定的新宅，习近平察看房屋的面积、结构、建筑质量，同监理新居建设的村民们交流。随后，他又来到村民吕有金的新居，仔细翻阅吕有金家的《扶贫手册》和《贫困户精准管理手册》，详细了解他们搬入新村后从事生产、外出务工、孩子上学等方面的打算，询问一家人对帮扶项目是否满意。习近平对当地干部说，一定要把易地扶贫搬迁工程建设好，保质保量让村民们搬入新居。大家生活安顿下来后，各项脱贫措施要跟上，把生产搞上去。易地扶贫搬迁不仅要改善人居条件，更要实现可持续发展。

三江源地区，位于我国青海省南部青海藏区，平均海拔3500~4800米，是世界屋脊——青藏高原的腹地，为孕育中华民族、中南半岛悠久文明历史的世界著名江河长江、黄河和澜沧江（国外称"湄公河"）的源头汇水区。中国最大的盐湖在青海，长江、黄河、澜沧江3条大河也都发源于青海。这里既是生态资源的宝库，又是生态安全的屏障。从自身说，青海的生态保护是实现持续发展的关键；从大局说，青海的生态保护，尤其是对三江源"中华水塔"的保护又是关系国家生态安全的大事。如果三江源这个"水塔"的"储水""配水"能力退化，或者不能确保流出"一江清水"，下游生态就会加剧恶化。青海生态脆弱、环境艰苦，长期的历史地理原因导致青海省产业底子薄，粗放、分散的传统畜牧业难以使农民致富，贫困深度和广度大，成为我国集中连片贫困区之一。2015年底，青海藏区的贫困发生率还在20.76%。

脱贫攻坚

江源村

唐古拉山镇地处青藏高原腹地，三江源自然保护区内，被称为"长江源头第一镇"。该镇平均海拔在4700米以上，草场面积4.98万平方公里，是世界上海拔最高的乡镇，也是中国面积最大的乡镇，人均占有草场的面积在万亩以上。长江源村位于青海省海西蒙古族藏族自治州格尔木市唐古拉山镇，2004年，400多名藏族牧民响应国家三江源生态保护政策，从海拔近5000米的长江源地区搬迁至格尔木市唐古拉山镇规划建设的新村，形成了今日的长江源村。搬迁到格尔木市后，村民们在政府多项扶持政策帮助下，积极融入城镇生活环境，同时努力保持着自己的文化传统。长江源村现有村民245户、568人，青壮年劳动力196人，"五保户"14名，学生130人。

2004年11月，为响应国家三江源生态保护政策，唐古拉山镇牧区的

128 户牧民离开了祖辈放牧的草场，走下唐古拉山，搬迁到格尔木市区南郊的长江源村。过去在山上时，他们一年的人均收入不到 2000 元。搬迁下来后，2006 年政府开办了藏毯加工厂，2008 年又开办了嘛呢石雕刻和藏式风情园，解决了村民就业和经济收入问题。村民们先后享受到了草原奖补、困难补助、燃料补助等政策，适龄儿童入学率达到 100%。曾经只吃肉喝奶、穿藏袍的牧民，学会了炒蔬菜、做米饭，购买了冰箱、彩电、汽车。村里建有学校、敬老院、垃圾填埋场、文化广场。2016 年，长江源村人均收入达到 1.9 万元。

2016 年 8 月 22 日，习近平总书记来到这里看望大家，此后的长江源村又开启了新变化。

为全面改善农牧区群众生产生活条件、居住环境和城乡面貌，突出乡镇功能和提升特色风貌，2016 年以来，政府对唐古拉山镇已实施或拟实施项目 44 项，总投资达到 2.17 亿元。仅 2019 年，长江源村就实施了 10 个基础设施建设项目，包括对村庄内外、重点区域进行高标准绿化美化，实施水管网改造、电网改造升级，实现了电缆入地。为了保持村庄干净整洁，家家户户将房前屋后打扫得干干净净。同时，村民自发组建成立了农村生活垃圾治理环保队伍，定期开展村庄清洁行动，以此建立卫生治理长效机制。

对于长江源村来说，脱贫的短期目标早已实现，为了解决搬迁牧民后续产业发展问题，格尔木市整合各类扶贫资金，建成了嘛呢石雕刻车间、扶贫宾馆、长江源藏民族风情园、长江源村牛羊育肥基地和饲草料基地。一个个产业项目极大地调动了村民的积极性，大家不等不靠，纷纷筹措资金参与就业创业。村民开起了民族风情园、家庭宾馆、小卖部、小吃店。结合特色小镇建设，还打造了一个具有民族特色的生态园，发展少数民族地区的旅游产业，实现产业结构多元化。

产业兴旺、生态宜居、乡风文明、治理有效、生活富裕……遵照习近平总书记在长江源村调研时提出的"各民族是一家人，大家要相亲相爱、共同团结进步"的要求，近年来，长江源村大力推行民族团结进步工作，实行了"基层组织+N""党员联户"服务管理办法，各族人民共同团结奋斗的政治基础、思想基础和社会基础进一步巩固。先后多人荣获"全国民族团结模范个人""海西州民族团结模范个人""海西好人"等荣誉称号，长江源村也多次被评为"民族团结进步先进集体""海西州青年民族团结进步先进集体""海西州民族团结之花"。

如今，长江源村已经从最初的128户、407人发展到245户、568人，村级组织健全，全村有43名党员。2019年，人均可支配收入达到2.7万元，比2004年搬迁时增长10多倍。基本医疗保险参保率、基本养老保险参保率都达到100%。在党的惠民政策支持下，长江源村村民的生活发生了翻天覆地的变化。

长江源村的变迁，是三江源生态保护实践的一个缩影。自2005年启动实施三江源生态保护和建设工程以来，国家在这一地区投入的生态保护和建设资金累计超过了180亿元。随着生态保护项目的实施，三江源地区的生态环境呈现稳步恢复趋势。监测结果显示，三江源地区的长江、黄河、澜沧江干流流域水质优良，经絮凝、沉淀、过滤等常规净化处理即可供生活饮用。

班彦村

班彦村位于全国唯一的土族自治县——互助土族自治县。互助土族自治县位于西宁市北60多公里处，这里是六盘山集中连片特困地区，一些村落分布在大山沟梁之间，是典型的"一方水土养活不了一方人"的地方。班彦旧村位于互助土族自治县五十镇南部，是互助土族自治县的重点贫困村，三分之一人口住在山上，这里海拔高、土地贫瘠、灾害频发，贫困率高达56%。班彦村有8个社，共369户、1396人，其中五社、六社的129户、484人住在山头。全村总面积14.6平方公里，其中耕地面积3426亩，人均耕地2.5亩，属于半浅半脑山地区。村里的生产生活极为艰苦，吃水不便、交通闭塞、孩子上学难，因常年干旱缺水，粮食歉收，这里的贫穷根深蒂固。

从班彦新村远远望去，是一座光秃秃的大山，当地人都叫它"沙沟山"，村里五社和六社129户村民就生活在这里。沙沟山正如其名，不仅荒凉而且沟壑纵横，有人曾用千疮百孔来形容它。"一方水土养活不了一方人"，这里的人没有选择，不要说种庄稼得靠天吃饭，就连下山进趟县城都费劲。

易地搬迁成为村民们摆脱贫困的希望。2016年，山上的村民搬到了设施完善的山下新村，他们养起了八眉猪，做起了绣花娘，酿起了酩馏酒，办起了农家乐，旧日的班彦换了新颜。如今，新村院落特色鲜明，住房整齐美观，村容干净整洁，基础设施齐全，生态环境优美。

出行难、吃水难、看病难、上学难、务工难、娶亲难，曾经是班彦村的"六难"。如今，班彦新村紧邻省道，家家户户通了自来水，步行十多分钟就到了镇卫生院，小学就在旁边，上幼儿园有校车接送，镇中心学校也只有两三公里远……2016年12月底，班彦村129户村民全部入住新房。2017年12月，在党和政府的政策指引下，班彦村成功摘掉了贫困帽子。对于班彦村享受易地扶贫搬迁政策的建档立卡贫困户来说，拥有一套三室一厅的新房，自己仅需出4000元，是以前想都不敢想的事。从山上搬下来后，曾经住了30多年的老土房换成了明亮的新房，吃水有自来水，再也不用排队去挑水吃了，孩子上学也不用翻过山梁，走上七八公里的山路了。

"新村建设要同发展生产和促进就业结合起来，把生产搞上去，实现可持续发展。"这是 2016 年 8 月 23 日，习近平总书记视察海东市互助土族自治县五十镇班彦村时的殷切期望。按照习近平总书记的要求，搬出大山、摘掉贫困帽子的班彦村，在巩固产业项目上充分发挥特色优势，发展了盘绣园、八眉猪养殖、光伏，还有酩馏酒、温室大棚等大小近 10 项特色产业。由政府投资 300 万元、占地 1500 平方米的盘绣园，如今已成为班彦村的重点民族产业。盘绣园依托土族特有的盘绣，采用"公司 + 基地 + 农户"的生产经营模式，帮助当地群众脱贫增收。最初的 145 名绣娘中，贫困户占到了 93 户。

　　挪出穷山窝的班彦村，解开了脱贫的"死结"，在民族特色产业的带动下，2017 年该村人均可支配收入达到 7309 元，实现了整体脱贫摘帽。村集体收入也实现零的突破，在 2019 年达到了 23 万元。搬迁前，由于交通闭塞，条件艰苦，沙沟山上有 100 多户村民 10 年没娶过媳妇，有 20 多个光棍。搬出大山后，条件改善，收入增加，光棍也相继娶到了媳妇。这两年，村里的医务室、生态园、电商中心等便民服务设施相继建成。2020 年下半年，班彦幼儿园也正式投入使用，班彦村的孩子们头一次走进幼儿园，开启了幸福的童年生活。

　　如今，走进班彦新村，富有民族特色的大门立在村口，大门左右一副"春暖班彦长风送喜入新居　潮涌土乡众志成城建小康"的对联在蓝天白云下显得格外耀眼，整洁、干净的水泥路上，脸上挂满朴实笑容的村民们迎面走来。

　　目前，班彦村正在乡村振兴的道路上勇往直前，以打造乡村振兴实践教育及青少年户外研学实践教育基地为亮点，以农业产业化及盘绣工艺品加工为重点，以农业适度规模化经营为基础，通过村容村貌、基础设施、文化建设、治理体系等多方面建设的同步推进，把班彦村打造成集教育培训、休闲旅游、乡村文化体验、现代农业生产、农特产品初加工等功能于一体的乡村振兴标杆。

从高处俯瞰，班彦村就像是一颗镶嵌在绿树丛中的红宝石。现在的班彦村每个人都很忙，男人忙完农活儿忙打工，女人忙完农活儿忙刺绣。从老人到孩子，每一个人身上都充满了力量，每个人眼里都透着坚定与平和，每个人的笑容里都饱含着自信。2019 年，全村人均可支配收入超过 1 万元，是 3 年前的近 5 倍。

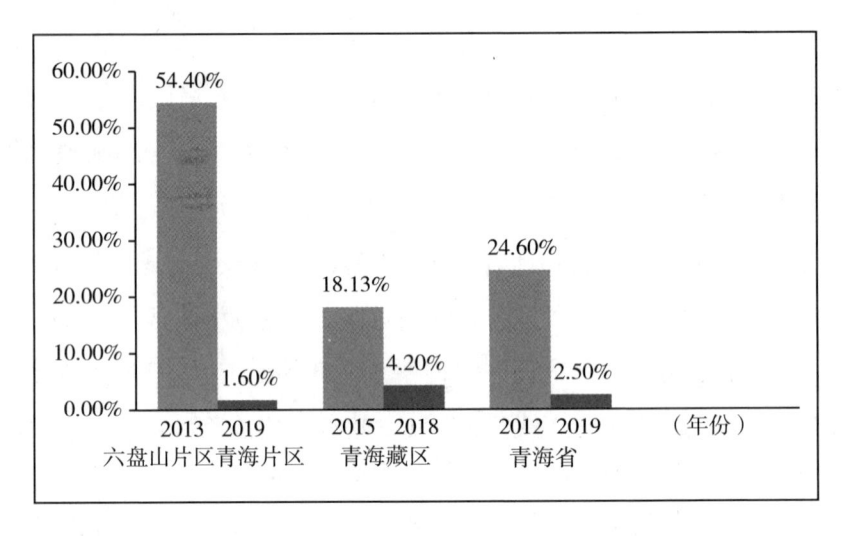

六盘山片区青海片区、青海藏区、青海省贫困发生率变化

政策解读

三江源是长江、黄河、澜沧江三大河流的发源地，长江总水量的 25%、黄河总水量的 49% 和澜沧江总水量的 15% 都来自这一地区，被誉为"中华水塔"。三江源地处地球"第三极"的青藏高原腹地，是全球气候变化反应最为敏感的区域之一。作为世界上独一无二的高原湿地生态系

统,三江源素有"高寒生物自然种质资源库"之称,但其生态极为脆弱。

为保护三江源,党中央决定在这片净土上,建立国家公园,进行特殊保护。2015年12月,中央全面深化改革领导小组第十九次会议审议通过了《中国三江源国家公园体制试点方案》。2016年3月5日,中共中央办公厅、国务院办公厅印发了《三江源国家公园体制试点方案》。三江源国家公园规划范围以三大江河的源头典型代表区域为主构架,构成了"一园三区"格局,即长江源、黄河源、澜沧江源3个园区,总面积为12.31万平方公里,占三江源地区面积的31.16%。习近平在中央全面深化改革领导小组第十九次会议上指出:"要坚持保护优先、自然修复为主,突出保护修复生态,创新生态保护管理体制机制,建立资金保障长效机制,有序扩大社会参与。要着力对自然保护区进行优化重组,增强联通性、协调性、完整性,坚持生态保护与民生改善相协调,将国家公园建成青藏高原生态保护修复示范区,三江源共建共享、人与自然和谐共生的先行区,青藏高原大自然保护展示和生态文化传承区。"

保护三江源的主要措施是对生态保护区的住户实行生态移民和对贫困户实行易地扶贫搬迁。对易地搬迁来说,最困难的问题不是搬迁和住房建设,而是移民的后续生活来源问题,即产业发展和就业问题。此次总书记对青海三江源村和班彦村的调研就是为了了解这些群众的易地搬迁情况和后续发展情况。在调研中,习近平对当地干部说,"一定要把易地移民搬迁工程建设好,保质保量让村民们搬入新居。大家生活安顿下来后,各项脱贫措施要跟上,把生产搞上去","易地扶贫搬迁不仅要改善人居条件,更要实现可持续发展"。这说明了总书记对易地搬迁后产业发展和就业问题的关注和重视。

根据总书记的指示,不仅青海省当地政府出台了专门的扶持措施,中国有关部委也出台了有针对性的推进精准扶贫落实的政策文件,如国家发改委、人社部等部委发布的《全国"十三五"易地扶贫搬迁规划》和《关于切实做好就业扶贫工作的指导意见》等。《意见》要求，围绕实现精准对接、促进稳定就业的目标，通过开发岗位、劳务协作、技能培训、就业服务、权益维护等措施，帮助一批未就业贫困劳动力转移就业，帮助一批已就业贫困劳动力稳定就业，帮助一批贫困家庭未升学初、高中毕业生就读技工院校毕业后实现技能就业，带动促进1000万贫困人口脱贫。

扶贫小卡片

就业扶贫

做好就业扶贫工作，促进农村贫困劳动力就业，是脱贫攻坚的重大措施。人社部2016年12月2日发布了《关于切实做好就业扶贫工作的指导意见》，围绕实现精准对接、促进稳定就业的目标，通过开发岗位、劳务协作、技能培训、就业服务、权益维护等措施，帮助一批未就业贫困劳动力转移就业，帮助一批已就业贫困劳动力稳定就业，帮助一批贫困家庭未升学初、高中毕业生就读技工院校毕业后实现技能就业，带动促进1000万贫困人口脱贫。

主要措施有：

一、摸清基础信息。各地扶贫部门要在建档立卡工作基础上，切实担负摸查贫困劳动力就业失业基础信息的责任。对未就业的摸清就业意愿和就业服务需求，对已就业的摸清就业地点、就业单位名称和联系方式，并填写农村贫困劳动力就业信息表，组织专人审核并将信息录入扶贫开发信息系统。充分发挥行政村第一书记、驻村工作队作用，把摸查责任落实到人，谁摸查、谁负责，对信息不准确的重新摸查和录入。

二、促进就地就近就业。各地要积极开发就业岗位，拓宽贫困劳动力就地就近就业渠道。东部省份、中西部省份经济发达地区要依托对口协作机制，结合产业梯度转移，着力帮扶贫困县发展产业。支持贫困县承接和发展劳动密集型产业，支持企业在乡镇（村）创建扶贫车间、加工点。鼓励农民工返乡创业、当地能人就地创业、贫困劳动力自主创业，支持发展农村电商、乡村旅游等创业项目。对大龄、有就业意愿和能力、确实难以通过市场渠道实现就业的贫困劳动力，可通过以工代赈等方式提供就业帮扶。

三、加强劳务协作。各地要开展省际劳务协作，同时要积极推动省内经济发达地区和贫困县开展劳务协作。支援地要广泛收集岗位信息，努力促进贫困劳动力与用人单位精准对接。帮助贫困县健全公共就业服务体系，充分利用现代化手段开展远程招聘。支持贫困地区办好技工学校、职业培训机构和公共实训基地，重点围绕区域主导产业加强专业、师资、设备建设，提高技工教育和职业培训能力。各地要在企业自愿申报的基础上，遴选一批管理规范、社会责任感较强、岗位适合的企业作为贫困劳动力就业基地，定向招收贫困劳动力。鼓励地方对跨省务工的农村贫困人口给予交通补助。

四、加强技能培训。各地要以就业为导向，围绕当地产业发展和企业用工需求，统筹培训资源，积极组织贫困劳动力参加劳动预备制培训、岗前培训、订单培训和岗位技能提升培训，提高培训的针对性和有效性，并按规定落实职业培训补贴。实施技能脱贫千校行动，组织省级重点以上的技工院校，定向招收建档立卡贫困户青年，帮助他们获得专业技能，在毕业后实现技能就业。对就读技工院校的建档立卡贫困家庭学生，按规定免除学费、发放助学金、提供扶贫小额信贷等，支持其顺利完成技工教育并帮助其就业。

五、促进稳定就业。要定期联系、主动走访已就业贫困劳动力，及时掌握其就业失业情况，对就业转失业的，及时办理失业登记，按规定落实失业保险待遇，提供"一对一"就业帮扶，帮助其尽快上岗。鼓励人力资源服务机构对已就业农村贫困劳动力持续、跟踪开展就业服务，按规定给予就业创业服务补贴。鼓励企业稳定聘用贫困劳动力，对吸纳符合就业困难人员条件的贫困劳动力就业并缴纳社会保险的企业，给予社会保险补贴。对吸纳贫困劳动力较多的企业，优先给予扶贫再贷款等。

参考文献

1.《习近平到青海考察》，新华网，2016年8月22日。

2.《习近平赴青海考察：保护生态前提下搞好开发》，《人民日报》，2016年8月23日。

3.《互助班彦：脱贫新村处处新气象》，《青海日报》，2018年10月22日。

4.《搬下山天地宽　真脱贫笑开颜——青海互助土族自治县班彦村脱贫调查》，新华网，2019年9月25日。

5.《青海互助土族自治县班彦村第一书记：总书记鼓励我们撸起袖子加油干》，《人民日报》，2020年8月11日。

6.《关于切实做好就业扶贫工作的指导意见》，中国政府网，2016年12月13日。

河北省德胜村：要因地制宜探索精准脱贫的有效路子

在 2017 年新年贺词中，习近平说，"新年之际，我最牵挂的还是困难群众，他们吃得怎么样、住得怎么样，能不能过好新年、过好春节"。2017 年 1 月 24 日，农历鸡年春节来临之际，习近平来到河北省张家口市德胜村调研，看望慰问基层干部群众，考察脱贫攻坚工作，向全国各族人民致以美好的新春祝福。

1 月 24 日上午，习近平来到张北县小二台镇德胜村，先是了解了位于村口的光伏电站惠农扶贫作用，之后看望了贫困群众徐万及其家人，接着又来到村民徐学海家，询问年货的准备情况以及家庭的收入和支出情况。习近平在村民徐海成家同村干部和村民代表进行了座谈。他强调，打好脱贫攻坚战，是全面建成小康社会的底线任务。做好这项工作，不能眉毛胡子一把抓，而要下好"精准"这盘棋，做到扶贫对象精准、扶贫产业精准、扶贫方式精准、扶贫成效精准。要因地制宜探索精准脱贫的有效路子，多给贫困群众培育可持续发展的产业，多给贫困群众培育可持续脱贫的机制，多给贫困群众培育可持续致富的动力。要把扶贫开发、现代农业发展、美丽乡村建设有机结合起来，实现农民富、农业强、农村美。

德胜村距张北县城 10 公里。张北县在张家口市北面，处于内蒙古锡林郭勒大草原的延伸地带，境内草原丰富，但干旱少雨、土地贫瘠、劳动力流失严重，属于燕山—太行山集中连片特困区，是国家扶贫开发工作重点县、河北省深度贫困县，贫困程度深、脱贫压力大。全县有贫困村174个，建档立卡贫困户37801户、69413人，截至2017年底，全县贫困发生率为8.75%。德胜村是当地一个典型的贫困村，包括徐家村、马鞍架、德胜等6个自然村，全村443户1176人。近两年，该村通过农业产业化，引进光伏项目，打造乡村旅游，人均收入有了明显提高。

脱贫攻坚

2017年春节前夕，习近平总书记来到这里，看望慰问困难群众，与基层干部群众一起算扶贫账、谋脱贫计。如今的德胜村，旧貌换新颜，人均收入超过万元……短短三年多时间，德胜村为什么能取得如此翻天覆地的变化？

德胜村将扶贫产业发展作为治本之策，在各方面的支持帮助下，打出了一套整合土地资源、利用自然资源、对接市场资源的"组合拳"，形成了以设施农业、光伏产业、乡村旅游3个"增收法宝"为基础的产业扶贫格局。

德胜村建设了280个微型薯原种大棚，每个大棚每年可实现净收入1.5万元，坚持合作社统一管理，每个大棚6分地，贫困户优先租种，帮助村民实现了稳定增收。德胜村与商家达成了1000万颗微型薯的销售协议，村里已经给微型马铃薯注册了"德胜"牌商标，计划打造马铃薯全产业链。

探索农光互补的发展模式，让村民逐步成为持股金、得租金、挣薪金的新农民。德胜村是太阳能资源较为丰富的地区，全年日照时长3000多小时。村里新引进了一个大型农光互补项目，集中流转荒草地、荒滩地

2640 亩，每亩每年流转金 400 元。德胜村的光伏电站，每年发电量 75 万度，每度电 1.08 元，电站年收益 81 万元，40% 用于电站运营和公益事业，60% 用于扶贫。村里 15 户重点贫困户共 20 人，每人每年有 3000 元收益，197 户普通贫困户共 425 人，每人每年收益 1000 元。

德胜村还致力于发展现代乡村旅游，该村的美丽乡村规划占地 440 亩，建设了二层小楼 189 套、3.3 万平方米，平房 31 套、3600 平方米。村委会、幼儿园、幸福院、展览室等公共事业管理占地 80 亩，建筑面积 1.05 万平方米。该村积极打造民俗文化，形成了德胜村以德治村的良好文化氛围。德胜村还同步发展现代观光农业、光伏发电和吃、住、购、娱等乡村旅游服务，逐步形成集生态观光、休闲度假、作物采摘、民俗体验于一体的现代农家旅游格局。

德胜村原有建档立卡贫困户 145 户、290 人，截至 2019 年只有 1 户、2 人还未达到脱贫标准，贫困发生率降为 0.17%，而 2013 年这个数字还是 39.85%。2020 年，该村人均收入已经达到 1.37 万元。如今的德胜村不仅村容村貌发生了巨大变化，全村老百姓的思想观念也有了根本性的改变，自力更生成为村民的共识。

如今，德胜村村民徐海成家，依靠种植微型薯盖起了二层小别墅。二女儿徐雅茹毕业后也选择回到家乡，在村史馆客串讲解员。徐雅茹告诉记者，德胜村依靠产业让村民过上了好日子，希望未来能有更多的村子学习"德胜模式"，致富路越走越宽，吸引更多的年轻人回村创业。

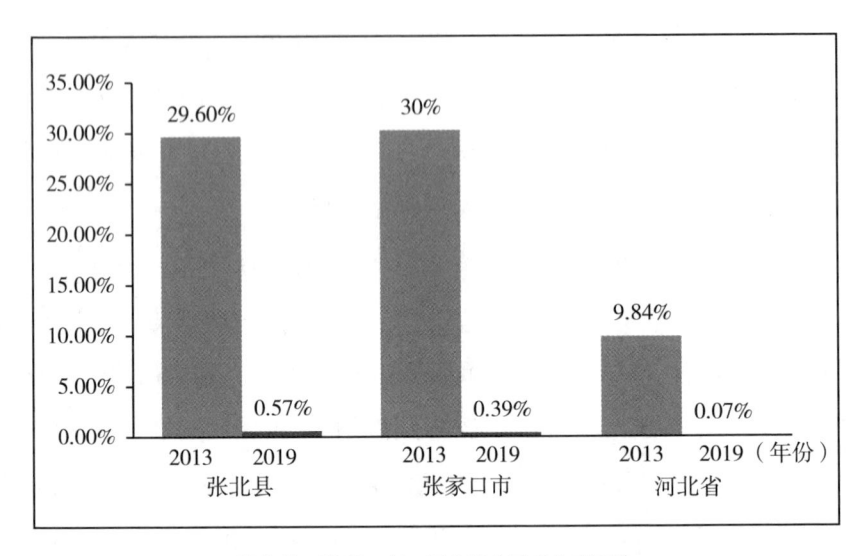

张北县、张家口市、河北省贫困发生率变化

政策解读

2017年我国扶贫工作进入纵深阶段。在2017年新年贺词中，总书记10次提及"人民"、5次提及"群众"，用了187个字的段落来谈"脱贫"。他说，"新年之际，我最牵挂的还是困难群众，他们吃得怎么样、住得怎么样，能不能过好新年、过好春节"，"部分群众在就业、子女教育、就医、住房等方面还面临一些困难，不断解决好这些问题是党和政府义不容辞的责任"。

2017年1月24日，农历除夕前的第三天，习近平来到了河北省张家口市张北县深度贫困村德胜村了解扶贫情况。总书记连续几年在春节前访问贫困村，已形成了惯例。张家口市位于河北西北部，地处京、冀、晋、蒙4省区市交界区，是北京的北大门。干旱缺水、土地沙漠化、水土流失、风沙危害等是张家口经济发展落后的主要原因，另一个原因是张家口是北京的生态屏障，其经济的发展受到生态保护等条件制约，产业发展可选择余地较小，使其脱贫难度较大。截至 2017 年 2 月，张家口市贫困村占河北全省贫困村总数的 28.8%。针对这种情况，一方面需要找准脱贫的突破口，找到合适的产业；另一方面也需要强大的组织领导，才能凝聚合力，战胜困难。基于此，总书记对张家口的脱贫攻坚也十分关心，并选择在春节到来之际到张家口德胜村调研。

在走访过程中总书记强调，做好扶贫工作"不能眉毛胡子一把抓，而要下好'精准'这盘棋，做到扶贫对象精准、扶贫产业精准、扶贫方式精准、扶贫成效精准。要因地制宜探索精准脱贫的有效路子，多给贫困群众培育可持续发展的产业，多给贫困群众培育可持续脱贫的机制，多给贫困群众培育可持续致富的动力。要把扶贫开发、现代农业发展、美丽乡村建设有机结合起来，实现农民富、农业强、农村美。要加强农村基层组织建设，使党支部更好发挥战斗堡垒作用，成为带领农民群众脱贫致富的主心骨，把乡亲们的事情办好"。

根据总书记的指示，德胜村在产业发展上选择了收入稳定、没有污染的光伏产业，大棚蔬菜和乡村旅游业，已实现了脱贫的目标。光伏扶贫作为国务院扶贫办 2015 年确定实施的"十大精准扶贫工程"之一，从各地的实践看，光伏精准扶贫主要有 4 种类型：一是户用光伏发电扶贫。利用贫困户屋顶或院落空地建设的 3 千瓦～5 千瓦的发电系统，产权和收益均归贫困户所有。二是村级光伏电站扶贫。以村集体为建设主体，利用村集体的土地建设 100 千瓦～300 千瓦的小型电站，产权归村集体所有，收益由村集体、贫困户按比例分配，其中贫困户的收益占比在 60% 以上。三是光伏大棚扶贫。利用农业大棚等现代农业设施现有支架建设的光伏电站，产权归投资企业和贫困户共有。四是光伏地面电站扶贫。利用荒山荒坡建设 10 兆瓦以上的大型地面光伏电站，产权归投资企业所有，之后企业捐赠一部分股权,由当地政府将这部分股权收益分配给贫困户。

在这次调研中,习近平总书记也强调了党支部和扶贫工作队的带头作用,习总书记说,火车跑得快、全靠车头带。脱贫攻坚的火车头就是党支部。派扶贫工作队、第一书记,这些举措都有了,关键是要夯实,发挥实效。为此,2017年12月24日中共中央办公厅、国务院办公厅印发了《关于加强贫困村驻村工作队选派管理工作的指导意见》,加强了贫困村驻村工作队选派管理工作,从健全体制机制入手,规范人员选派,明确工作任务,加强日常管理,严明考核激励。

扶贫小卡片

光伏扶贫

光伏扶贫主要是在住房屋顶和农业大棚上铺设太阳能电池板,"自发自用、多余上网"。也就是说,农民可以自己使用这些电能,并将多余的电卖给国家电网。通过分布式太阳能发电,每户人家都将成为微型太阳能电站。

光伏扶贫作为国务院扶贫办2015年确定实施的"十大精准扶贫工程"之一,充分利用了贫困地区太阳能资源丰富的优势,通过开发太阳能资源连续25年产生的稳定收益,实现了扶贫开发和新能源利用、节能减排相结合。

从各地的实践看,光伏精准扶贫主要有4种类型:一是户用光伏发电扶贫。利用贫困户屋顶或院落空地建设的3千瓦~5千瓦的发电系统,产权和收益均归贫困户所有。二是村级光伏电站扶贫。以村集体为建设主体,利用村集体的土地建设100~300千瓦的小型电站,产权归村集体所有，收益由村集体、贫困户按比例分配，其中贫困户的收益占比在 60% 以上。三是光伏大棚扶贫。利用农业大棚等现代农业设施现有支架建设的光伏电站，产权归投资企业和贫困户共有。四是光伏地面电站扶贫。利用荒山荒坡建设 10 兆瓦以上的大型地面光伏电站，产权归投资企业所有，之后企业捐赠一部分股权，由当地政府将这部分股权收益分配给贫困户。

存在问题：

一是启动资金缺口较大。无论哪种模式，光伏扶贫的初始建设投入都较大。以户用光伏发电扶贫模式为例，每户的一次性投入在 3 万元左右，假设给一个自然村 50 户安装，总投入就要在 150 万元，其中贫困户负担 40 万元左右。如果没有有效的解决方案，那么贫困户难以承担。

二是管理难度大。由于光伏扶贫项目小、分散广、施工企业多、资质参差不齐等特点，银行贷款和地方政府管理难度较大。

三是后期运维难以保障。部分承接光伏扶贫项目的中小企业，由于自身实力和服务网络问题，使未来 25 年的运维和售后服务得不到保障。

四是贫困户收益难以保障。部分地区出现了低价承接光伏扶贫项目的现象，难以保证项目质量、国家扶贫资金效益和贫困户收益。

由于在光伏扶贫中的最大难题是资金，在国家扶贫办、国家能源局的领导下，我国部分企业结合不同地区、不同条件，探索形成了 4 种比较成功的"户用光伏发电扶贫"模式：一是"扶贫资金＋贫困户银行贷款"。即政府出资 70%，由政府担保、贫困户从信用社贷款 30%。二是"扶贫资金＋企业垫付"。即政府出资 80%，企业垫付 20%，后期贫困户以发电收益分期偿还给企业。三是"扶贫资金＋地方财政配套"。即由地方财政配套，贫困户没有负担。四是"扶贫资金＋地方投资公司垫付"。即政府出资70%，当地投资公司垫付30%，后期贫困户以发电收益分期偿还给投资公司。以上4种模式，顺利解决了贫困户需要承担的8000元左右初始投资，用3年左右的发电收益即可还清贷款，之后可获得长期稳定的每年3000元以上发电收益，实现脱贫。

针对光伏扶贫的国家政策有：国家能源局《关于印发2016年定点扶贫与对口支援工作要点的通知》，央行等七部门发布的《关于金融助推脱贫攻坚的实施意见》、《国家能源局关于在能源领域积极推广政府和社会资本合作模式的通知》、《关于实施光伏发电扶贫工作的意见》和《光伏扶贫实施方案编制大纲的通知》等。

参考文献

1. 《过年了，习大大为俺算脱贫账》，新华网，2017年1月25日。
2. 《德胜村：脱贫攻坚干起来》，《河北日报》，2017年6月28日。
3. 《回访张家口德胜村：坝上农村的产业扶贫路》，中国新闻网，2017年8月3日。
4. 《河北张北县德胜村——"愁疙瘩"变"金豆豆"农光互补收入增》，《人民日报》，2019年2月9日。
5. 《光伏扶贫四大类型五大成功模式介绍》，搜狐网，2016年5月6日。

第四章

聚焦深度贫困和乡村振兴

2017年，我国脱贫攻坚取得决定性进展，农村贫困人口从2012年底的9899万人减少至2017年底的3046万人。剩下的贫困人口主要分布在深度贫困地区，成为"贫中之贫，困中之困"，脱贫攻坚进入攻坚克难的阶段。从2017年6月到2018年10月，总书记的脚步走过了吕梁山片区、乌蒙山片区等深度贫困地区，他对深度贫困问题做了深刻的论述并要求在深度贫困地区以超常规的政策措施进行精准扶贫。同时，随着党的十九大的召开，如何实施乡村振兴并把脱贫攻坚和乡村振兴战略结合起来，成了总书记调研发达省份农村所要思考的问题。

山西省赵家洼村：要重点研究解决深度贫困问题

2016年在青海考察脱贫攻坚工作时，习近平说："全国集中连片特困地区就差吕梁还没有去了。那里脱贫攻坚难度很大，一定要实地看一看。"

2017年6月21日，习近平总书记深入三晋大地，来到岢岚县赵家洼村，看望了住在村里的三户特困户。每到一户，他都仔细察看生活设施，询问家庭人员构成及基本情况，同主人一起算收入支出账，详细了解他们的致贫原因和扶贫措施落实成效，同干部群众一起共商脱贫攻坚大计。习近平肯定了当地通过易地搬迁改善村民生活条件的思路，要求配套扶贫措施要跟上，使贫困群众不仅能改善居住条件，还能稳定增收。之后，习近平走进赵家洼村的一片农田，察看玉米和芸豆的长势，向村民了解地膜的保墒作用。总书记来到村里唯一的一口饮水井旁，登上用石块垒起的井台，仔细察看井里蓄水的情况。最后，习近平看望了岢岚县人大派驻到赵家洼村的扶贫工作队队员，勉励他们深入农户、扶贫助困。习近平强调，让贫困人口和贫困地区同全国人民一道进入全面小康社会，是我们党的庄严承诺，不管任务多么艰巨、还有多少硬骨头要啃，这个承诺都要兑现。

吕梁山集中连片特困地区地跨黄河两岸，包括山西、陕西毗邻的20个县，既是革命老区，又是贫困山区，这里十年九旱、土地贫瘠，水土流失严重，是国家新一轮扶贫开发攻坚战的主战场之一。吕梁市位于山西省中部西侧，因吕梁山脉由北向南纵贯全境而得名。吕梁市是革命老区，在革命战争时期曾是红军东征的主战场。在战争中吕梁人民不畏牺牲，铸就了前仆后继的吕梁精神。吕梁市又属于吕梁山集中连片特困区，山西10个深度贫困县，有3个在吕梁。为彻底拔除"穷根"，从1996年开始，吕梁山片区开始实施有规模的易地扶贫搬迁工程，并按照与产业开发、城镇化建设相结合的原则，帮助群众跳"穷窝"、拔"穷根"。数据显示，截至2016年底，吕梁山片片区已有50多万名群众搬出山庄窝铺，迎来了新生活。

赵家洼村，坐落在吕梁山的大山深处。这里山大沟深、土地贫瘠，种地难、吃水难、就医难、交通难……典型的"一方水土养不活一方人"，是吕梁山集中连片特困地区的深度贫困村，到2017年只剩下6户13位老人。全村只有一口井，顾喝就顾不了浇地，没有动力电，没通公交车。要挖"穷根"，只得搬迁。全村原本有54户人家、百余口人，但凡年轻点、有文化、有技术的都搬走了。2016年3月，当县里向6户人家提出易地搬迁扶贫计划时，故土难离的13位老人却一口回绝：不搬。观念有冲突，想法不一致，赵家洼成了一块"硬骨头"。习近平总书记前来看望后，2017年赵家洼实施了整村易地扶贫搬迁，原址复垦、退耕还林、村民就业。

脱贫攻坚

2017年9月22日，赵家洼村6户21名村民"拎包入住"到了县城里的广惠园移民新区。在这个占地700多亩、可以容纳2万多人的移民和经适房小区里，学校、幼儿园、医院、休闲小广场一应俱全。"搬家的日子是专门选的。搬家前，村里的6户人家还按当地习俗在一起吃了顿油糕，象征步步高升，也算是向以前穷日子的一种告别。"曹六仁的新居是一套82平方米的两室一厅，"家具也是政府帮忙置办的。算上移民搬迁的补助款，没花一分钱，就住进了新楼房。"与曹六仁一样，村里的刘福有、王三女等6户村民也相继搬入广惠园小区。

赵家洼搬迁是山西省近年来整村搬迁贫困户的一个缩影。2017年，山西确定了需要整村搬迁的3350个深度贫困自然村作为扶贫攻坚重点，实施整村搬迁。山西通过采取精准识别对象、新区安置配套、产业就业保障、社区治理跟进、旧村拆除复垦和生态治理修复的"六环联动"，确保了搬迁群众有房有业有收入，融入新社区，开启新生活，如今已有3204个村完成了搬迁。为了消除广大移民群众的后顾之忧，山西省2019年出台了《关于做好易地扶贫搬迁后续扶持工作的实施意见》，提出发展乡村产业、强化就业帮扶、完善公共服务等帮扶政策，确保每个搬迁户至少一人实现就业。

如今的赵家洼已成为岢岚县的党性教育基地。原来的村委会也成了小型展览馆，展览馆外屋是习近平总书记在赵家洼村视察时的照片和相关介绍，里屋炕上是原赵家洼的沙盘模型。除此之外，全村进行了复垦，种上了耐旱的油松和中药材，成为苗木种植基地。

习总书记走访的曹六仁家的20多亩地也都进行了流转，每年有1300元的收入。曹六仁则被安排到了玻棉厂做后勤工作。"工资每月2800元，加上其他收入，一年总收入6万多元，还能存一些款。""以前住的是土房子，四面透风，下雨时还到处漏雨。吃水也要到很远的地方去挑。现在的房子宽宽大大、亮亮堂堂，出门就有商店，自来水一拧开就有，厨房用上了电磁炉、油烟机，卫生间装上了电热水器、抽水马桶，这搁在以前想都不敢想。"有了稳定的工作，通过土地流转、金融扶贫、低保、养老等多项扶贫措施，2018年底，曹六仁一家顺利脱贫。

搬到新居后，曹六仁养成了早餐喝牛奶的习惯。"咱现在和城里人一样，早饭大部分时候少不了牛奶、鸡蛋。冰箱里也有猪肉、豆腐。"曹六仁的爱人王春娥也有了养花的习惯。3年下来，老曹也不知不觉胖了20斤。"想往年之困，看现在之福。"在岢岚县"扶贫故事会"上，曹六仁用这句话做题目讲述了自己的脱贫故事。新冠肺炎疫情袭来，曹六仁还主动捐出3000元支援湖北武汉。"我们的好日子是国家给的，现在国家遇到难事了，咱就应该出一份力。"

在大力实施易地扶贫搬迁过程中，岢岚县有115个村庄完成整村搬迁，2561户、6127人全部住进新房，贫困发生率从31.8%下降到0.08%，还发展起了马铃薯、沙棘、中药材等特色产业，确保搬迁村民搬得出、稳得住、能致富。

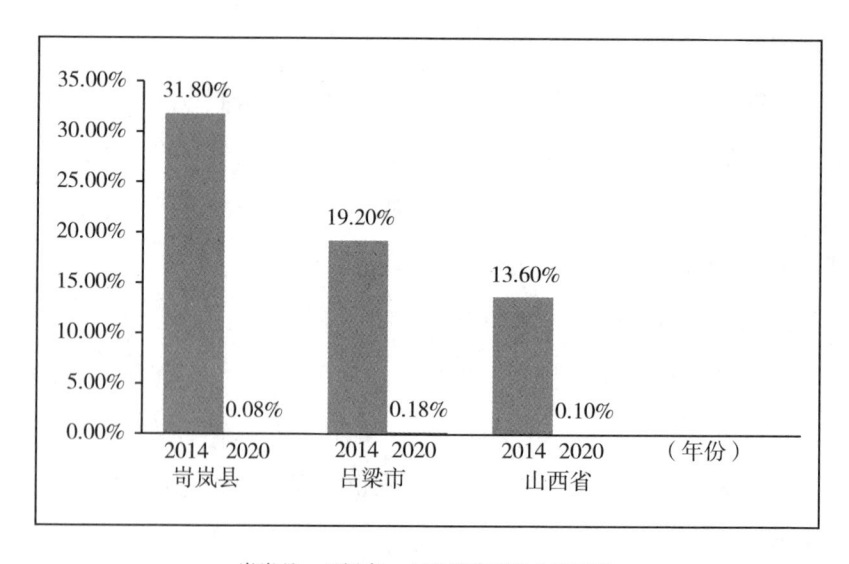

岢岚县、吕梁市、山西省贫困发生率变化

政策解读

吕梁山集中连片特困地区是 14 个集中连片贫困区中总书记最后一个调研的地区，也是我国贫困程度最深、脱贫攻坚难度最大的地区之一。常规的脱贫攻坚政策不能保证其在 2020 年如期脱贫实现小康，必须用超常规的政策措施才行，总书记为此也投入了更多的思考。考察完赵家洼村以后，总书记于 2017 年 6 月 23 日在山西专门主持召开了深度贫困地区脱贫攻坚座谈会并发表重要讲话。他在讲话中分析了深度贫困地区的致贫原因和特点，提出深度贫困地区是脱贫攻坚的坚中之坚，对各地的脱贫攻坚的成功经验进行了总结，向全党发出了攻坚深度贫困动员令，要加大力度推进深度贫困地区脱贫攻坚，确保到 2020 年省内深度贫困地区完成脱贫任务，使深度贫困地区人民与全国人民一道进入小康。

习总书记在深度贫困地区脱贫攻坚座谈会上的讲话中指出，"脱贫攻坚的主要难点是深度贫困"。具体包括：连片的深度贫困地区、深度贫困县和贫困村。深度贫困问题凸显的地区包括"三区三州"、贫困发生率超过 18% 的县和贫困发生率超过 20% 的村。居全国最困难县前 20% 的深度贫困县，"贫困发生率平均在 23%，县均贫困人口近 3 万人"。60% 的贫困人口居住在 12.8 万个深度贫困村，这些贫困村在基础设施条件、公共服务水平、村"两委"班子能力以及经济发展水平方面的短板比较突出。

深度贫困地区脱贫攻坚座谈会的召开标志着我国脱贫攻坚进入攻坚阶段。根据总书记在深度贫困地区脱贫攻坚座谈会上发表的重要讲话精神，支持深度贫困地区的政策密集出台：2017 年 11 月，中共中央办公厅、国务院办公厅印发了《关于支持深度贫困地区脱贫攻坚的实施意见》，就攻克坚中之坚、解决难中之难、坚决打赢脱贫攻坚战作出部署安排。

《意见》指出，西藏、四省藏区、南疆四地州和四川凉山州、云南怒江州、甘肃临夏州（以下简称"三区三州"），以及贫困发生率超过18%的贫困县和贫困发生率超过20%的贫困村，自然条件差、经济基础弱、贫困程度深，是脱贫攻坚中的硬骨头，补齐这些短板是脱贫攻坚决战决胜的关键之策。《意见》提出，中央统筹，重点支持"三区三州"。新增脱贫攻坚资金、新增脱贫攻坚项目、新增脱贫攻坚举措，主要用于深度贫困地区。加大中央财政投入力度，加大金融扶贫支持力度，加大项目布局倾斜力度，加大易地扶贫搬迁实施力度，加大生态扶贫支持力度，加大干部人才支持力度，加大社会帮扶力度，集中力量攻关，构建起适应深度贫困地区脱贫攻坚需要的支撑保障体系。

2017年12月，国务院扶贫开发领导小组发布了《关于广泛引导和动员社会组织参与脱贫攻坚的通知》，国土资源部印发《关于支持深度贫困地区脱贫攻坚的意见》；2018年1月，国家旅游局、国务院扶贫办印发《关于支持深度贫困地区旅游扶贫行动方案》，中国人民银行等四部门联合印发《关于金融支持深度贫困地区脱贫攻坚的意见》；2018年2月，教育部、国务院扶贫办印发《深度贫困地区教育脱贫攻坚实施方案》；2018年3月，保监会印发《关于保险业支持深度贫困地区脱贫攻坚的意见》。这些政策构成了深度贫困地区脱贫攻坚的保障体系。

扶贫小卡片

深度贫困地区脱贫

2017年6月23日，习近平在山西太原市主持召开了深度贫困地区脱贫攻坚座谈会并发表重要讲话，分析了深度贫困地区的致贫原因和特点，对各地的脱贫攻坚的成功经验进行了总结，向全党发出了攻坚深度贫困动员令。2017年11月，中共中央办公厅、国务院办公厅印发了《关于支持深度贫困地区脱贫攻坚的实施意见》，就攻克坚中之坚、解决难中之难、坚决打赢脱贫攻坚战作出部署安排。

《意见》指出，西藏、四省藏区、南疆四地州和四川凉山州、云南怒江州、甘肃临夏州（以下简称"三区三州"），以及贫困发生率超过18%的贫困县和贫困发生率超过20%的贫困村，自然条件差、经济基础弱、贫困程度深，是脱贫攻坚中的硬骨头，补齐这些短板是脱贫攻坚决战决胜的关键之策。

《意见》提出，中央统筹，重点支持"三区三州"。新增脱贫攻坚资金、新增脱贫攻坚项目、新增脱贫攻坚举措，主要用于深度贫困地区。加大中央财政投入力度，加大金融扶贫支持力度，加大项目布局倾斜力度，加大易地扶贫搬迁实施力度，加大生态扶贫支持力度，加大干部人才支持力度，加大社会帮扶力度，集中力量攻关，构建起适应深度贫困地区脱贫攻坚需要的支撑保障体系。

《意见》提出，中央和国家机关有关部门要落实行业主管责任，对"三区三州"和其他深度贫困地区、深度贫困问题，予以统筹支持解决。重点解决因病致贫、因残致贫、饮水安全、住房安全等问题，加强教育扶贫、就业扶贫、基础设施建设、土地政策支持和兜底保障工作，打出政策组合拳。

《意见》提出，地方要统筹整合资源，紧盯最困难的地方，瞄准最困难的群体，扭住最急需解决的问题，集中力量解决本区域内深度贫困问题。要落实脱贫攻坚省负总责的主体责任，明确本区域内深度贫困地区，制定计划，加大投入。要做实做细建档立卡，加强贫困人口精准识别和精准退出，实现动态管理，打牢精准基础。要加强驻村帮扶工作，调整充实第一书记和驻村工作队，明确工作任务，加强日常管理。要实施贫困村提升工程，推进基础设施和公共服务体系建设，改善生产生活条件，发展特色优势产业，壮大村集体经济。

《意见》要求，打赢深度贫困地区脱贫攻坚战，要继续发挥我们的政治优势和制度优势，发挥贫困地区贫困群众主动性创造性，凝聚起各方面力量。坚定打赢深度贫困地区脱贫攻坚战的信心，坚持精准扶贫精准脱贫基本方略，深入推进抓党建促脱贫攻坚，加强扶贫资金监管，解决形式主义等倾向性问题，激发深度贫困地区和贫困人口脱贫致富内生动力，确保完成深度贫困地区脱贫攻坚任务。

参考文献

1.《最深的牵挂　最大的担当——习近平深入吕梁山区考察脱贫攻坚纪实》，新华社，2017年6月25日。

2.《山西赵家洼村：整村搬出穷山沟　户户过上新生活》，新华网，2019年10月29日。

3.《吕梁·山西省岢岚县赵家洼村："搬出穷窝"日子才有奔头》，《农民日报》，2019年10月11日。

4.《庆祝中华人民共和国成立70周年成就展·山西元素：脱贫攻坚的吕梁答卷》，《山西日报》，2019年10月11日。

5.《岢岚县赵家洼村曹六仁一家：过上了以前想都不敢想的生活》，澎湃新闻网，2020年10月20日。

6.《关于支持深度贫困地区脱贫攻坚的实施意见》，中国政府网，2017年11月21日。

江苏省马庄村：不能光看农民口袋里票子有多少，更要看农民精神风貌怎么样

在党的十九大报告中，习近平总书记首次提出了"实施乡村振兴战略"。报告指出，"农业农村农民问题是关系国计民生的根本性问题，必须始终把解决好'三农'问题作为全党工作的重中之重"，提出要坚持农业农村优先发展，加快推进农业农村现代化。

2017年12月12日，习近平来到江苏考察，这是党的十九大胜利召开后习近平总书记的首次调研，这次调研选择了乡村振兴的典范——马庄村。

12月12日下午，习近平总书记来到马庄村党员活动室，与正在学习党的十九大精神的党员们亲切交流。习近平说，在村史馆看到你们村班子很稳定，说明村干部获得了村民的支持。农村要发展好，很重要的一点就是要有好班子和好带头人，希望大家在十九大精神的指引下把村两委班子建设得更强。马庄村的村民乐团远近闻名。习近平走进村文化礼堂，观看了他们为宣讲十九大精神排练的一段快板。习近平说，加强精神文明建设在这里看到了实实在在的落实和弘扬。实施乡村振兴战略不能光看农民口袋里票子有多少，更要看农民精神风貌怎么样。习近平总书记视察马庄村时，特别强调乡村振兴、乡村文化和村班子建设的问题，要求总结马庄

经验。

马庄村隶属江苏省徐州市贾汪区潘安湖街道办事处，地处徐州市东北郊 25 公里处，现有人口 2343 人、耕地 4100 亩，有 6 个村民小组、103 名党员、16 家核心企业。20 世纪 80 年代，由于靠近国营权台煤矿，马庄建起了煤矿，解决了温饱问题。天灰、地陷、墙裂、水黑，也成了马庄村真实的写照，面临着煤炭资源的枯竭，转型刻不容缓。20 世纪 90 年代以来，马庄秉承带领村民共同致富的信念，通过产业升级、采煤塌陷地治理、发展生态观光农业等举措，走出了一条"党建引领、文化立村、产业富民"的强村之路，也交出了一份独具特色的乡村振兴答卷。现在全村已形成"夜不闭户、路不拾遗、富裕文明、安乐祥和"的局面，被誉为"华夏文明一枝花"，成为中国新农村建设的一颗璀璨明珠。马庄村先后获得"全国文明村""中国十佳小康村""中国民俗文化村""全国民主法治示范村""全国造林绿化千佳村""全国基层民兵预备役工作先进单位""全国军民共建社会主义精神文明先进单位""全国小康建设示范单位""社会主义新农村建设十佳示范村"等荣誉称号。

乡村振兴

马庄村地处煤炭矿区，20 世纪八九十年代靠挖煤为生，物质翻身后，马庄走向了转型发展之路。马庄对采煤塌陷地进行了综合整治，改建成潘安湖湿地公园，这也是全国首个由采煤塌陷区改建的湿地公园。结合马庄民俗文化，马庄村打造了潘安湖西侧的民俗文化体验区，建成了集非遗展演、土特产采购、特色小吃、民俗体验等于一体的"马庄印象"一条街。马庄村乡村振兴选择了文化兴村，以文化引领精神文明的路子，通过"文化立村、文化兴村"，马庄村获得了更多的机会。

马庄的出名不是偶然，纵观马庄村 30 多年的实践，以人民为中心，始终是马庄发展的一条鲜明主线，贯穿于党的建设、产业发展、文化传承、社会治理等各项工作全过程和每个环节。以人民为中心更是马庄从"富起来"到"强起来"的成功秘诀。

2017 年 12 月 12 日，习近平总书记视察马庄村，充分肯定了马庄村的发展道路和方向，给了马庄村全体村民极大的鼓舞。马庄村致力于发展经济、富裕百姓，不断优化人居环境，开展丰富多彩的文体活动，全村已形成"夜不闭户、路不拾遗、富裕文明、安乐祥和"的局面，成为中国新农村建设的一颗璀璨明珠。

依托潘安湖景区文化旅游开发，通过传承民俗文化，厚植文化优势，马庄又找到了新的经济增长点——民俗产业、文化旅游，不仅香包文化产业红红火火，毗邻潘安湖的生态优势也变成马庄发展的经济优势，2019 年全村文旅总收入突破 2000 万元。村里专门请来专家，对民俗文化园、民俗博物馆、潘安湖婚礼小镇等项目进行了统一规划，力争把民俗文化的品牌进一步做大做强。

小香包走向大世界。2018 年，马庄建成占地 2000 平方米的香包文化大院，集香包设计、制作、展示、体验、销售于一体的文化创意综合体也已投入使用。全村有制作香包能力的近 300 名妇女全部出动，大家一边做香包，一边照顾家庭，月收入三四千元。与马庄村一路之隔的潘安湖国家级湿地公园，每年吸引 600 万游客，形成巨大的香包消费市场。而且，借助电商平台，马庄香包线上销量实现了质的飞越，带动周边上千人就业。除了开拓线上销售平台，香包文化大院还将融合传统民俗文化，打造更具市场竞争力的节日定制香包，真正让小香包成为富民大产业。

小香包"绣"出大市场，小小的香包，折射出马庄村这些年转型奔小康的发展轨迹。如今，这里已形成了乡村旅游、文化产业齐头并进的新产业格局。在神农广场北侧，总投资超 1 亿元的马庄文化大集投入运营，马庄文化大集分为配套景观游园和商业区，可以更好地为群众提供综合性、多样化的休闲娱乐场所。马庄文化大集商业区还规划有民俗表演艺术厅、民俗文化集市等。马庄文化大集调整了马庄产业结构，提供 400 个就业岗位，促进了农旅融合发展。同时，改善了村民的生产生活条件，提高了人居环境和村民生活水平。

如今的马庄村，除了注重对生态环境修复改造外，还始终坚持"党建引领、文化立村、旅游富民"的理念，形成了独树一帜的"马庄精神"。马庄村的转型之路，使村民享受到了生态、绿色发展带来的红利，也使民俗文化深入人心，真正成为强村富民的基石。

在江苏，像马庄这样的村庄不在少数。江苏省 2011 年底就基本消除了 2500 元以下的绝对贫困现象，2012 年江苏部署实施了脱贫奔小康工程，2015 年底 411 万农村低收入人口整体实现了 4000 元脱贫目标，江苏成为东部地区率先基本消除绝对贫困的省份之一。"十三五"时期，江苏扶贫工作进入缓解相对贫困、缩小收入差距、促进共同富裕的新的历史阶段。

政策解读

2017 年 10 月 18 日，中国共产党第十九次全国代表大会在人民大会堂开幕。习近平代表第十八届中央委员会向大会作了题为《决胜全面建成小康社会 夺取新时代中国特色社会主义伟大胜利》的报告。报告提出将"实施乡村振兴战略"作为建设现代化经济体系的六大任务之一，写入党章。如何实施乡村振兴战略？在当年的中央农村工作会议召开前夕，总书记来到处于经济发达地区的江苏省徐州市的富裕村庄——马庄村进行了调研。

马庄村先后荣获"全国文明村""中国十佳小康村""中国民俗文化村""全国民主法治示范村""全国造林绿化千佳村""全国基层民兵预备役工作先进单位""全国军民共建社会主义精神文明先进单位""全国小康建设示范单位""社会主义新农村建设十佳示范村"等荣誉称号，其主要经验可以概括为"党建引领、文化立村、产业富民、共同富裕"。这一经验得到了总书记的肯定，"刚才在村史馆看到你们村班子很稳定，说明村干部获得了村民的支持。农村要发展好，很重要的一点就是要有好班子和好带头人，希望大家在十九大精神指引下把村两委班子建设得更强"。"加强精神文明建设在这里看到了实实在在的落实和弘扬。实施乡村振兴战略不能光看农民口袋里票子有多少，更要看农民精神风貌怎么样。"

当月，以"研究实施乡村振兴战略的重要政策"为主题的中央农村工作会议召开。在会上，习近平总书记深刻阐述了实施乡村振兴战略的重大问题，对贯彻落实提出明确要求，如"三步走"的目标任务、"七个坚持"的基本原则、走中国特色社会主义乡村振兴道路的"八个要"等。这次会议还对实施乡村振兴战略作出了一系列重要部署。中央农村工作会议明确了实施乡村振兴战略的目标任务：到2020年，乡村振兴取得重要进展，制度框架和政策体系基本形成；到2035年，乡村振兴取得决定性进展，农业农村现代化基本实现；到2050年，乡村全面振兴，农业强、农村美、农民富全面实现。

2018年9月26日，中共中央、国务院印发《乡村振兴战略规划（2018—2022年）》，乡村振兴战略开始进入全面实施阶段。《规划》要求"把打好精准脱贫攻坚战作为实施乡村振兴战略的优先任务，推动脱贫攻坚与乡村振兴有机结合相互促进，确保到2020年我国现行标准下农村贫困人口实现脱贫，贫困县全部摘帽，解决区域性整体贫困"。在脱贫攻坚方面的主要任务是深入实施精准扶贫精准脱贫、重点攻克深度贫困、巩固脱贫攻坚成果。

扶贫小卡片

乡村振兴战略

乡村振兴战略是习近平总书记2017年10月18日在党的十九大报告中提出的战略。十九大报告指出，农业农村农民问题是关系国计民生的根本性问题，必须始终把解决好"三农"问题作为全党工作的重中之重，实施乡村振兴战略。

2017年12月29日，中央农村工作会议首次提出走中国特色社会主义乡村振兴道路，让农业成为有奔头的产业，让农民成为有吸引力的职业，让农村成为安居乐业的美丽家园。

按照党的十九大提出的决胜全面建成小康社会、分两个阶段实现第二个百年奋斗目标的战略安排，中央农村工作会议明确了实施乡村振兴战略的目标任务：到2020年，乡村振兴取得重要进展，制度框架和政策体系基本形成；到2035年，乡村振兴取得决定性进展，农业农村现代化基本实现；到2050年，乡村全面振兴，农业强、农村美、农民富全面实现。

2018年1月2日，国务院公布了2018年中央一号文件，即《中共中央、国务院关于实施乡村振兴战略的意见》，对实施乡村振兴战略进行了全面部署，文件从提升农业发展质量、推进乡村绿色发展、繁荣兴盛农村文化、构建乡村治理新体系、提高农村民生保障水平、打好精准脱贫攻坚战、强化乡村振兴制度性供给、强化乡村振兴人才支撑、强化乡村振兴投入保障、坚持和完善党对"三农"工作的领导等方面进行了安排部署。

2018年9月,中共中央、国务院印发了《乡村振兴战略规划(2018—2022年)》,并发出通知,要求各地区各部门结合实际认真贯彻落实。《规划》按照产业兴旺、生态宜居、乡风文明、治理有效、生活富裕的总要求,对实施乡村振兴战略作出阶段性谋划,分别明确至2020年全面建成小康社会和2022年召开党的二十大时的目标任务,细化实化工作重点和政策措施,部署重大工程、重大计划、重大行动,确保乡村振兴战略落实落地,是指导各地区各部门分类有序推进乡村振兴的重要依据。《规划》提出,到2020年,乡村振兴的制度框架和政策体系基本形成,各地区各部门乡村振兴的思路举措得以确立,全面建成小康社会的目标如期实现。到2022年,乡村振兴的制度框架和政策体系初步健全。探索形成一批各具特色的乡村振兴模式和经验,乡村振兴取得阶段性成果。到2035年,乡村振兴取得决定性进展,农业农村现代化基本实现。到2050年,乡村全面振兴,农业强、农村美、农民富全面实现。

参考文献

1.《习近平:农村要发展需要好的带头人》,新华网,2017年12月12日。

2.《江苏马庄村香包手艺人:总书记来为奔小康的群众"捧场"》,人民网,2017年12月30日。

3.《徐州马庄:从"物质翻身"到"精神富有"》,《光明日报》,2018年3月7日。

4.《徐州马庄村:转型带来的"幸福感"》,新华网,2019年1月8日。

5.《中共中央国务院关于实施乡村振兴战略的意见》,新华网,2018年2月4日。

6.《乡村振兴战略规划(2018—2022年)》,新华网,2018年9月26日。

四川省三河村和火普村：共产党给老百姓的承诺，一定要兑现

习近平总书记特别重视深度贫困地区的脱贫攻坚工作，2018年2月10日至13日，在农历春节来临之际，他来到了四川大凉山深处的昭觉县三岔河乡三河村、解放乡火普村，考察脱贫攻坚和经济社会发展工作。

2018年2月11日，习近平深入大凉山腹地的昭觉县三岔河乡三河村，察看村容村貌和周边自然环境。他先后走进村民吉好也求、节列俄阿木两户贫困家庭看望，详细观看门前的扶贫联系卡，同主人亲切拉家常，询问生活过得怎么样，发展什么产业，收入有多少，孩子有没有学上。在村民节列俄阿木家，习近平与干部群众在火塘边谈心，一起分析当地贫困发生的原因，谋划精准脱贫之策。总书记强调，发展特色产业、长期稳定致富，都需要人才。要培养本地人才，引导广大村民学文化、学技能。接着，习近平来到解放乡火普村，走进了贫困户吉地尔子家，参观他的新房。村民们排起长长的队伍，向总书记问好，还为总书记披上了一套彝族传统服饰查尔瓦。

四川盆地周边的秦巴山区、乌蒙山区、大小凉山彝区和高原藏区，不仅是"蜀道难"的主要区域，也是四川四大连片贫困地区。这里山高谷深，地势险峻，分布着大量的高寒山村（又称"悬崖村"），生存环境十分恶劣。地处四川西南部的凉山彝族自治州，是全国最大的彝族聚居区和

四川省民族类别、少数民族人口最多的地区。这里交通闭塞，形同"孤岛"，举目都是走不尽的路、翻不尽的山。由于自然条件差和发展相对不足，该州是全国集中连片深度贫困地区之一，这里的 17 个县市中有 11 个是国家扶贫开发工作重点县，由于缺水、缺电、缺路、缺信息，扶贫工作阻力很大，这里的脱贫攻坚任务异常艰巨繁重。

三河村

三河村位于凉山州昭觉县三岔河乡，是大凉山腹地的一个偏远贫困山村。三河村平均海拔 2520 米，地处高二半山区，为高寒山区，全村面积 19.24 平方公里，辖有阿基、洛达、呷尔、日子 4 个社，总人口 1698 人，全部为彝族。村民居住得十分分散，多数村民居住在条件简陋的低矮夯土房中，有建档立卡贫困户 151 户、789 人，贫困发生率 46.47%，是典型的彝族聚居贫困村，仍然保持彝族传统的生产生活方式，2013 年精准识别确定为贫困村。

脱贫攻坚

近年来，三河村践行"绿水青山就是金山银山"的理念，围绕"两不愁三保障"目标任务，因地制宜、因村因户因人施策，整体推进，逐步走出了一条依托生态资源，探索发展乡村旅游脱贫致富的新路子。将仅有的几块"鸡窝地巴掌田"发挥出几何级增长价值，成功打破了"一方水土养不活一方人"的困境。

三河村群众居住分散，相对集中的聚居点有 16 个，按照脱贫攻坚规划，全村需要解决 319 户群众的安全住房问题。根据村情实际和群众意愿，按照方便就学、就医，靠公路、近水源的原则，全村安全住房建设选址在9个安置点。采取贫困户与非贫困户交叉安置的方式，三河村151户贫困户，全部易地扶贫搬迁。搬迁后的三河村基础设施完善，为村民脱贫致富提供了基础。公路直通家门口，电力改造升级，网络信号覆盖了大部分区域。

早前，三河村人没有发展乡村游的条件，更没有从事乡村旅游的眼光。近年来，三河村保留了古村院落10余处，40余户垛木房、石板房；对数十平方公里的"黑老跋"原始森林、"锅底凼"高山草场无人区进行环境保护；挖掘茶马古道、盐商古道文化；传承独具区域特色的山歌、"钱棍舞"、"狮子舞"、"薅草锣鼓歌"等文化。这些保留着大巴山乡土记忆的文化吸引了大批游客，产生了巨大的经济效益。

三河村守住原生态、留住乡愁，立足"环保绿色、生态产业、巴山文化"相互结合的农旅、文旅主题，激活了乡村活力，实现了生态产业化、产业生态化发展。现在，三河村经营民宿的农户有37家，加上大巴山乡村欢乐谷开门营业，200多户村民直接和间接参与到乡村旅游发展中。

以前，三河村村民主要依靠传统种植和畜牧业为生，收入结构单一，抗风险能力弱。如今，三河村逐步走向"种养循环"的可持续发展道路，短期主攻养殖和劳务输出；中期则发展特色经济作物种植，向土地要效益，努力改变当地传统种植业效益低的状况。2019年，村里发展了5000群箱中华蜂养殖、1000亩云木香中药材种植，另外还有近400亩经济果林和2800亩花椒。预计2~3年后，能带动贫困户户均增收2万元以上。

三河村还通过移风易俗，提升了农民素质，开展农民劳动技能培训，提升他们在建筑、餐饮、养殖等方面的劳动技能。成立红白理事会，制定红白理事章程、村规民约，对厚葬薄养、高价彩礼、大操大办等陋习进行专项整治。引导群众注重卫生，打扫环境卫生，逐步养成文明的生活习惯。三河村还定期进行全村健康体检，全面落实医保政策，农户参保率达到 98.4%，贫困户参保率达到 92%，特殊群众全部纳入低保兜底。

如今，三河村人依靠生态资源有的建民宿，有的发展种养殖业，有的从事手工艺品制作，有的当上了民间艺人，有的就近务工，大家都能够在乡村旅游全产业链条中找到自己的位置，都在为建设生态三河贡献力量，干事创业的热情高涨。每逢节假日车来车往，游客如织，三河村人忙起来了。

2019 年开春，三河村 151 户贫困户全部搬入新居，"感谢总书记！我们一家的生活发生了翻天覆地变化，跨过了贫困线"。吉好也求的新家就在三河村易地扶贫搬迁 1 号安置点。

火普村

火普在彝语中意为"高山之巅"，火普村位于大凉山腹地，隶属昭觉县解放乡，平均海拔 2700 米。这里高寒缺氧，地薄物寡，一方水土养不好一方人。过去，村民们住土房泥屋，吃土豆酸菜荞馍，生活只能艰难维持。火普行政村有火普、收古 2 个村民小组，总人口 172 户、706 人，全部为彝族，其中建档立卡贫困人口有 78 户、238 人，贫困发生率 33.7%，属彝族聚居深度贫困村。2016 年 11 月，全村村民从 1 公里外的老村搬到了现在的新村。新火普村修建在平缓的山坡上，白色砖墙、黑瓦屋顶、水泥地面，住房通风进阳光，每户都带有一个小院来饲养牲畜，内卧、厨房、厕所等一应俱全。村里也修通了入村的沥青公路，光纤宽带进村入户，太阳能路灯照明。以前，火普村的村民基本上都住在土坯房里，房屋破旧，又因地理环境影响，收入来源单一，日子非常贫困。而如今，一幢幢新建的平房错落有致地卧在蓝天白云下，形成美丽的火普新寨。

近年来，火普村水、电、路、通信等基础设施实施的改建，让大家告别了"黑暗"。住上好房子、过上好日子、养成好习惯、形成好风气，"四好村"的建设，彻底改变了火普村的旧貌，也改变了村民的生活习惯。为了带动村民增收，火普村并不满足于传统的种养殖模式，而是建起了高山草莓和羊肚菌种植大棚，成立了合作社，打造乡村旅游。到2018年底，全村实现了整村脱贫。

发展产业是脱贫致富的根本之策，火普村耕地、林地、草场都不算少，光照也充足，主要问题是高寒地区积温不足，土豆、荞麦等传统作物产量产值低。对此，村里在省农科院专家的指导下，引进了产量高、病虫害少的"青薯9号"马铃薯和生长快、产肉量高的西门塔尔牛，为不少贫困户打开了脱贫致富的大门。为找到适合村情的产业，近几年村里还先后试种了羊肚菌、草莓、蓝莓、金银花。同时，成立种养专业合作社，组织贫困户以土地、资金入股，统一提供大棚、种子和技术指导，增强产业带贫能力。

在推广特色农产品上，火普村是凉山州广播电视台的精准对接扶贫点，新型扶贫模式"以购代捐"活动，在火普村顺利展开。电视台从火普村贫困户家中购买农副产品，鼓励村民们自己劳动，也让参与活动的单位团体和家庭个人吃到质量安全、健康方便的食品。火普村还发展订单农业和电商平台，努力打造生态种养殖品牌。此外，村里还依托自然风光、民族风情，探索农旅结合，开发乡村旅游。23岁的贫困户莫色尔火办起了农家乐，还在农民夜校厨艺培训班上学会了炒回锅肉、土豆丝等，旅游旺季每月能收入好几千元。

移风易俗"绣"来山乡清风，过去村里大操大办、薄养厚葬、高价彩礼等陈规陋习不少，给村民们带来了沉重的经济负担。贫困户吉地尔子回忆，以前家里办丧事，亲戚朋友要来八九百人，仅杀牛就要十几头，加上烟酒、烟花钱等，一次花费十分巨大。无奈之下，他只能四处借钱，然后再和弟弟妹妹打工来还。"欠下的债，十几年都还不清。"如今，村里订立了村规民约，规定红白事从简操办，划定限额，建立聚餐申报和监督机制，大大减轻了村民的负担。不仅如此，移风易俗还体现在餐饮习俗、卫生习惯、厕所革命等多个方面。为了引导村民养成良好的行为习惯，村里想出了各种办法，将好做法折算成积分，可以在"雄鹰基金超市"兑换物品，设立农民夜校、"火塘夜话"……点点滴滴、春风化雨，文明的清风逐渐浸润了整个山乡。

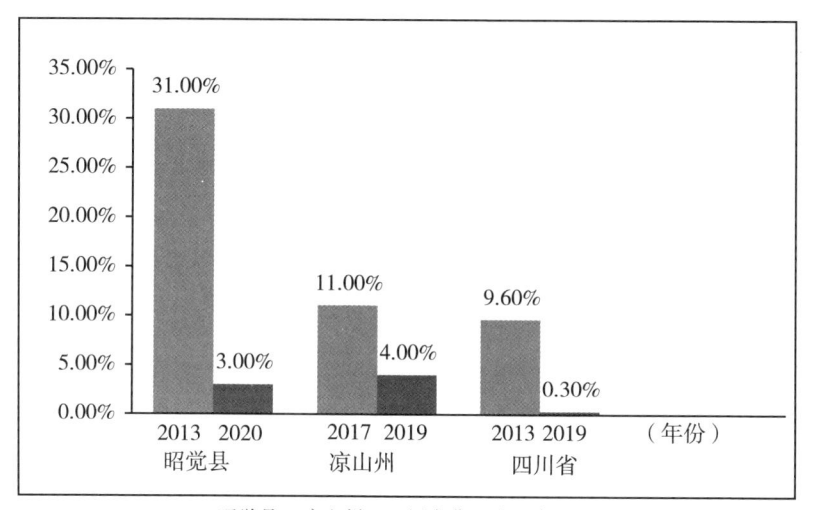

昭觉县、凉山州、四川省贫困发生率变化

政策解读

党的十八大以来，我国脱贫攻坚取得决定性进展。农村贫困人口从2012年底的9899万人减少至2017年底的3046万人。剩下的贫困人口主要分布在深度贫困地区，成为"贫中之贫，困中之困"。2018年，脱贫攻坚进入攻坚克难的阶段，深度贫困地区是脱贫攻坚最大的短板，也是最薄弱的区域，对深度贫困地区既有常规的脱贫政策，又有特殊的脱贫措施。

这些政策措施效果如何、深度贫困地区能否如期脱贫，成了总书记最关心的事情。凉山州作为深度贫困地区的典型代表，一直是总书记特别关心的地方。2017年全国"两会"期间，习近平在四川代表团参加审议时就特别关注凉山州的脱贫攻坚。他说，曾在电视上看到有关凉山州"悬崖村"的报道，特别是看着村民们的出行状态，感到很揪心。2018年2月，习近平从西昌市乘车2个多小时来到大凉山深处，一个重要目的就是对破解深度贫困问题进行调研。

在总书记发表关于深度贫困问题座谈会上的讲话以后，中共中央、国务院《关于支持深度贫困地区脱贫攻坚的意见》《关于支持深度贫困地区旅游扶贫行动方案》《关于保险业支持深度贫困地区脱贫攻坚的意见》《关于金融支持深度贫困地区脱贫攻坚的意见》《生态扶贫工作方案》《深度贫困地区教育脱贫攻坚实施方案》等一系列的政策措施密集出台。但由于凉山州特殊的地理环境、民族文化，凉山州的脱贫依然有很多困难，如在易地扶贫搬迁、产业发展、教育扶贫等方面。尽管如此，总书记还是强调："我们搞社会主义就是要让人民群众过上幸福美好的生活，全面建成小康社会一个民族、一个家庭、一个人都不能少。我们党从诞生之日起，就以为民族求解放、为人民谋幸福为己任。让人民群众脱贫致富是共产党人始终不渝的奋斗目标。共产党给老百姓的承诺，一定要兑现！"并且指明了解决问题的途径："打赢脱贫攻坚战，特别要建强基层党支部。村第一书记和驻村工作队，要真抓实干、坚持不懈，真正把让人民群众过上好日子作为自己的奋斗目标。"

在凉山调研完后，2月14日，总书记来到成都，召开了打好精准脱贫攻坚战座谈会，听取脱贫攻坚进展情况汇报，集中研究打好今后3年脱贫攻坚战之策，并向奋战在脱贫攻坚第一线的广大干部和贫困地区各族群众致以新春祝福。在座谈会上，总书记发表了"提高脱贫质量 聚焦深度贫困地区"的重要讲话。他强调，打好脱贫攻坚战是党的十九大提出的三大攻坚战之一，对如期全面建成小康社会、实现我们党第一个百年奋斗目标具有十分重要的意义。要清醒认识把握打赢脱贫攻坚战面临任务的艰巨性，清醒认识把握实践中存在的突出问题和解决这些问题的紧迫性，不放松、不停顿、不懈怠，提高脱贫质量，聚焦深贫地区，扎扎实实把脱贫攻坚战推向前进。为此总书记提出 8 条要求：第一，加强组织领导。各级党政干部特别是一把手必须以高度的历史使命感亲力亲为抓脱贫攻坚。第二，坚持目标标准。既不能降低标准、影响质量，也不要调高标准、吊高胃口。第三，强化体制机制。落实好中央统筹、省负总责、市县抓落实的管理体制。第四，牢牢把握精准。扎实做好产业扶贫、易地扶贫搬迁、就业扶贫、危房改造、教育扶贫、健康扶贫、生态扶贫等重点工作。第五，完善资金管理。强化监管，做到阳光扶贫、廉洁扶贫。第六，加强作风建设。集中力量解决脱贫领域"四个意识"不强、责任落实不到位、工作措施不精准、资金管理使用不规范、工作作风不扎实、考核评估不严格等突出问题。第七，组织干部轮训。要突出抓好各级扶贫干部学习培训。第八，注重激发内生动力。要加强扶贫同扶志、扶智相结合，激发贫困群众积极性和主动性，激励和引导他们靠自己的努力改变命运。改进帮扶方式，提倡多劳多得，营造勤劳致富、光荣脱贫氛围。

总书记的讲话后不久，为了更好地应对打赢脱贫攻坚战的困难和挑战，特别是深度贫困地区脱贫攻坚的挑战，2018 年 6 月 15 日，中共中央、国务院出台了《中共中央、国务院关于打赢脱贫攻坚战三年行动的指导意见》，为今后 3 年的脱贫攻坚工作提出了指导意见。

习总书记到访后，四川省出台了《关于精准施策综合帮扶凉山州全面打赢脱贫攻坚战的意见》和《凉山州脱贫攻坚综合帮扶工作队选派管理实施方案》，从 12 个方面采取 34 条政策措施精准支持凉山脱贫攻坚，共选派 5700 多名干部组成综合帮扶工作队，分赴凉山州 11 个深度贫困县开展为期 3 年的脱贫攻坚和综合帮扶工作。

2018 年 3 月 21 日，农业农村部也召开"三区三州"产业扶贫对接会，专题研究部署"三区三州"产业扶贫工作。会议指出，要给"三区三州"办实事"吃小灶"，统筹各类措施倾斜支持当地特色优势产业发展。指导制定"三区三州"产业扶贫三年行动计划，为打好三年产业扶贫攻坚战提供导向。国家发改委等部门制定了《"三区三州"等深度贫困地区旅游基础设施改造升级行动计划（2018—2020 年）》。

扶贫小卡片

三区三州旅游脱贫

三区三州的"三区"是指西藏自治区、新疆维吾尔自治区南疆四地州和四省藏区；"三州"是指甘肃省临夏回族自治州、四川省凉山彝族自治州和云南省怒江傈僳族自治州，是国家层面的深度贫困地区。"三区三州"深度贫困区 79% 以上面积位于青藏高原区，自然条件差、经济基础弱、贫困程度深。但与此同时，"三区三州"地区的自然人文景观和旅游资源非常丰富。为通过旅游开发推进当地产业转型升级、实现旅游脱贫，"三区三州"旅游大环线应运而生。

2018 年 6 月，国家发改委等部门联合印发了《"三区三州"等深度贫困地区旅游基础设施改造升级行动计划（2018—2020 年）》。《行动计划》提出要坚持精准扶贫精准脱贫基本方略，加强统筹协调，强化政策集成，加大资金投入，大力改善"三区三州"等深度贫困地区旅游基础设施和公共服务设施，推动深度贫困地区旅游业加快发展，发挥旅游经济在脱贫攻坚和促进各民族交往交流交融中的积极作用，带动深度贫困地区和贫困群众脱贫致富。

2018年10月，国家发改委办公厅与文化和旅游部办公厅印发了《"三区三州"等深度贫困地区旅游基础设施提升工程建设方案》。

本方案建设目标：到2020年，支持一批"三区三州"等深度贫困地区的旅游基建投资项目建设，提高可进入性和接待能力，提升服务质量和水平。

建设内容：参照《"十三五"时期文化旅游提升工程实施方案》（以下简称《实施方案》），支持旅游咨询中心，区域性旅游应急救援基地，游客集散中心、集散分中心及集散点，旅游交通引导标识系统，旅游数据中心，景区到交通干线的连接路，景区内的道路、步行道、停车场、厕所、供水供电设施、垃圾污水处理设施、消防设施、安防监控设施、解说教育系统、应急救援设施、游客信息服务设施以及环境整治等建设。

资金安排：本方案项目所需资金由中央、地方共同承担。其中中央资金纳入《实施方案》，于2019—2020年间根据资金情况逐年统筹安排，补助标准等遵照《实施方案》有关规定执行。

组织实施：

一、本方案项目实施的责任主体为地方人民政府。各责任主体要对所属项目的投资安排、项目管理、资金使用、实施效果负总责。

二、各地发展改革部门和相关行业主管部门要在当地政府领导下，强化项目的组织实施和监督管理，将工作责任落实到岗到人。要加强协作配合，建立有效的统筹协调机制，做好旅游发展与经济社会发展规划、土地利用规划和城乡规划等的衔接，确保各项工作顺利推进。

三、各级政府要建立稳定的投入保障机制，加大对旅游基础设施的支持力度，落实相关建设项目建设资金，鼓励社会资本参与相关基础设施建设。同时，按照《实施方案》明确的中央预算内投资有关管理办法，妥善用好中央预算内补助资金，向困难地区重点倾斜，并保证中央投资专款专用，确保资金安全，严禁挤占挪用。

四、各地发展改革部门要认真做好项目前期工作，严格执行国家规定的基本建设程序。有关项目的设计方案要充分论证，科学合理，不能以此增加地方政府债务负担。

五、各地发展改革部门要会同相关行业主管部门建立健全相应管理规章制度和工作机制，加强项目建设全过程监督检查，及时掌握项目进展和资金落实情况。要严格督促落实项目法人责任制、招标投标制、工程监理制和合同管理制，加强对工程建设项目招标投标工作的指导和监管，加强施工现场质量监督检查和审计等工作。项目建设完成后要及时组织验收，并于每年底向国家发展改革委及相关行业主管部门报告年度验收结果。国家发展改革委和相关行业主管部门将择机组织检查和评估。

参考文献

1.《习近平总书记深入大凉山腹地考察脱贫攻坚》，新华网，2018年2月11日。

2.《凉山：不仅打赢、还要打好脱贫攻坚这场硬仗》，新华网，2018年3月10日。

3.《火普村：我们能住下、可就业、可发展》，新华网，2018年8月25日。

4.《四川昭觉县三河村——产业兴旺火塘暖　文明卫生气象新》，《人民日报》，2019年2月11日。

5.《回访三河村：搬迁后的新生活，塘火一样旺》，人民网，2020年10月17日。

6.《凉山深处"绣"美图——四川昭觉县火普村脱贫调查》，新华网，2020年10月

5日。

7.《"三区三州"等深度贫困地区旅游基础设施改造升级计划(2018—2020年)》,中国政府网,2018年7月10日。

海南省施茶村：乡村振兴，关键是产业要振兴

2018年4月13日，海南省迎来了30岁生日。4月11日至13日，习近平在出席博鳌亚洲论坛2018年年会之后考察海南，在海口专程考察了一个乡村振兴"样板村"——施茶村。

4月13日，习近平来到海口市秀英区石山镇施茶村。总书记从施茶村名字的由来问起，对该村以党建为统领，带动农民发展农业产业、增加农民收入、保护生态环境，因地制宜探索出了"企业＋合作社＋农户"这条致富路的做法表示肯定。随后，习近平沿着石板路步行进施茶村火山石斛园，边走边听村党支部书记介绍石斛规模化种植、智能喷灌系统、水肥一体化系统的运行情况。从石斛园出来后，300多名村民在路边欢送总书记，整个队伍长约100米，总书记走上前去，几乎和所有人都握了手。习近平对乡亲们说："乡村振兴要靠产业，产业发展要有特色，要走出一条人无我有、科学发展、符合自身实际的道路。"

海南，因改革开放而生、因改革开放而兴。1988年4月，七届全国人大一次会议正式批准设立海南省，划定海南岛为经济特区。从此，海南这个美丽的海岛获得了前所未有的发展机遇，进入了深化改革、扩大开放的历史新阶段。海南建省办经济特区30多年以来，从一个欠发达的边陲海岛发展成为我国最大的经济特区和驰名中外的国际旅游岛。1987年，海

南地区生产总值仅有 57.28 亿元，地方财政收入不到 3 亿元。到 2017 年，海南地区生产总值达到了 4462.5 亿元，人均地区生产总值 7179 美元，地方一般公共预算收入 674 亿元。

施茶村位于海南省海口市秀英区石山镇北部，在琼北最高的火山脚下。施茶村的村名源于丘濬施茶的故事：明朝大学士丘濬回乡经过石山一带的官道时，见往来路人络绎不绝，却无处歇脚，无水可喝。于是，他在此建起了一座"施茶亭"，烧水施茶，普惠路人，"施茶村"因此得名。该村共有 834 户人家，3300 多人，辖有 8 个自然村。全村的土地面积有 1.5 万亩，其中坡地 1137.05 亩。主要农作物为甘蔗和木薯。由于位于火山脚下，受火山地貌的影响，这里雨水稀少，土地贫瘠，村民们祖祖辈辈只能在石头缝里种庄稼，日子过得十分艰苦。近年来，施茶村围绕农业产业结构调整，利用火山群世界地质公园在该村界内的优势，大力发展石斛产业，种植反季节瓜菜等，成为远近闻名的在火山岩上发展互联网种植的明星村，农民人均可支配收入超过 1 万元。该村不但努力发展经济，还致力于精神文明建设，大力整治环境卫生，美化绿化亮化村庄，创建生态文明村，成为省级"文明生态村"和"五星级美丽乡村"。2018 年 9 月 22 日，海口市施茶村获评"中国幸福村"。

乡村振兴

近年来，施茶村以"红色施茶——党建""绿色施茶——美丽乡村"为载体，按照"产业兴旺、生态宜居、乡风文明、治理有效、生活富裕"的总要求，充分发挥基层党组织的堡垒作用，大力实施乡村振兴战略。目前，施茶村已经打造了一条 20 公里的旅游道路，连接了 8 个自然村，除了火山群世界地质公园外，还有 4 个火山口，9 个火山溶洞。旅客来到施茶，闲下来、慢下来，骑行、徒步、爬山、观景、采摘、吃农家饭、住民宿、买特色产品，使全村全域旅游发展起来。

因地制宜，在火山石上种石斛苗，创造出"石头缝里长金子"的现代"神话"。火山石富含硒等微量元素，不适合普通农作物生长，却是石斛生长的"乐土"。总书记来考察之前，该村石斛种植面积约200亩，2018年扩大到500亩，2019年又扩大到1000亩。施茶村计划把石斛园打造成百花园，同时种植具有经济价值、药用价值、观赏价值的植物，划分石斛种植区、观赏区，让石斛园成为游客观光基地。同时，打通火山石斛全产业链，在出售石斛鲜条的基础上增加石斛饮片、石斛酒、石斛化妆品等，延伸产业链。此外，该村还打造了官良米斛基地、农馨火山南药园、神岭牛大力共享农庄、壅羊公社等农业物联网生产示范基地。

"农业＋旅游"成为施茶村的特色，发展"一村一品"，一体构建乡村共享经济、创意农业、休闲农业、生态旅游等新型农业产业模式。为了推动农家乐、民宿等休闲农业经济的发展，施茶村还打造了一条20公里的火山特色旅游道路，串起了8个自然村、5个火山口、9个溶洞。同时，让8个自然村继续发展其他特色产业，打造"一村一品"。目前，该村已经有8家农家乐、11家民宿。施茶村不断加快道路、公厕、游客中心等配套服务设施建设，促使餐饮、民宿等提质升级。2018年，该村接待的游客已经超过10万人次。

施茶村始终将群众致富作为第一要务来抓，将群众收入渠道从"种养殖业＋外出务工"扩展为"外出务工＋家门口务工＋特色农产品种植＋旅游服务＋土地或民房入股分红＋农业电商"等。施茶村人均收入从2018年的18830元增加到2019年的24000元，增长31.1%。

如今，施茶村正以文明生态村建设为抓手，按照"产业兴旺、生态宜居、乡风文明、治理有效、生活富裕"的发展目标，将一个个散布在绿水青山间的美丽乡村变成了百姓安居乐业的幸福家园。前来自驾游、徒步游、骑行游的市民和游客络绎不绝，蜿蜒曲折的乡村道路显得有些拥堵，三五成群的骑行队伍一边骑行一边欣赏着乡村美景。陪同过习总书记视察的洪义乾说："习总书记的讲话让我们信心倍增，习总书记的嘱托为施茶村未来的发展指明了方向，牢记总书记的嘱托，践行产业带动乡村振兴的发展道路，施茶村一定会更上一层楼，老百姓的生活一定会更加幸福。"

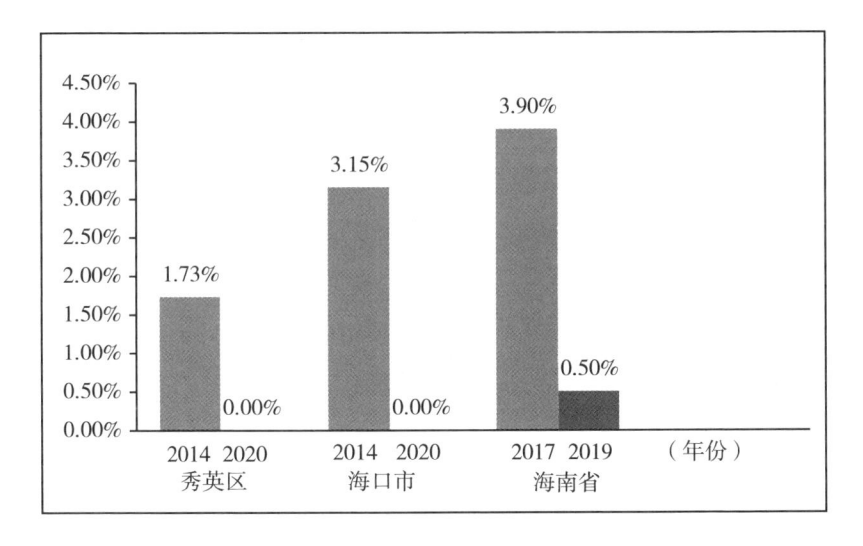

秀英区、海口市、海南省贫困发生率变化

政策解读

1988 年 4 月 13 日，习仲勋作为大会执行主席，主持了七届全国人大一次会议的闭幕会。在这次大会上，决定设立海南省，建立海南经济特区。30 年后的同一天，正在海南考察的习近平总书记，出席了庆祝海南建省办经济特区 30 周年大会并发表重要讲话，他代表党中央向海南送上了

30岁生日的深情祝福，并对海南在新的更高起点上全面深化改革开放提出殷殷期望。

在党的十九大报告中，习近平总书记首次提出了"实施乡村振兴战略"。2018年2月，中央一号文件公布，全面部署实施乡村振兴战略。在脱贫攻坚战略实施中，总书记重视可推广、可复制的经验；在乡村振兴战略实施中，总书记依然高度重视可复制、可推广的经验。实施振兴的要点在哪里？总书记从施茶村的发展经验中看到了方向。改革开放成就了海南省的发展，也推动了海南农村的乡村振兴，施茶村是其中的典型代表。其主要经验是：以党建为统领，带动农民发展农业产业、增加农民收入、保护生态环境，因地制宜探索出了"企业＋合作社＋农户"致富路，这一经验得到了总书记的肯定。

在考察施茶村过程中，总书记指出："乡村振兴，关键是产业要振兴。要鼓励和扶持农民群众立足本地资源发展特色农业、乡村旅游、庭院经济，多渠道增加农民收入。农村基层党组织要成为带领农民群众共同致富的主心骨和坚强战斗堡垒。"不久，习近平对实施乡村振兴战略又作出重要指示："要坚持乡村全面振兴，抓重点、补短板、强弱项，实现乡村产业振兴、人才振兴、文化振兴、生态振兴、组织振兴，推动农业全面升级、农村全面进步、农民全面发展。"这些指示在《乡村振兴战略规划（2018—2022年）》以及《国务院关于促进乡村产业振兴的指导意见》中都得到了体现。

2019年6月28日，国务院颁布了《国务院关于促进乡村产业振兴的指导意见》。《意见》指出，产业兴旺是乡村振兴的重要基础，是解决农村一切问题的前提。乡村产业根植于县域，以农业农村资源为依托，以农民为主体，以农村一二三产业融合发展为路径，地域特色鲜明、创新创业活跃、业态类型丰富、利益联结紧密，是提升农业、繁荣农村、富裕农民的产业。近年来，我国农村创新创业环境不断改善，新产业新业态大量涌现，乡村产业发展取得了积极成效，但也存在产业门类不全、产业链条较短、要素活力不足和质量效益不高等问题，亟须加强引导和扶持。

《意见》提出产业振兴的原则是：1.因地制宜、突出特色。依托种养业、绿水青山、田园风光和乡土文化等，发展优势明显、特色鲜明的乡村产业，更好彰显地域特色、承载乡村价值、体现乡土气息。2.市场导向、政府支持。充分发挥市场在资源配置中的决定性作用，激活要素、市场和各类经营主体。更好发挥政府作用，引导形成以农民为主体、企业带动和社会参与相结合的乡村产业发展格局。3.融合发展、联农带农。加快全产业链、全价值链建设，健全利益联结机制，把以农业农村资源为依托的二、三产业尽量留在农村，把农业产业链的增值收益、就业岗位尽量留给农民。4.绿色引领、创新驱动。践行绿水青山就是金山银山的理念，严守耕地和生态保护红线，节约资源，保护环境，促进农村生产生活生态协调发展。推动科技、业态和模式创新，提高乡村产业质量效益。

扶贫小卡片

乡村产业振兴

2018年3月8日，习近平总书记在两会期间参加山东代表团审议时强调，实施乡村振兴战略是一篇大文章，要统筹谋划，科学推进。总书记在讲话中为乡村振兴战略指明五个具体路径：推动乡村产业振兴、乡村人才振兴、乡村文化振兴、乡村生态振兴和乡村组织振兴。

习近平总书记强调，要推动乡村产业振兴，紧紧围绕发展现代农业，围绕农村第一、二、三产业融合发展，构建乡村产业体系。农业产业化龙头企业对于推动农业产业化和现代化、带动群众致富增收具有很强的带动性。实施乡村振兴战略将提供更好的兴业基础，农业产业化龙头企业迎来了发展的重大机遇。

2019年6月28日，国务院颁布了《国务院关于促进乡村产业振兴的指导意见》。《意见》指出，产业兴旺是乡村振兴的重要基础，是解决农村一切问题的前提。乡村产业根植于县域，以农业农村资源为依托，以农民为主体，以农村第一、二、三产业融合发展为路径，地域特色鲜明、创新创业活跃、业态类型丰富、利益联结紧密，是提升农业、繁荣农村、富裕农民的产业。近年来，我国农村创新创业环境不断改善，新产业新业态大量涌现，乡村产业发展取得了积极成效，但也存在产业门类不全、产业链条较短、要素活力不足和质量效益不高等问题，亟须加强引导和扶持。

产业振兴的目标任务是：力争用5~10年时间，农村第一、二、三产业融合发展增加值占县域生产总值的比重实现较大幅度提高，乡村产业振兴取得重要进展。乡村产业体系健全完备，农业供给侧结构性改革成效明显，绿色发展模式更加成熟，乡村就业结构更加优化，农民增收渠道持续拓宽，产业扶贫作用进一步凸显。

对此，《意见》从六个方面对具体任务作了详细的阐述。一是突出优势特色，培育壮大乡村产业。这是解决促进乡村产业振兴"抓什么"的问题，就是要做强现代种养业，做精乡土特色产业，提升农产品加工流通业，优化乡村休闲旅游业，培育乡村新型服务业，发展乡村信息产业。二是科学合理布局，优化乡村产业空间结构。这是着眼解决促进乡村产业振兴"怎么摆布"的问题，就是强化县域统筹，推进镇域产业聚集，促进镇村联动发展，支持贫困地区产业发展。三是促进产业融合发展，增强乡村产业聚合力。这是着眼解决促进乡村产业振兴"怎么抓"的问题，就是培育多元融合主体，发展多类型融合业态，打造产业融合载体，构建利益联结机制。四是推进质量兴农绿色兴农，增强乡村产业持续增长力。这是解决促进乡村产业振兴"抓成什么效果"的问题，就是健全绿色质量标准体系，大力推进标准化生产，培育提升农业品牌，强化资源保护利用。五是推动创新创业升级，增强乡村产业发展新动能。这是着眼解决促进乡村产业振兴"动能是什么"的问题，就是强化科技创新引领，促进农村创新创业。六是完善政策措施，优化乡村产业发展环境。这是解决促进乡村产业振兴"有什么真金白银"的问题，就是健全财政投入机制，创新乡村金融服务，有序引导工商资本下乡，完善用地保障政策，健全人才保障机制。

参考文献

1. 《习近平与海南跨越 40 年的深情故事》，新华视点，2018 年 4 月 14 日。

2. 《海口施茶村：绿水青山托起乡村振兴梦》，中国青年网，2018 年 12 月 4 日。

3. 《"牢记嘱托，打造乡村振兴'样板村'"》，人民网，2019 年 1 月 25 日。

4. 《海口施茶村：新产业新特色新富路》，《海南日报》，2019 年 4 月 12 日。

5. 《国务院关于促进乡村产业振兴的指导意见》，中国政府网，2019 年 6 月 28 日。

湖北省许家冲村：要走生态优先、绿色发展之路

2016年1月5日，习近平在重庆召开推动长江经济带发展座谈会时强调，"当前和今后相当长一个时期，要把修复长江生态环境摆在压倒性位置，共抓大保护，不搞大开发"，要让中华民族的母亲河永葆生机活力。2018年4月24日至25日，习近平先后深入湖北宜昌市和荆州市、湖南岳阳市以及三峡坝区等地考察，实地了解长江经济带发展战略的实施情况。

4月24日下午，习近平来到宜昌市许家冲村，了解这个移民村的变迁和发展特色产业等情况。当时，正在村里洗衣服的几位村民告诉总书记，过去大家都是在江边洗衣服，现在村里建起了便民洗衣池。在村便民服务室，习近平听了几位村干部唱起用当地的《渔鼓调》填词的《党员公约》。习近平说，渔鼓调很悠扬，《党员公约》的内容写得也很好，朗朗上口。用大家喜闻乐见的形式，使党员干部把党的作风和纪律要求牢牢记在心中，这种办法很好。在调研过程中习近平强调，绝不容许长江生态环境在我们这一代人手上继续恶化下去，一定要给子孙后代留下一条清洁美丽的万里长江！

长江三峡位于中国重庆市和湖北省境内的长江干流上，西起重庆市奉节县的白帝城，东至湖北省宜昌市的南津关，全长193公里。从1992年三峡工程正式获得批准开始，移民工作就已经逐步展开。随着三峡工程的

修筑，沿线众多城镇被淹没，居住在这里的人不得不选择搬迁。根据规划，三峡蓄水至175米水位时，最终移民将达120万人，这相当于一个欧洲中等国家的人口，三峡工程投资910亿元，其中移民资金就达330多亿元。国家采取了分批次和多渠道的移民方式，有的选择就近搬迁，迁移到三峡工程蓄水线以上的区域，有的则是异地搬迁，分布到了全国多个地区。三峡工程库区是人口相对稠密的地区，处于过度垦殖状态，库区移民如果不能妥善安置，将影响到他们的生产生活并引起生态环境的恶化。

许家冲村在湖北省宜昌市夷陵区太平溪镇，紧邻三峡大坝左岸。1997年，为支持三峡工程建设，原许家冲村、西湾村、覃家沱村的1000多名村民搬迁到此，建立了新许家冲村。这里交通便利，区位优势明显，土地面积有1.64平方公里，属于山区丘陵结合地带，全村移民人数占总人口数的90%以上，是全国移民安稳致富示范村。许家冲村原来以种植水稻、柑橘为生，搬迁后，住上了政府出资修建的新房，开办了自己的茶园和农家乐。如今，茶苗产业成为许家冲村的支柱产业，逐渐富裕的村民又尝试了多种种植业和家庭手工业。到2017年，许家冲村全村年人均纯收入达到1.4万余元，实现了小康。

乡村建设

走在许家冲村，村中道路整洁干净，基础设施完善到位，规划一致的民居小楼让人眼前一亮，房前屋后绿树成荫，一派绿色农村的清新风貌扑面而来。村民们用棒槌洗衣、吟唱《渔鼓调》、绣"牵花绣"……

作为"三峡库首第一村"，许家冲村吸引了不少游客慕名而来。"绿水青山就是金山银山"，依托良好的生态环境，村里在对口支援政策、资金的带动下大力发展乡村旅游。该村引导村民发展民宿、农家乐，建成移民双创示范街，吸引茶艺、夷陵版画、峡江剪纸等特色产品馆入驻。目前，村里已有十余家民宿对外营业，年收入可达 300 多万元，已然成为当地村民增收创富的重要途径。如今，许家冲村旅游相关产业蓬勃发展，乡村振兴事业蒸蒸日上。2019 年，许家冲村实现旅游综合收入 1220 万元，带动移民就业 500 余人。

许家冲村还将三峡旅游和党员培训结合在一起。习近平总书记来到许家冲村考察对"长江大保护"战略实施情况的高度关注与殷殷嘱托，对三峡库区移民的高度称赞与深切关怀，对新形势下党员教育形式的创新探索与热情勉励，成为党员干部学思践悟习近平新时代中国特色社会主义思想的生动教材。许家冲被打造成党员党性教育基地。2019 年至今，这个基地已承接党员干部培训 1219 批次、14.42 万人次。

因地制宜发展茶业，许家冲移民新村 2012 年引进了茶苗育种项目，茶苗产业成为许家冲村的支柱产业。目前，该村的茶园面积已达 1000 多亩，一年可培育茶苗 1500 万株，干茶总产量达 800 吨，茶叶总产值 5000 多万元。该村开办了茶叶加工坊，成立双狮岭茶叶专业合作社，如今已带动村里 300 余人就业，年加工茶叶 150 万斤。到 2019 年，许家冲村全村年人均纯收入达到 1.9 万余元，已经全面实现了小康。

逐渐富裕的村民又尝试了多种种植业和家庭手工业。"三峡·艾"手绣基地被称为坝区妇女就业致富的平台，创立人就是三峡移民谢蓉。她自主创业，通过组建宜昌绣女工艺品专业合作社，将手绣和艾草相结合，开发出既有浓郁本土文化色彩又有实用功能的牵花绣装饰系列、艾草手绣养生枕系列等手工特色产品，培训出具有合格牵花绣技艺的坝区移民妇女 300 多人，采取"基地＋农户"的生产模式，带动移民妇女在家灵活就业。目前，该公司每月销售订单近 3 万单。谢蓉还把目光投向了民宿，带动村里发展农家乐和家庭旅馆 10 多家。

近年来，许家冲的村容村貌发生了翻天覆地的变化，村里建设污水管网 7000 多米，污水全部处理达标后才能排放，垃圾也是统一回收归并处理；投资 118 万元建成移民公园，居民房前屋后绿树成荫，公路两旁树木整齐划一，村内森林覆盖率达 80% 以上。全村 608 户，户户用上了自来水，电力设施完备，公路入户率达 100%，网络普及率达 85%，卫生室、文化体育设施一应俱全。目前，许家冲村的乡亲们不仅过上了富裕的生活，还在逐渐改变生活方式，正向生态文明村迈进，努力建成生态环保示范村。

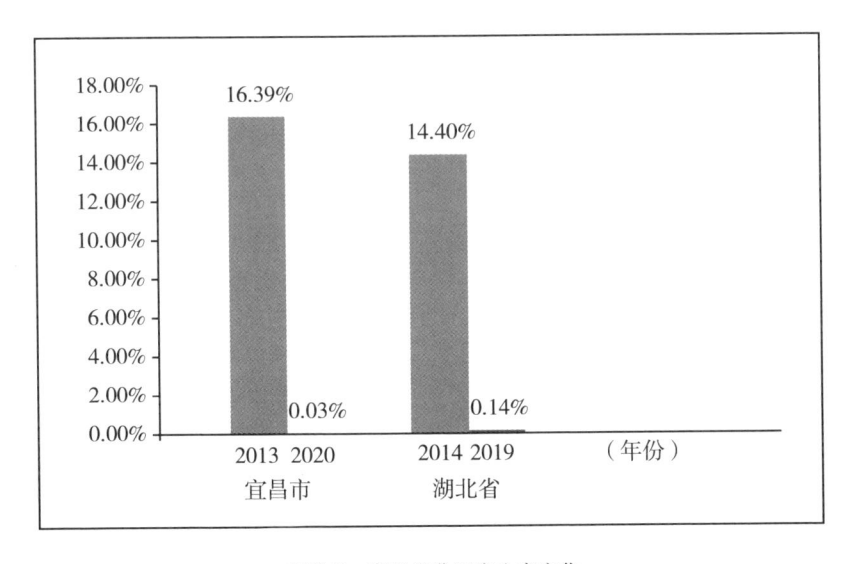

宜昌市、湖北省贫困发生率变化

政策解读

无论是脱贫攻坚战略，还是乡村振兴战略和区域发展战略，总书记都高度重视生态环保问题，尤其是长江流域的生态环保问题。长江经济带覆盖了上海、江苏、浙江、安徽、江西、湖北、湖南、重庆、四川、云南、贵州这11个省市，面积约205万平方公里，占全国的21%，人口和经济总量占比均超过全国的40%，生态地位重要、综合实力较强、发展潜力巨大。但长江经济带发展存在着生态环境状况形势严峻、长江水道存在瓶颈制约、区域发展不平衡问题突出、产业转型升级任务艰巨、区域合作机制尚不健全等问题。为解决这些问题，《长江经济带发展规划纲要》由中共中央政治局于2016年3月25日审议通过，《纲要》从规划背景、总体要求、大力保护长江生态环境、加快构建综合立体交通走廊、创新驱动产业转型升级、积极推进新型城镇化、努力构建全方位开放新格局、创新区域协调发展体制机制、保障措施等方面描绘了长江经济带发展的宏伟蓝图，是推动长江经济带发展重大国家战略的纲领性文件。

2016年，习近平在重庆召开的推动长江经济带发展座谈会上就强调，"当前和今后相当长一个时期，要把修复长江生态环境摆在压倒性位置，共抓大保护，不搞大开发"。在乡村振兴战略出台后，总书记也在思考如何在乡村振兴中贯彻好生态文明理念，防止生态破坏。因此，总书记来到三峡坝头库首第一村，也是全国移民安稳致富示范村的许家冲村进行调研。

许家冲村的实践证明了可以在保护生态和环境的基础上实现产业发展和共同富裕，绿水青山真的就是金山银山。在考察中，总书记指出："不搞大开发不是不要开发，而是不搞破坏性开发，要走生态优先、绿色发展之路。""绝不容许长江生态环境在我们这一代人手上继续恶化下去，一定要给子孙后代留下一条清洁美丽的万里长江！"

离开许家冲村后，4月26日，总书记来到武汉，举行了深入推动长江经济带发展座谈会，并在会上发表了重要讲话。习近平总书记在讲话中强调，新形势下，推动长江经济带发展，关键是要正确把握整体推进和重点突破、生态环境保护和经济发展、总体谋划和久久为功、破除旧动能和培育新动能、自身发展和协同发展等关系，坚持新发展理念，坚持稳中求进工作总基调，加强改革创新、战略统筹、规划引导，使长江经济带成为引领我国经济高质量发展的生力军。

在中共中央、国务院印发的《乡村振兴战略规划（2018—2022年）》中，总书记对生态文明重视的精神也得到了体现。在8项基本原则中，其中一条就是"坚持人与自然和谐共生。牢固树立和践行绿水青山就是金山银山的理念，落实节约优先、保护优先、自然恢复为主的方针，统筹山水林田湖草系统治理，严守生态保护红线，以绿色发展引领乡村振兴"。

扶贫小卡片

长江经济带规划

长江经济带覆盖了上海、江苏、浙江、安徽、江西、湖北、湖南、重庆、四川、云南、贵州这11个省市，面积约205万平方公里，占全国的21%，人口和经济总量占比均超过全国的40%，生态地位重要、综合实力较强、发展潜力巨大。目前，长江经济带发展面临诸多亟待解决的困难和问题，诸如生态环境状况形势严峻、长江水道存在瓶颈制约、区域发展不平衡问题突出、产业转型升级任务艰巨、区域合作机制尚不健全等。

为解决这些问题，中共中央政治局于2016年3月25日审议通过了《长江经济带发展规划纲要》。《纲要》从规划背景、总体要求、大力保护长江生态环境、加快构建综合立体交通走廊、创新驱动产业转型升级、积极推进新型城镇化、努力构建全方位开放新格局、创新区域协调发展体制机制、保障措施等方面描绘了长江经济带发展的宏伟蓝图，是推动长江经济带发展重大国家战略的纲领性文件。

《纲要》确立了长江经济带"一轴、两翼、三极、多点"的发展新格局。"一轴"是以长江黄金水道为依托，发挥上海、武汉、重庆的核心作用；"两翼"分别指沪瑞和沪蓉南北两大运输通道；"三极"指的是长江三角洲、长江中游和成渝三个城市群；"多点"是指发挥三大城市群以外地级城市的支撑作用。

2018年4月26日，习近平总书记《在深入推动长江经济带发展座谈会上的讲话》中强调，新形势下，推动长江经济带发展，关键是要正确把握整体推进和重点突破、生态环境保护和经济发展、总体谋划和久久为功、破除旧动能和培育新动能、自身发展和协同发展等关系，坚持新发展理念，坚持稳中求进工作总基调，加强改革创新、战略统筹、规划引导，使长江经济带成为引领我国经济高质量发展的生力军。

习近平总书记要求长江经济带发展要正确把握5个关系：

第一，正确把握整体推进和重点突破的关系，全面做好长江生态环境保护修复工作。推动长江经济带发展，前提是坚持生态优先。要从生态系统整体性和长江流域系统性着眼，统筹山水林田湖草等生态要素，实施好生态修复和环境保护工程。要坚持整体推进，增强各项措施的关联性和耦合性，防止畸重畸轻、单兵突进、顾此失彼。要坚持重点突破，在整体推进的基础上抓主要矛盾和矛盾的主要方面，努力做到全局和局部相配套、治本和治标相结合、渐进和突破相衔接，实现整体推进和重点突破相统一。

第二，正确把握生态环境保护和经济发展的关系，探索协同推进生态优先和绿色发展新路子。推动长江经济带绿色发展，关键是要处理好绿水青山和金山银山的关系。这不仅是实现可持续发展的内在要求，而且是推进现代化建设的重大原则。生态环境保护和经济发展不是矛盾对立的关系，而是辩证统一的关系。生态环境保护的成败归根到底取决于经济结构和经济发展方式。要坚持在发展中保护、在保护中发展，不能把生态环境保护和经济发展割裂开来，更不能对立起来。

第三，正确把握总体谋划和久久为功的关系，坚定不移将一张蓝图干到底。推动长江经济带发展是一个系统工程，不可能毕其功于一役。要做好顶层设计，以钉钉子精神，脚踏实地抓成效。要深入推进《纲要》贯彻落实，结合实施情况及国内外发展环境新变化，组织开展《纲要》中期评估，按照新形势新要求调整完善规划内容。要对实现既定目标制定明确的时间表、路线图，稳扎稳打，分步推进。

第四，正确把握破除旧动能和培育新动能的关系，推动长江经济带建设现代化经济体系。发展动力决定发展速度、效能、可持续性。要扎实推进供给侧结构性改革，推动长江经济带发展动力转换，建设现代化经济体系。要以壮士断腕、刮骨疗伤的决心，积极稳妥腾退化解旧动能，破除无效供给，彻底摒弃以投资和要素投入为主导的老路，为新动能发展创造条件、留出空间，实现腾笼换鸟、凤凰涅槃。

第五，正确把握自身发展和协同发展的关系，努力将长江经济带打造成为有机融合的高效经济体。长江经济带作为流域经济，涉及水、路、港、岸、产、城等多个方面，要运用系统论的方法，正确把握自身发展和协同发展的关系。长江经济带的各个地区、每个城市在各自发展过程中一定要从整体出发，树立"一盘棋"思想，实现错位发展、协调发展、有机融合，形成整体合力。

参考文献

1. 《习近平视察三峡移民村》，新华网，2018 年 4 月 25 日。

2. 《许家冲村：努力建成生态环保示范村》，《三峡日报》，2019 年 4 月 6 日。

3. 《习近平：在深入推动长江经济带发展座谈会上的讲话》，新华网，2018 年 6 月 13 日。

4. 《一个三峡移民村的致富经》，中国青年网，2020 年 11 月 3 日。

5. 《长江经济带发展规划纲要》，中国政府网，2016 年 9 月 12 日。

6. 《开启长江经济带高质量发展之路——解读习近平总书记在深入推动长江经济带发展座谈会上的重要讲话》，新华网，2018 年 5 月 3 日。

山东省三涧溪村：乡村振兴，人才是关键

2018年3月8日，习近平参加了十三届全国人大一次会议山东代表团的审议。他希望山东再接再厉，在全面建成小康社会的进程中、在社会主义现代化建设的新征程中走在前列，全面开创新时代现代化强省建设新局面。2018年6月12日至14日，习近平在出席上海合作组织青岛峰会后，先后来到山东青岛、威海、烟台、济南等地，深入科研院所、社区、党性教育基地、企业、农村，考察党的十九大精神贯彻落实和经济社会发展情况。

6月14日上午，习近平来到济南市章丘区双山街道三涧溪村。在村党群服务中心，习近平听取了这个村以党建为统领、强化班子建设、推动产业发展、保护生态环境、汇聚人才资源、建设文明村风家风、壮大村级集体经济等情况介绍。习近平指出，乡村振兴，人才是关键。要积极培养本土人才，鼓励外出能人返乡创业，鼓励大学生村官扎根基层，为乡村振兴提供人才保障。要加强基层党组织建设，选好配强党组织带头人，发挥好基层党组织战斗堡垒作用，为乡村振兴提供组织保证。随后，习近平走进村民赵顺利家，同一家人围坐一起拉家常。总书记叮嘱随行的地方领导，农业农村工作，说一千、道一万，增加农民收入是关键。要加快构建促进农民持续较快增收的长效政策机制，让广大农民都尽快富裕起来。要

把党的政策用生动通俗的形式宣传好，让广大群众听得懂、能理解。要加强村规民约建设，移风易俗，为农民减轻负担。

三涧溪村是个古村落，位于济南市章丘区，有3条小溪穿村而过，地下有元代古地道。三涧溪村由3个自然村组成，全村有1000户、3100人。村里的支柱产业是鼓风机和锻打、铸造业，特色农业以种养为主，特别是种狐和奶牛的养殖。这让村民实现了脱贫致富并带动了周边村庄的发展，一个多年混乱的村庄逐步走上了文明富裕和谐之路。2015年前，村里还是垃圾成堆、污水横流、道路泥泞、房屋破旧，6年换了6任村支书，人称"神仙也治不了的三涧溪"。3年时间，村子由乱到治，变成了远近闻名的乡村振兴示范村。村集体先后被授予"全国平安家庭创建先进单位""山东省绿化示范村""济南市民主法制示范村""济南市平安建设先进基层单位""济南市平安家庭创建示范单位""济南市十佳志愿服务队""章丘区先进基层党组织"等荣誉称号。

乡村振兴

近年来，三涧溪村以党建为统领，强化班子建设、推动产业发展、保护生态环境、汇聚人才资源、建设文明村风家风、壮大村级集体经济，3年时间实现了由乱到治的转变。

为了让全村群众都住上好房子，村里先后建起了社区公寓楼、三涧小学、敬老院，还建设了1万平方米的便民服务中心，有了便民服务超市、商业街、文化大院等配套设施，成了集住宅、购物、医疗、教育、休闲娱乐等服务功能于一体的新型农村社区。以前村民住的是土屋，外面下大雨、屋里下小雨，现在住上了村里的社区楼，楼上楼下、电灯电话。现在，村里60岁以上的老人每年都能拿到养老补贴；80多位老人在有86个房间、100 余张床位的养老公寓里生活得其乐融融。

三涧溪村有着千年古韵，历史文化遗存丰富。三涧溪村将通过古街区、古地道、古民俗"三古"开发挖掘，规划"一村、两街、三溪、多区"的总体架构，即依托三涧溪古村，建设富荣古街、美食新街，修复穿村而过的三条小溪，打造原乡古村区、风情美食区、高效农业区、乡村创客区、康养乡居区等功能区，构建集赏游娱学农食购宿等多种功能于一体的乡村旅游典范。

在特色项目上，三涧溪村依托济南源虎食品有限公司，建起了一处猪猪乐园，修建改建 20～30 个农业特色大棚，将 800 多亩的分散园区集约开发、集中管理，形成绿色发展新亮点。在利益联结上，三涧溪村以农村集体产权制度改革为契机，实施国有股份投资、集体资产入股、村民入社参与，让广大农户享受到改革利益。同时，投资 3000 余万元，高标准改造园区路网等基础设施，为优质项目落户提供了广阔空间。目前，全村入园工作人员达到 700 人，年均收入 3 万元以上。

三涧溪村的经验在于把党建引领贯穿始终，有好的带头人高淑贞，当年治穷治乱时"事事处处走在群众前头，领着群众干，做给群众看"，如今抓产业发展，党员们依然冲锋在前，带头"撸起袖子加油干"。三涧溪村遵循"产业增长点在哪里，合作社就建在哪里，党的基层组织就延伸到哪里"的发展思路，以土地、资金等形式入股，先后组建绿涧生态农业、巾帼商贸、古村旅游等五个合作社，成立青年创业党支部、返乡创业党支部和综合党支部，选好配强党组织带头人，为乡村振兴提供组织保障。五个合作社如同五辆充满动力的"致富小火车"，不仅吸引着青年人才返乡创业，村民们也纷纷入股"搭乘"分红，激发着三涧溪村内生动力持续释放。2019 年，三涧溪村的集体收入从 2018 年的 263 万元增长至 303 万元，村民人均收入增长 10% 以上。

如今，现代化的农业产业园、生态养殖示范区红红火火，花园式的社区公寓楼、文化大院鳞次栉比，一幅乡村振兴的画卷在三涧溪徐徐铺展。现在村里人均可支配收入有 2.6 万余元，村集体收入也达到了 260 余万元。村里有了钱，就开始办公益事业，修路、盖学校，还给大学生、老年人、困难户发补贴。

政策解读

山东是农业产业化的发源地，山东农业总产值、农业增加值等 8 项指标居全国第一，农产品出口额占全国的 25%，是我国重要的米袋子、菜篮子和肉筐子。改革开放以来，山东创造了不少农业农村改革发展经验，在农业产业化、脱贫攻坚、乡村振兴等各个方面都作出了积极探索，积累了成功经验。三涧溪村发展可以说是山东乡村振兴的一个缩影。三涧溪村的经验不论是对脱贫攻坚还是乡村振兴都具有借鉴意义。

三涧溪村这 10 年间从贫穷落后、负债 80 多万元到现在富足盈余的巨大变化，主要是因为这里有一位有力量的带头人，这里有一支心向群众、凝心聚力的班子队伍。其主要经验是"抓党建促发展，让党员群众拧成一股绳"。习总书记因此指出："乡村振兴，人才是关键。要积极培养本土人才，鼓励外出能人返乡创业，鼓励大学生村官扎根基层，为乡村振兴提供人才保障。要加强基层党组织建设，选好配强党组织带头人，发挥好基层党组织战斗堡垒作用，为乡村振兴提供组织保证。"

在三涧溪村座谈时，习近平总书记说："农业农村工作，说一千、道一万，增加农民收入是关键。要加快构建促进农民持续较快增收的长效政策机制，让广大农民都尽快富裕起来。要把党的政策用生动通俗的形式宣传好，让广大群众听得懂、能理解。要加强村规民约建设，移风易俗，为农民减轻负担。"总书记的这些指示在 2018 年 9 月 26 日中共中央、国务院印发的《乡村振兴战略规划（2018—2022 年）》中都有所体现。在这个规划中，提出要"强化乡村振兴人才支撑"，实行更加积极、更加开放、更加有效的人才政策，推动乡村人才振兴，让各类人才在乡村大施所能、大展才华、大显身手。一是培育新型职业农民；二是加强农村专业人才队伍建设；三是鼓励社会人才投身乡村建设。

乡村振兴规划中要求培育新型职业农民，要全面建立职业农民制度，培养新一代爱农业、懂技术、善经营的新型职业农民，优化农业从业者结构。实施新型职业农民培育工程，支持新型职业农民通过弹性学制参加中高等农业职业教育。创新培训组织形式，探索田间课堂、网络教室等培训方式，支持农民专业合作社、专业技术协会、龙头企业等主体承担培训。鼓励各地开展职业农民职称评定试点。引导符合条件的新型职业农民参加城镇职工养老、医疗等社会保障制度。

扶贫小卡片

乡村人才振兴

习近平总书记在山东视察时指出，乡村振兴，人才是关键。要积极培养本土人才，鼓励外出能人返乡创业，鼓励大学生村官扎根基层，为乡村振兴提供人才保障。总书记的重要论述，为我们坚持以人才振兴推动乡村振兴指明了前进方向、提供了根本遵循，必将极大推进乡村振兴工作全面开展。

兰陵县作为农业大县，常年有 30 多万人在外从事蔬菜运销工作，可以说既面临着乡村振兴人才空心化难题，同时也拥有巨大的在外人才优势。如何适应农村经济社会发展需要，变劣势为优势，化优势为机遇，打造乡村振兴的人才高地？兰陵县委、县政府在充分调研论证的基础上，提出在全县实施"四雁工程"：

实施"头雁工程"，建强乡村人才"主心骨"。农村富不富，关键看支部；支部强不强，要看领头羊。兰陵县在推动乡村人才振兴过程中，立足当地村情民风，把村党组织书记培育作为首要一环来抓，本着"重选拔、严管理，重实绩、严考核，重激励、严约束"的原则，集中解决农村基层班子成员尤其是村书记选育用管等方面的突出问题，切实增强农村基层党组织的凝聚力和战斗力。

实施"归雁工程"，推动在外人才"凤还巢"。数量巨大的在外人员，是兰陵县独特的人才资源和宝贵财富。为充分激发在外人才返乡创业就业热情，兰陵县大力实施"归雁工程"，计划利用三年时间，积极引导在外人才带动资金、技术、信息等反哺农村，为兰陵加快乡村振兴提供新动能。

实施"鸿雁工程"，盘活用好农村"土专家"。本土人才，是实现乡村振兴的主力军。兰陵县眼光向外选才的同时，注重在全县农业种植、养殖等领域培养更多的"土专家""田秀才"，打造一支技能出众、示范突出的"鸿雁人才"队伍。

实施"雁阵工程"，奏好乡村人才振兴"大合唱"。"单丝不成线、独木不成林。"兰陵县充分认识到乡村人才面广量大，要充分发挥其作用必须改变单打独斗的局面，推动农业结构、生产、经营和组织创新，激活农村各类资源要素，凝聚起各类人才共建乡村的强大合力。

参考文献

1.《习近平：创新是我们能否过坎的关键》，新华网，2018年6月14日。

2.《习近平：多谋民生之利　多解民生之忧》,《人民日报》(海外版),2018年6月15日。

3.《山东兰陵县以"四雁工程"引领乡村人才振兴纪实》,《农民日报》,2019年5月6日。

4.《三涧溪：古老乡村的振兴之路》,求是网,2019年6月16日。

5.《山东三涧溪村：不忘总书记嘱托,乡村振兴路上阔步行》,人民网,2019年6月29日。

广东省连樟村：全面小康路上一个不能少，脱贫致富一个不能落下

2018年10月22日至25日，习近平总书记先后来到珠海、清远、深圳、广州等地，进车间、访农户、看社区、入高校，就贯彻落实党的十九大精神、深化改革开放、推动经济高质量发展等进行调研。

10月23日下午，习近平来到清远市英德市连江口镇连樟村。在村公共服务站，习近平详细了解了当地基层党建、脱贫攻坚、村民服务情况。他走进村里的扶贫玩具加工厂车间，同工人们亲切交谈。随后，他走进贫困户陆奕和家，详细了解他的家庭情况，询问他生活怎么样、有哪些困难。总书记说，我一直惦记着贫困地区的乡亲们，乡亲们一天不脱贫，我就一天放不下心来。我们党是全心全意为人民服务的党，党的一切工作都是要为老百姓排忧解难谋幸福。全面小康路上一个不能少，脱贫致富一个不能落下。要一代接着一代干，既要加快脱贫致富，又要推动乡村全面振兴、走向现代化。

广东省地处中国大陆最南部，是中国改革开放的前沿阵地。改革开放之初的1978年，广东全省GDP只有185.85亿元，到2017年，已经达到8.99万亿元，年均增长12.6%，连续29年位居全国第一，成为中国第一经济大省，已达到中上等收入国家水平，成绩斐然。但是广东的经济发展不平衡，最富的地方在珠三角，最穷的地方在粤东、粤北、粤西，存在

着严重的贫富差距。2017 年，广东有 3 个国家级贫困县，13 个省级重点扶贫特困县，12 个山区贫困县，一共 28 个贫困县。

清远市位于广东省的中北部、北江中游、南岭山脉南侧与珠江三角洲的结合带上，是个农业大市，农村人口和山区的面积占 70%。由于崇山峻岭，交通不便，土地贫瘠，清远粤北山区是深度贫困区。清远市有国家级贫困县 1 个、省级重点扶贫特困县 3 个、山区贫困县 1 个。清远市是广东省扶贫开发"规划到户、责任到人"工作的策源地，也是全国扶贫改革的试验区之一。在新一轮精准扶贫中，清远全市有省定贫困村 261 个，贫困户 5.8 万户、13.2 万人。

连樟村位于广东省清远市英德市连江口镇东南面，距镇政府约 13 公里，属于省定贫困村，总面积 31.83 平方公里，有水田 905 亩，下辖 17 个村民小组，共有 482 户、2225 人。2016 年，连樟村实有建档立卡贫困户 55 户、136 人。该村曾因村党支部"软弱涣散"被英德市列为重点整顿的村级党组织。2016 年以来，该村坚持党建引领，注重在致富能手、返乡青年、退伍军人和大学生村官中培育年轻党员，聚焦精准脱贫，积极办好"造血型"项目，大大地提升了帮扶实效。2017 年，连樟村集体经济收入达到 5 万多元，全村贫困户 26 户、86 人实现了脱贫目标；2018 年，村集体收入突破 10 万元大关，贫困户中剩余的 8 户、26 人全部实现脱贫，美丽乡村建设初具规模。

脱贫攻坚

曾经污浊肮脏的小溪，通过整治，变得清澈见底，溪中建起的过水汀步成了"网红打卡景点"；曾经杂乱无序的农田，通过土地整合，统一规划，变成了壮阔美丽的花海；曾经的丢荒山林，经过改造，成为兼具经济发展和生态保护功能的灵芝公园。自习总书记来调研之后，连樟村焕然一新，到处生机勃勃，村民的生活水平日益提高。

这两年，在连樟村党总支和扶贫工作组的共同努力下，东坑、七坑、坳背等10个村小组共4.5公里沙土路实现了硬底化。村里还拆除了周边50多间旧杂物泥瓦房，建设了村文化服务中心及环村道路、球场、水渠、路灯、防洪堤和文化广场等设施，美丽乡村建设初具规模。同时，连樟村筹资55万元新建了连樟村公共服务站。服务站配备了党员活动室、会议室、计生服务等功能室，落实了干部集中办公、坐班值班制度，实行一站式办理和代办制度，群众满意度显著提高。

"产业兴旺"是乡村振兴的基础，连樟村茶产业深加工高科技示范园区项目是一个集一二三产业高度融合的茶叶产业项目，从茶叶种植、加工、销售、观光旅游几大方面全方位带动了连樟村茶叶产业及上下游产业发展。项目带动周边农户200人以上实现家门口就业，平均每年向连樟村、塘旺村小组集体分红35万元。现代农业科技示范园总占地面积74亩，总投资4000万元，园区引进荷兰智能环控系统及水肥一体化施肥机组、以色列消毒过滤等国际先进系统，采用立体栽培及采摘模式，集约高效种植农作物新品种。该项目通过培养一批本村现代农业产业生产运营骨干团队和致富能手，激活村庄内生发展动力，实现了村庄可持续自我发展。如今的连樟村，不仅有现代农业产业园和扶贫车间，还有麻竹笋深加工基地、油茶加工厂等一批产业，让当地群众"离土不离乡，进厂不离家"，在家门口就实现了就业。

此外，连樟村依托原有的青山绿水资源，以美丽乡村建设为抓手，大力推进农村"厕所革命"，户厕普及率达100%，村民健康卫生的生活方式逐渐养成。而且，村里落实农房管控，通过"筹工+筹劳+筹资"三种众筹方式，全面组织开展"三清三拆三整治"，人居环境得到明显改善。村里各类文化设施也日趋完善，篮球场、图书馆、文化服务中心、儿童玩乐健身设施一应俱全。村里还成立了广场舞蹈队伍，晚饭后的路灯下，激情的音乐、舞动的身姿，为曾经单调枯燥的乡村夜晚增添了满满的活力。

值得一提的是，2019年英德连樟样板区纳入了国家城乡融合发展试验区。连樟村作为连樟样板区的重要一部分，正通过"公司+合作社+基地+贫困户"的模式，探索出一条增强贫困地区造血功能、让群众"离土不离乡，进厂不离家"的乡村振兴模式，力争为全国提供"振兴经验"。

如今，连樟村已退出贫困村序列，连樟村民已全部脱贫并走在致富奔小康的路上。2020年上半年，连樟村有劳动能力贫困户人均可支配收入1万多元，贫困户人均可支配收入9520元。村集体经济从2017年的不足5万元，达到了2020年的200万元。

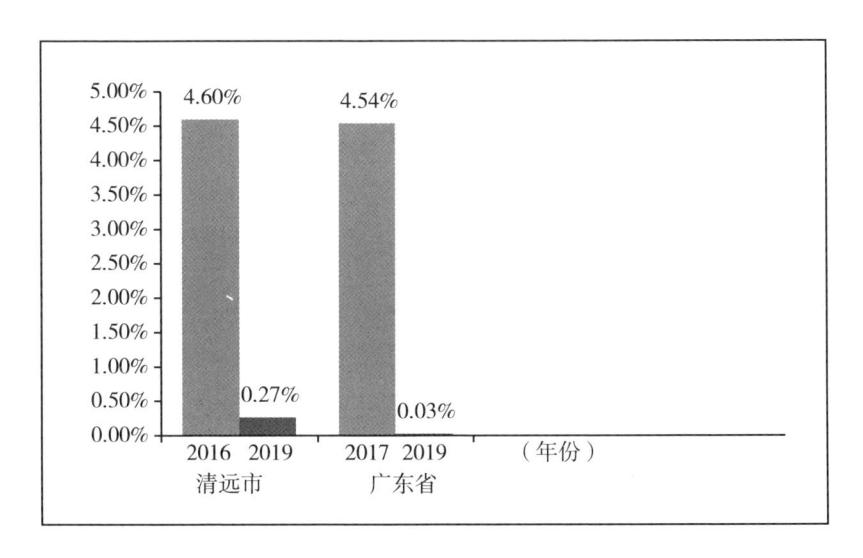

清远市、广东省贫困发生率变化

连樟村脱贫致富是清远市扶贫改革的一个缩影。清远市在坚决打赢打好脱贫攻坚战的同时，深入推进基层党组织建设、村民自治和农村公共服务"三个重心下移"，完善农村基层治理体系和治理模式，激发了农村发展的内生活力，助推实现乡村振兴。

政策解读

广东地区生产总值自 1989 年起连续 30 年居全国首位，外贸进出口总额自 1986 年起连续 33 年居全国首位，地方一般公共预算收入自 1991 年起连续 28 年居全国首位……改革开放以来，广东省实现了历史性跨越。但广东的经济发展也不平衡，粤东、粤西、粤北面积占全省的 70%，但 GDP 只占 20%，而珠三角则占 80%。粤东、粤西、粤北还有很多农村处于相对贫困的状态。广东的经济充分体现了总书记在十九大报告中所说的"中国特色社会主义进入新时代，我国社会主要矛盾已经转化为人民日益增长的美好生活需要和不平衡不充分的发展之间的矛盾"。总书记对清远市连樟村的调研可以说是为寻求解决这一矛盾所做的探索。

总书记指出，城乡区域发展不平衡是广东高质量发展的最大短板。要充分发挥粤东西北地区的生态优势，不断拓展发展空间、增强发展后劲。要加强产业扶贫项目规划，引导和推动更多产业项目落户贫困地区。"产业扶贫是最直接、最有效的办法，也是增强贫困地区造血功能、帮助群众就地就业的长远之计。要加强产业扶贫项目规划，引导和推动更多产业项目落户贫困地区。"总书记说，"我一直惦记着贫困地区的乡亲们，乡亲们一天不脱贫，我就一天放不下心来。我们党是全心全意为人民服务的党，党的一切工作就是要为老百姓排忧解难谋幸福。全面小康路上一个不能少，脱贫致富一个不能落下。要一代接着一代干，既要加快脱贫致富，又要推动乡村全面振兴、走向现代化。"

根据总书记的指示，广东深化了省内对口帮扶，推动珠三角和粤东、粤西、粤北对口帮扶，聚焦缓解相对贫困、破解城乡二元结构、促进区域协调发展大战略大布局。而且，为确保"扶真贫"，广东在全国率先建立了动态调整的相对贫困认定标准，同时建立基层识别、入户核查、动态调整相结合的精准识别工作机制，根据核查情况、人口变动、返贫和新产生贫困情况，及时纳入动态调整范围，确保不落一户、不漏一人。清远市也大力发展优势主导产业，累计建设产业扶贫项目超过10万个，立足扶贫扶志扶智，带动3万多户贫困户参与产业项目，贫困人口脱贫稳定性明显提高。

扶贫小卡片

扶贫与扶志、扶智相结合

加强扶贫扶志，激发贫困群众内生动力，是中国特色扶贫开发的显著特征，是打赢脱贫攻坚战的重要举措。党的十九大报告强调，"坚持大扶贫格局，注重扶贫同扶志、扶智相结合"。近年来，在脱贫攻坚战中，各地在扶贫与扶志、扶智相结合上下了很大功夫，采取政策宣传、文化下乡、教育投入、农技推广等举措推进扶贫工作，努力增强贫困群众自主脱贫和自我发展的能力。

2018年10月19日，为深入贯彻《中共中央国务院关于打赢脱贫攻坚战三年行动的指导意见》，国务院扶贫办、中央组织部等13个部委联合发布了《关于开展扶贫扶志行动的意见》。《意见》要求，更加注重培育贫困群众主体意识，更加注重提高贫困群众脱贫能力，更加注重改进帮扶方式，更加注重营造健康文明新风，激发贫困群众立足自身实现脱贫的信心决心，形成有劳才有得、多劳多得的正向激励，树立勤劳致富、脱贫光荣的价值取向和政策导向，凝聚打赢脱贫攻坚战强大精神力量，切实增强贫困群众自我发展能力，确保实现贫困群众持续稳定脱贫。

《意见》提出，要采取有效措施，增强立足自身实现脱贫的决心信心。具体包括以下几点：

一、开展扶志教育。组织贫困群众认真学习习近平总书记关于扶贫工作的重要论述，加强思想、文化、道德、法律、感恩教育，大力弘扬"脱贫攻坚是干出来的""幸福是奋斗出来的""滴水穿石""弱鸟先飞""自力更生"等精神，帮助贫困群众摆脱思想贫困、树立主体意识。大力宣传脱贫攻坚目标、现行扶贫标准和政策举措，让贫困群众知晓政策、更好地参与政策落实并获得帮扶。建好用好新时代文明实践中心，运用好农村"大喇叭"、村内宣传栏、微信群、移动客户端和农村远程教育等平台，发挥乡村干部和第一书记、驻村工作队贴近基层、贴近群众优势，组织党员干部、技术人员、致富带头人、脱贫模范等开展讲习，提高扶志教育针对性、及时性、便捷性和有效性。在贫困地区中小学校开展好习惯、好行为养成教育，带动学生家长共同转变观念习惯。

二、加强技能培训。围绕贫困群众发展产业和就业需要，组织贫困家庭劳动力开展实用技术和劳动技能培训，确保每一个有培训意愿的贫困人口都能得到有针对性的培训，增强脱贫致富本领。采取案例教学、田间地头教学等实战培训，强化信息技术支持指导，实现贫困群众科学生产、增产增收。组织贫困家庭劳动力参加劳动预备制培训、岗前培训、订单培训和岗位技能提升培训，支持边培训边上岗，突出培训针对性和实用性，将贫困群众培育成为有本领、懂技术、肯实干的劳动者。

三、强化典型示范。选树一批立足自身实现脱贫的奋进典型和带动他人共同脱贫的奉献典型，用榜样力量激发贫困群众脱贫信心和斗志，营造比学赶超的浓厚氛围。开展全国脱贫攻坚奖评选，组织先进事迹报告会，支持各地开展脱贫攻坚奖评选表彰活动，加大对贫困群众脱贫典型表彰力度。制作扶贫公益广告，宣传榜样力量。宣传脱贫致富先进典型，总结推广脱贫致富成功经验，鼓励各地开展脱贫家庭星级评定，发布脱贫光荣榜，用身边人身边事教育引导身边人，让贫困群众学有榜样、干有方向，形成自力更生、脱贫光荣的鲜明导向。

参考文献

1.《习近平在清远调研》，新华网，2018年10月23日。

2.《习近平：全面小康一个都不能少》，央广网，2018年10月24日。

3.《"我脱贫在望，请总书记放心！"广东省英德市连江口镇连樟村村民陆奕和》，人民网，2019年2月1日。

4.《走向我们的小康生活："蝶变"连樟村》，央视新闻网，2020年6月19日。

5.《中共中央国务院关于打赢脱贫攻坚战三年行动的指导意见》，中国政府网，2018年8月19日。

第五章

脱贫攻坚的决胜与收官

到 2019 年，中国的脱贫攻坚已进入收官阶段和决胜时刻。在收官阶段和决胜时刻，脱贫攻坚的特点与任务是什么？自 2019 年 4 月到 2020 年 1 月，总书记来到 5 省 6 村进行调研，足迹遍及 5 个集中连片贫困区。在重庆华溪村，习近平总书记对脱贫攻坚进入收官阶段和决胜时刻的特点和任务形成如下判断："总的看，'两不愁'已基本解决，'三保障'还存在不少薄弱环节。"对于如何解决"三保障"问题中的薄弱环节，总书记要求脱贫攻坚既要扶智也要扶志，既要输血更要造血，要稳定脱贫成果，并使脱贫攻坚与乡村振兴衔接起来；在江西潭头村，总书记关注的是老区能不能如期脱贫摘帽；在内蒙古马鞍山村，总书记关注的是少数民族地区的脱贫成果；在甘肃富民新村，总书记关注的是六盘山集中连片特困地区的易地扶贫搬迁的后续稳定脱贫问题；在河南田铺大塆和东岳村，总书记关注的是大别山区的脱贫成果的巩固，以及与乡村振兴的衔接。

重庆市华溪村:"两不愁"已基本解决,"三保障"还存在不少薄弱环节

2019年4月15日至17日,习近平总书记飞赴重庆,就聚焦解决"两不愁三保障"突出问题,进行专题调研,并主持召开解决"两不愁三保障"突出问题座谈会。习近平总书记再次强调,脱贫攻坚战进入决胜的关键阶段,务必一鼓作气、顽强作战,不获全胜决不收兵。

4月15日,习近平来到石柱县中益乡华溪村。他先是到了中益乡小学,耐心询问孩子们的学习、生活情况后,又走进师生食堂,仔细察看餐厅和后厨、查阅菜谱、翻看食堂潲水处理登记记录表、浏览学校食堂公示栏,了解贫困学生餐费补贴和食品安全卫生情况。离开中益乡小学,习近平乘车前往贫困户谭登周家。他掀起床铺摸了摸被褥的厚实程度,又察看了粮食的储存情况,从屋外看到屋内,还同贫困户坐在一起,唠起了家常。之后,习近平步行来到老党员、已脱贫农户马培清家。在马培清家房前的空地上,习近平与村民代表、扶贫干部、乡村医生开起了座谈会。习近平对乡亲们说,扶贫是我心里最重要的事情之一,"小康不小康,关键看老乡,关键看脱贫攻坚工作做得怎么样。我今天乘飞机、坐火车、坐汽车,先后用了三种交通工具,专程来这里看望大家。看到大家不愁吃、不愁穿,教育、医疗、住房安全越来越有保障,心里感到很托底"。

重庆市地处中国内陆西南部，是中西部唯一的直辖市。党的十八大以来，重庆经济加快了转型升级，走在了时代潮流的最前端，增长速度也一直居于全国前列，整个城市的国民生产总值 2018 年达到 19500 亿元，增速也达到了全国第二，城市排名全国第五。但由于山区多，重庆也是国内拥有最多贫困山区的城市，除了主城区之外的很多地方其实还处于相对落后和贫困的状态。

武陵山集中连片特困区，位于重庆的东南部、湖北省的西南部、贵州省的东北部以及湖南省的西北部。石柱土家族自治县地处武陵山集中连片特困地区，是国家扶贫开发工作重点县。石柱县是革命老区县、民族自治县、边远山区县、国家扶贫开发工作重点县、三峡库区移民县，集"老、少、边、穷、淹"于一体。

华溪村地处大山深处的石柱县中益乡，坐落在"两山夹一槽"地带，位于大风堡原始森林深处，人均可耕地面积不足 1 亩。华溪村人多地少，土地贫瘠，全村有建档立卡贫困户 85 户、302 人，其中 8 户、19 人还没有脱贫。过去，华溪村主要种植玉米、土豆等传统粮食作物，产量低，经济价值不高。这些年来，中益乡调整了产业结构，大力发展以中蜂、中药材、特色果蔬等特色产业和民宿、健康养生为主的乡村旅游业。

脱贫攻坚

2013 年，党和国家深入开展精准扶贫工作，华溪村作为重点贫困村被列入扶贫对象。2017 年以后，华溪村开始发生翻天覆地的变化，全村实施土地集体经营承包流转，有效推动了脱贫攻坚的进展。华溪村作为石柱县唯一"三变"改革试点成功村，成功地实现了资源变资产、资金变股金、农民变股东的转变，运用"1+1+N"的经营体系，推动农村集体产权制度改革。同时，结合运用"项目+公司+合作社"的股权分红体系，让集体经营模式带动了华溪村的经济发展，村集体收入增加，户均增收，达到了脱贫致富的目的。

发展产业是实现脱贫的根本之策，坐拥优质的生态环境，华溪村决定打造"甜蜜产业"，加大蜜蜂养殖，进行蜂蜜精深加工，通过电商销往全国各地。同时，华溪村建起了中华蜜蜂产业园、蜜蜂博物馆、蜜蜂小镇，重点打造"中华蜜蜂谷"，还有"蜜蜂人家""森林人家"品牌民宿，发展"甜蜜"的文旅产业。蜜蜂产业覆盖了所有贫困户，2019 年带动贫困群众户均收入 5890 元。此外，村里还发展脆红李、脆桃等经济果林 400 亩，木瓜、吴茱萸等木本药材 550 亩，马铃薯、辣椒等短期作物 650 亩，菊花、牡丹等观赏经济作物 700 亩，形成以特色产业和民宿、健康养生为主的乡村旅游业。

华溪村开展合股联营，对全村 1200 亩在耕地和可利用荒地进行统一生产经营，村里占股 80%，农户以土地入股 20% 并享受保底分红。合作社吸纳全村 1280 人为股东，60% 的收入为全体社员分红，公司注册资金为 500 万元，其中包括 16 位村民共同出资的 32 万元。村里依托企业延伸产业链条，开办网店，建成扶贫车间，2019 年村里的农副产品通过电商平台卖到北京、上海、广州等地，销售收入达到 212.3 万元。

华溪村落实易地搬迁、危房改造等政策，着力解决"两不愁三保障"，13 户贫困户搬进了新房，17 户贫困户改造了房屋，村里的老旧电线也都全部更换。如今，华溪村村民不但能填饱肚子吃上肉，而且开始注意饮食健康。穿新衣早已不稀罕，大家更注重衣着的整洁和体面。总书记考察的中益乡小学，综合楼、宿舍楼已经落成使用，学校还扩建了食堂，新铺了塑胶操场。而且，全村贫困户有了家庭医生签约服务，住院就医实行"先诊疗后付费""一站式"结算，得了大病还能享受大病救助政策，堵住了因病返贫的源头。

如今的华溪村,水泥路修到了每家每户门前,水、电、通信设施越来越完善,加上绿水青山的生态环境,越来越多的游客慕名而来。很多外出打工的年轻人回到了家乡,扩大种植养殖、搞电商销售、做乡村旅游,日子越过越红火。2019 年底,华溪村建档立卡贫困户全部脱贫,村民人均可支配收入超过 1.4 万元。贫困户人均可支配收入达到 12211 元,比 2014 年翻了一番多。

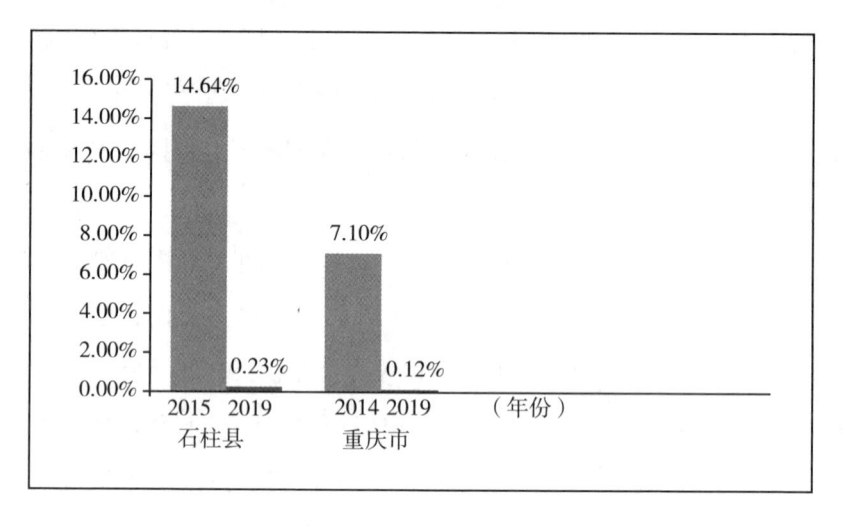

石柱县、重庆市贫困发生率变化

政策解读

深度贫困地区的脱贫攻坚一直是总书记最为牵挂的事。在考察完四川凉山约一年后,2019 年 4 月 15 日,习近平总书记来到集"老、少、边、穷、淹"于一体的重庆华溪村进行扶贫考察。

对华溪村的调研使总书记形成了这样的判断,即"总的看,'两不愁'

已基本解决,'三保障'还存在不少薄弱环节。要清醒看到,有些贫困人口在义务教育、基本医疗、住房安全、饮水安全等方面还面临一些困难和问题"。他指出:"基本医保、大病保险、医疗救助是防止老百姓因病返贫的重要保障。这个兜底作用很关键。脱贫攻坚明年就要收官,要把工作往深里做、往实里做,重点做好那些尚未脱贫或因病因伤返贫群众的工作,加快完善低保、医保、医疗救助等相关扶持和保障措施,用制度体系保障贫困群众真脱贫、稳脱贫。"

在华溪村调研之后,习近平总书记在重庆主持召开了解决"两不愁三保障"突出问题座谈会并发表重要讲话,他指出:总的来看,"两不愁"基本解决了,"三保障"还存在不少薄弱环节。我们面临的困难和问题主要有三类:第一类是直接影响脱贫攻坚目标任务实现的问题;第二类是工作中需要进一步改进的问题;第三类是需要长期逐步解决的问题。目前,全国绝大多数贫困地区,包括深度贫困地区的人均纯收入水平和"两不愁"都已整体上达到甚至超越了预期目标。在"三保障"方面,到2020年如期完成目标也基本上没有大的问题,但在有些地方、有些方面,特别是健康扶贫方面,还存在着一些问题:

一是健康扶贫确实解决了贫困户的因病致贫问题,但不能解决边缘户和普通农户的因病致贫和返贫问题,这是健康扶贫面临的最主要的挑战。主要原因是药费虚高和目录外药品费用高导致了看病贵,而新农合和大病保险的报销比例和报销范围还不能完全解决看病贵的问题。二是一些意外事故如自然灾害和交通事故造成的人身伤害所产生的医疗支出不能纳入健康扶贫中,也导致了一些农户因此返贫。从调研情况看,上述两个方面的原因是导致近几年非建档立卡户致贫和脱贫户返贫的主要原因。三是现有的健康扶贫政策还不能解决个别深度贫困地区的少数深度贫困人口的看病难问题。即使是医疗报销比例达到了100%,这些深度贫困群众依然负担不了看病的交通和食宿费用,除非政府再对其进行生活补助,他们才看得起病。四是部分慢性病患者也依然不能承担慢性病的控制费用,有的肺结核患者只吃得起免费的药品,一旦收取部分费用,他们就会立刻停止用药。五是少数深度贫困地区的传染病防控形势依然严峻,如结核病和艾滋病,严重威胁了当地人民群众生活质量。六是少数深度贫困地区的母婴保健方面还存在问题,孕产妇死亡率、婴幼儿死亡率等还没有达标。以上健康方面的问题基本不影响脱贫目标的实现,是从长远看需要解决的问题。

根据习近平总书记的讲话精神,2019年6月23日,国务院扶贫开发领导小组制定印发《关于解决"两不愁三保障"突出问题的指导意见》,这为我国如期打赢脱贫攻坚战提供了政策保障。《意见》要求全面摸清全部农户"两不愁三保障"情况,逐村、逐户、逐人、逐项开展核查。为了让各地更好把握保障标准,《意见》指出,贫困人口退出的标准是收入稳定超过国家扶贫标准且吃穿不愁,义务教育、基本医疗、住房安全有保障。各地区各部门要坚持这个标准不动摇,既不拔高,也不降低。

《意见》还指出,各地区可以在国家基本标准和总体要求的基础上,因地制宜细化实化标准并严格执行,确保工作有章可循。各地区各部门已经实施的"两不愁三保障"政策举措,明显超出基本标准的,要实事求是地予以纠正。同时要保持政策连续性稳定性,防止"翻烧饼"。《意见》还提出,各地区各部门要按照简政放权、放管结合的要求,下放"两不愁三保障"项目审批权限,减少和简化审批环节,优化工作流程,加快项目实施进度。要充分调动贫困地区干部群众积极性和创造性,财政支持的贫困村微小型建设项目,允许按照一事一议方式直接委托村级组织自建自管。要建立"两不愁三保障"项目后续管理制度,确保可持续发挥效益。

扶贫小卡片

"两不愁三保障"指导意见

2019年4月16日下午,习近平总书记在重庆主持召开解决"两不愁三保障"突出问题座谈会并发表重要讲话。习近平总书记明确指出:"总的看,'两不愁'基本解决了,'三保障'还存在不少薄弱环节。"要清醒看到,有些贫困人口在义务教育、基本医疗、住房安全、饮水安全等方面还面临一些困难和问题。对这四个方面的问题,习近平总书记进行了精准精细的梳理:全国还有60多万义务教育阶段孩子辍学;一些贫困人口没有参加基本医疗保险,常见病、慢性病得不到及时治疗;全国仍有约160万户需要进行危房改造;约104万贫困人口饮水安全问题没有解决,等等。

2019年6月23日,国务院扶贫开发领导小组印发了《关于解决"两不愁三保障"突出问题的指导意见》。《意见》要求全面摸清全部农户"两不愁三保障"情况,逐村、逐户、逐人、逐项开展核查。为了让各地更好把握保障标准,《意见》指出,贫困人口退出的标准是收入稳定超过国家扶贫标准且吃穿不愁,义务教育、基本医疗、住房安全有保障。各地区各部门要坚持这个标准不动摇,既不拔高,也不降低。

贫困人口义务教育有保障,主要是指除身体原因不具备学习条件外,贫困家庭义务教育阶段适龄儿童、少年不失学辍学,保障有学上、上得起学。贫困人口基本医疗有保障,主要是指贫困人口全部纳入基本医疗保险、大病保险和医疗救助等制度保障范围,常见病、慢性病能够在县乡村三级医疗机构获得及时诊治,得了大病、重病基本生活有保障。贫困人口住房安全有保障，主要是指对于现居住在C级和D级危房的贫困户等重点对象，通过进行危房改造或其他有效措施，保障其不住危房。贫困人口饮水安全有保障，主要是指贫困人口有水喝，饮水安全达到当地农村饮水安全评价标准。

国务院扶贫办要求相关行业主管部门要围绕提高"两不愁三保障"服务能力，优化政策供给，制定部门工作方案，于《意见》印发后一个月内报国务院扶贫开发领导小组备案。在教育扶贫方面，加强乡镇寄宿制学校、乡村小规模学校和教师队伍建设，扎实推进义务教育控辍保学工作，加大对家庭经济困难学生资助力度，有效阻断贫困代际传递。在健康扶贫方面，建立健全基本医疗保障制度，加强县乡村医疗卫生机构建设，配备合格医务人员，消除乡村两级机构人员"空白点"，做到贫困人口看病有地方、有医生、有制度保障。在危房改造方面，加强对深度贫困地区的倾斜支持和技术帮扶，采取多种措施保障贫困人口基本住房安全。在饮水安全方面，加快深度贫困地区、改水任务较重地区和边境地区农村饮水工程建设，保障贫困人口喝上放心水。

《意见》还指出，各地区可以在国家基本标准和总体要求的基础上，因地制宜细化实化标准并严格执行，确保工作有章可循。各地区各部门已经实施的"两不愁三保障"政策举措，明显超出基本标准的，要实事求是地予以纠正。同时要保持政策连续性稳定性，防止"翻烧饼"。

《意见》还提出，各地区各部门要按照简政放权、放管结合的要求，下放"两不愁三保障"项目审批权限，减少和简化审批环节，优化工作流程，加快项目实施进度。要充分调动贫困地区干部群众积极性和创造性，财政支持的贫困村微小型建设项目，允许按照一事一议方式直接委托村级组织自建自管。要建立"两不愁三保障"项目后续管理制度，确保可持续发挥效益。

参考文献

1.《习近平在重庆考察并主持召开解决"两不愁三保障"突出问题座谈会》，新华网，2019年4月17日。

2.《牵挂与惦念——习近平总书记赴重庆华溪村扶贫考察纪实》，央视网，2019年4月18日。

3.《"决不辜负总书记对我们的嘱托！"——石柱县中益乡华溪村见闻》，《重庆日报》，2019年4月22日。

4.《脱贫路上"跑"出幸福生活——重庆石柱土家族自治县华溪村脱贫调查》，新华网，2020年10月6日。

5.《关于解决"两不愁三保障"突出问题的指导意见》，国家乡村振兴局官网，2019年6月23日。

江西省潭头村：一定要饮水思源，不要忘了革命先烈

2019年5月20日至22日，习近平总书记来到江西，自赣州至南昌，深入企业、农村、革命纪念馆，就经济社会发展进行考察调研，主持召开推动中部地区崛起工作座谈会并发表重要讲话，对加快革命老区高质量发展、推动中部地区崛起等作出重要部署，对即将在全党开展的"不忘初心、牢记使命"主题教育提出要求。

5月20日下午，习近平来到赣州市于都县梓山镇潭头村看望慰问老区人民。在红军烈士后代、退伍军人孙观发家，习近平同孙观发一家人和当地镇、村干部围坐在一起拉家常，详细了解老区人民生产发展和生活改善等情况。习近平说："你们的前辈都牺牲了，我们要记住他们。记住他们，最重要的就是不忘初心，继续高举这面革命的旗帜向前走，将来我们的后代也要继续往前走，奋力实现'两个一百年'奋斗目标、实现中华民族伟大复兴的中国梦。"

江西脱贫攻坚战打响之前，全省有54个原中央苏区县、17个罗霄山片区县、25个贫困县，有2900个贫困村和269个深度贫困村，贫困发生率高、贫困程度深。截至2013年末，全省有346万农村贫困人口，贫困发生率达9.21%。党的十八大以来，江西有18个贫困县脱贫摘帽，2671个贫困村退出，290多万农村贫困人口告别贫困，开启了崭新生活。江西

于都县是一片红土地，这里曾是中央红军进行战略大转移的集结出发地，是赣南第一块红色根据地、第一个红色政权诞生地。1934年10月，中央机关、中央军委和中央红军主力8.6万人集结于都，踏上了漫漫征程，直至1936年10月到达甘肃会宁实现三大主力会师。

潭头村位于于都县城东面，距县城11公里，北临贡水河畔，323国道穿村而过。全村辖19个村小组，有农户493户，人口2413人。村里有耕地2695亩，林地面积34006亩，以松、杉、栎、荷、竹为主。农业产业主要是水稻，还盛产茶油、毛竹，主要农产品有香菇、木耳、白莲、猕猴桃。该村自明初建村至今已700余年，悠悠古村，民风淳朴，崇贤尚德。早在苏区时期，潭头村的贫苦农民就积极参加革命，而于都县发展的第一名党员就是潭头村人。当年的潭头村不仅是中共于都县委员会的成立地，也是于都县苏维埃政府的成立地。毛泽东、朱德率领的红四军与彭德怀所率的红五军，正是由瑞金途经梓山、潭头来到了于都县城。出于战争创伤、自然地理等多种原因，潭头村长期处于贫困状态。大部分群众居住在危旧土坯房里，电压低、道路差，基础设施薄弱，有"梓山潭头，吃苦两头；晴三天，挑烂肩头；雨三天，水进灶头"的说法。潭头村于2010年开始进行新农村建设改造，村里发生了翻天覆地的变化，2017年实现了整村脱贫。

脱贫攻坚

从空中俯瞰潭头村，高低不一的白色小楼错落有致，楼房之间，少不了几湾池塘。房前绿植掩映，围绕在它们身后的，则是一片片现代化农业大棚。再往后看，山岭耸立，绵延四周。一派社会主义新农村的景象。

随着决胜脱贫攻坚的号角吹响、乡村振兴战略的实施推进，短短数年间，融古与新为一体的潭头村，实施"改水、改沟、改厕"，一条条宽敞平整的水泥路，一排排粉刷一新的农家砖房，一座座蔬菜大棚连绵不断，街头巷尾也摆放起了果壳箱，广播室、信息室、新农民讲堂、农家书屋、农民活动室、休闲运动场所等一应俱全。

"梓山潭头，吃苦两头；晴三天，挑烂肩头；雨三天，水进灶头。"过去的潭头村永远成了历史。如今村里环境变美了，困扰了几代人的住房、饮水、内涝等问题也逐一解决了。近年来，潭头村修建通组通户道路、安装太阳能路灯，新建公共厕所、污水处理和垃圾中转系统，人居环境有了极大改善。宽带网络、广电网络实现全覆盖，家家户户住上了安全房、喝上了干净水、用上了稳定电、走上了平坦路。

2017年，潭头村以万亩富硒蔬菜基地为龙头，成立了专业种养合作社，采取"龙头企业＋合作社＋农户和贫困户"的发展模式，在这片富硒土地上种出了富民产业。2019年，村种养合作社产值达60余万元。2020年，合作社又新种植水稻120亩、马蹄30亩，新搭建蔬菜大棚200亩。如今的潭头村，拥有富硒水稻、富硒蔬菜等多个特色产业基地，村集体经济发展了，村民们既能在家门口就业，也能自主创业。

潭头村旅游资源丰富，已有700多年历史，是有名的"红军村"，富硒蔬菜产业也发展了起来，很多游客慕名而来，采摘富硒蔬果，品尝富硒农家菜。2019年7月，潭头村成立旅游合作社，开发了富硒蔬菜宴、客家民宿、红色研学等乡村旅游项目。仅一年时间，潭头村就接待游客35万人次，获得集体经济收入20.9万元。

如今的潭头村，已呈现出阡陌交通、果蔬丰盛、生态宜居的新农村景象。村民的生活正如习近平总书记来考察调研时所言："芝麻开花节节高，今后日子会更好！"生活富裕起来的潭头村开始注重精神文明建设，村里成立了环境整治理事会，常态化开展"学模范，树新风""五好文明家庭评比""文明信用农户创评"等活动，还开办了"暖童之家"和"孝老食堂"。经过几年精准帮扶和贫困户的自身努力，潭头村全村已脱贫101户、458人，贫困发生率降到0.45%。

"我跟总书记说，争取今年收入突破10万元。"孙观发说，妻子2013年因病去世，家中曾欠下20多万元债务。正当他发愁之际，村干部主动上门，先是帮他办理了低保，又帮助加入了种养合作社。如今，孙观发已从贫困的阴霾中走出，和村里其他90多户贫困户一起脱了贫。为表达感激之情，孙观发在家中二楼张贴了一副对联——上联"拔穷根摘穷帽决胜全面小康大航程"，下联"感党恩跟党走阔步社会主义新时代"，横批"永跟党走"。

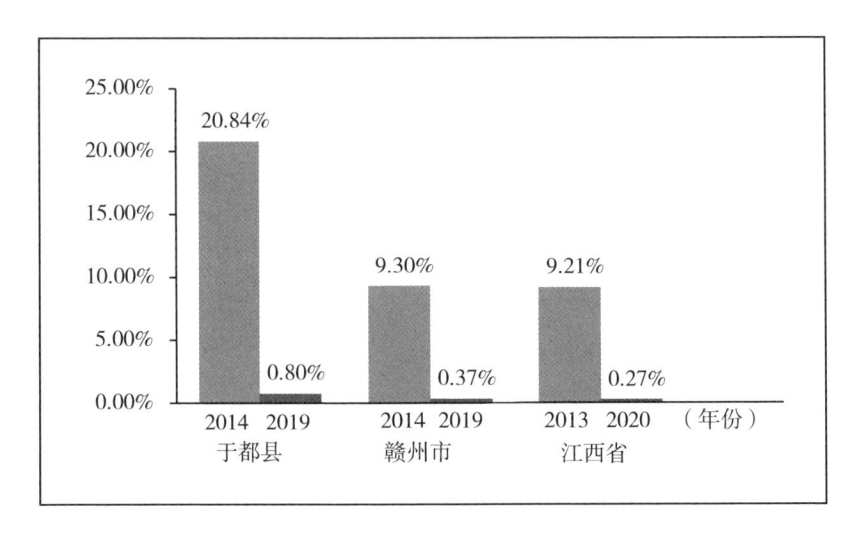

于都县、赣州市、江西省贫困发生率变化

政策解读

总书记在重庆华溪村调研之后形成的判断是："两不愁"已基本解决，

"三保障"还存在不少薄弱环节。这些薄弱环节在一般贫困地区是否存在？一般贫困地区脱贫质量是否稳定可持续？脱贫以后怎么办？带着这些问题，2019年5月20日至22日，习近平总书记来到江西，自赣州至南昌，深入企业、农村、革命纪念馆，就经济社会发展进行考察调研，实地调研了已于2017年底脱贫的于都县潭头村。

对于潭头村的如期脱贫，总书记十分高兴，他强调："我这次来江西，是来看望苏区的父老乡亲，看看乡亲们的生活有没有改善，老区能不能如期脱贫摘帽。脱贫攻坚已经进入决胜的关键阶段，各地区各部门要再加把劲，着力解决好'两不愁三保障'突出问题，让老区人民过上幸福生活。"

对脱贫后的经济发展，总书记也给出了建议："要把乡村振兴起来，把社会主义新农村建设好。要加强乡村人居环境整治和精神文明建设，健全乡村治理体系，使乡村的精神风貌、人居环境、生态环境、社会风气都焕然一新，让乡亲们过上令人羡慕的田园生活。"

江西是中国共产党早期开辟革命根据地的地方，是万里长征的出发地，承载着共产党人的初心和使命。2015年3月6日，习近平总书记在江西代表团参加审议时指出："决不能让老区群众在全面建成小康社会进程中掉队，立下愚公志、打好攻坚战，让老区人民同全国人民共享全面建成小康社会成果。"2016年2月2日，习近平总书记在井冈山看望慰问贫困群众时指出："我们党是全心全意为人民服务的党，将继续大力支持老区发展，让乡亲们日子越过越好。"总书记的这次考察，再次反映了他对革命老区的情怀。在潭头村，习近平总书记对乡亲们动情地说："你们的前辈都牺牲了，我们要记住他们。记住他们，最重要的就是不忘初心，继续高举这面革命的旗帜向前走，将来我们的后代也要继续往前走，奋力实现'两个一百年'奋斗目标、实现中华民族伟大复兴的中国梦。"

在随后举行的推动中部地区崛起工作座谈会上，总书记发表重要讲话，就做好中部地区崛起工作提出 8 点意见。他强调，"江西是一片充满红色记忆的红土地。以百姓心为心，与人民同呼吸、共命运、心连心，是党的初心，也是党的恒心。井冈山精神和苏区精神，承载着中国共产党人的初心和使命，铸就了中国共产党的伟大革命精神。这些伟大革命精神跨越时空、永不过时，是砥砺我们不忘初心、牢记使命的不竭精神动力。要深刻认识红色政权来之不易、新中国来之不易、中国特色社会主义来之不易，教育党员、干部特别是领导干部牢固树立立党为公、执政为民的理念，增进群众感情，践行群众路线，锤炼忠诚干净担当政治品格，当好人民勤务员，为完成新时代党的历史使命而努力奋斗"。

中部地区包括山西、安徽、江西、河南、湖北、湖南六省，国土面积 102.8 万平方公里，占全国陆地国土总面积的 10.7%。中部地区在全国区域发展格局中具有举足轻重的战略地位。促进中部地区崛起，是落实四大板块区域布局和"三大战略"的重要内容，是构建全国统一大市场、推动形成东中西区域良性互动协调发展的客观需要，是优化国民经济结构、保持经济持续健康发展的战略举措，是确保如期实现全面建成小康社会目标的必然要求。

扶贫小卡片

乡村振兴与脱贫攻坚相衔接

脱贫攻坚和乡村振兴是中国当前实行的两大全国性重大战略行动，前者立足于实现第一个百年奋斗目标——全面建成小康社会，后者着眼于第二个百年奋斗目标——到本世纪中叶把我国建成富强民主文明和谐美丽的社会主义现代化强国。脱贫攻坚和乡村振兴战略的有效衔接，有利于"两个一百年"奋斗目标的实现。对于如何做好脱贫攻坚和乡村振兴的衔接工作，可以从以下几方面着手。

一、从工作体系看，在脱贫攻坚过程中形成的工作体系应该继续持续下去。在脱贫攻坚时期，不少地方形成了以脱贫攻坚统揽经济社会发展全局的工作体系，可以进行参考，用到乡村振兴工作中，包括责任体系、动员体系、考核体系、治理体系等。从逻辑上看，脱贫攻坚与乡村振兴是一脉相承的，打好脱贫攻坚战，为贫困地区实施乡村振兴创造了有利的物质、技术和社会基础，而乡村振兴作为国家战略，无疑也包括贫困地区，要一张蓝图绘到底。

二、从工作内容看，在脱贫攻坚任务完成后，除了极少数需要兜底保障的贫困人口外，各地需要将工作内容及时地转移到以下几个方面：在产业兴旺方面，应从对贫困户的产业扶贫转到县域内主导产业和优势产业的培育和发展上来，并将产业兴旺与农业现代化、工业化和城镇化结合起来，对贫困户的扶贫，可以从产业扶贫转向产业带贫，使产业兴旺的结果不仅惠及贫困户，也惠及全体农户，从而达到生活富裕的目标；在生态宜居方面，在做好基础设施和公共服务的基础上，因地制宜地做好环境的绿化和美化，解决农村的各种污染问题；在乡风文明方面，在强化党建引领村庄治理的基础上，挖掘和吸引各类人才返乡和下乡，将先进文明、先进技术、先进经济形式引入到乡村振兴中，进而实现乡风文明和治理有效。在这个转换过程中，还要注意适当修复因脱贫攻坚过程中出现的村庄间和农户间的现实和心理不平衡，从而实现村庄和县域的持续协调发展。

三、从工作方法看，在责任不变、力度不变、队伍不变的同时，在方法、措施上要实现从精准到共享、从特惠到普惠、从管理到服务的转变。1.从支持贫困户扩大到非贫困户；2.从支持贫困村扩大到非贫困村；3.对主导产业支持从生产的种养环节逐渐转移到加工、销售、品牌建立、产业融合等环节；4.从对农户的支持扩大到对职业农民、家庭农场、合作社、龙头企业等新型经营主体和利益联结机制的创新等方面的支持；5.从以财政资金支持为主逐渐转移到金融资金和工商资本支持为主；6.在金融支持方面，从对贫困户的小额信贷支持扩大到对所有主体的普惠金融支持。

四、从工作重心看，要从产业扶贫转向产业振兴。产业振兴有以下2个重点：1.培育主导产业，做大做强优势产业，农业的产业结构要从种养业转到一二三产业融合发展，二、三产业要与工业化和城镇化结合起来，以城镇化工业化引领产业发展；2.对贫困户和小农户要从产业扶贫转向产业带贫，使贫困户和小农户的收入从家庭经营转向就业为主，脱贫路径从产业脱贫到就业脱贫。

参考文献

1.《习近平到潭头村看望老区群众》，新华网，2019年5月21日。

2.《实现脱贫攻坚和乡村振兴有效衔接》，光明网，2019年5月30日。

3.《于都县梓山镇潭头村：乡亲们过上令人羡慕的田园生活》，《江西日报》，2019年6月8日。

4.《于都县潭头村：村民富了 日子红火了》，中国江西网，2019年10月3日。

5.《富硒土助民致富——江西省于都县潭头村的脱贫之路》，光明网，2020年11月1日。

6.《实现脱贫攻坚和乡村振兴有效衔接》，光明网，2019年5月30日。

内蒙古自治区马鞍山村：必须永远坚守党的初心和使命

2019年5月13日，中共中央政治局召开会议，决定从2019年6月开始，在全党自上而下分两批开展"不忘初心、牢记使命"主题教育。2019年7月15日至16日，习近平总书记来到内蒙古，深入社区、林场、农村、高校、机关单位，看望慰问各族干部群众，就经济社会发展、生态文明建设进行考察调研，实地指导开展"不忘初心、牢记使命"主题教育。

7月15日下午，习近平来到赤峰市喀喇沁旗马鞍山林场考察。沿着崎岖的护林小道，习近平步行进入林区察看林木长势，了解林场建设发展情况。随后，习近平乘车前往河南街道马鞍山村，在村党群服务中心听取全村情况介绍。在驻村干部之家、爱心超市，他看到村庄管理有序、村民生活幸福，感到十分欣慰。习近平指出，产业是发展的根基，产业兴旺，乡亲们收入才能稳定增长。要坚持因地制宜、因村施策，宜种则种、宜养则养、宜林则林，把产业发展落到促进农民增收上来。之后，习近平走进农户张国利家，察看了院落、客厅、卧室、厨房、厕所等的情况。习近平指出，内蒙古自治区历来是民族自治、民族团结的模范，我们搞民族区域自治的目的是为了推动民族团结。各民族要一起推动中华民族发展，像石榴籽一样紧紧抱在一起。

内蒙古区域辽阔、地广人稀，贫困人口主要分布在少数民族聚居区和偏远的边境牧区，扶贫成本高、脱贫难度大。党的十八大以来，内蒙古自治区多措并举持续推进精准扶贫，使脱贫攻坚战取得了决定性进展。从 2013 年底到 2017 年底，自治区建档立卡贫困人口从 157 万人减少到 37.8 万人，贫困发生率从 14.7% 下降到 2.62%。2018 年减贫 23.5 万人，贫困发生率下降到 1.06%。2019 年，实现 14 万以上贫困人口脱贫，20 个贫困旗县全部摘帽，贫困村全部出列，基本完成打赢脱贫攻坚战的任务。赤峰市位于内蒙古自治区东南部，大兴安岭南段和燕山北麓山地，西拉木伦河南北与老哈河流域广大地区，是内蒙古高原、冀北丘陵和辽宁平原的截接复合部位，呈三面环山、西高东低、多山多丘陵的地貌特征。内蒙古马鞍山国家森林公园位于内蒙古赤峰市喀喇沁旗锦山镇东南 5 公里处，1993 年被林业部批准为国家森林公园。

马鞍山村有 6 个村民小组，4 个自然营，总户籍人口 425 户、1113 人，常住人口 242 户、562 人。其中，蒙古族人口 375 人，占总人口的 33.7%，满族人口 90 人，占总人口的 8.1%。马鞍山村是个典型的小山村，曾因经济基础薄弱，成为重点整村推进扶贫开发贫困村。20 世纪七八十年代，当地开垦山林，放牧过度，一度造成山体水土流失，生态环境恶化，老百姓的日子也越过越穷。20 多年前，马鞍山村决定偿还生态欠账。特别是近 10 年来，村里大力推进生态建设，共封山育林 3000 亩、人工造林 1000 亩，还聘用了生态公益护林员，加大生态防护力度，目前全村森林覆盖率高达 90.2%。山葡萄种植和乡村旅游是村里的两大主导产业，全村有一半以上的人家种植山葡萄。马鞍山村通过参与生态保护、生态修复工程建设和发展生态产业，使村民收入水平有了明显提升，生产生活条件明显改善。马鞍山村是内蒙古通过生态兴农推动乡村振兴的一个缩影，已成为离赤峰市区最近的自然观光、休闲度假首选地之一。2015 年，该村成功入选了"中国乡村旅游模范村"名录以及农业部等发布的"中国最美乡村"名录。

脱贫攻坚

绿水青山就是金山银山。马鞍山村森林覆盖率高达90.2%，生态文明建设始终走在全旗乃至全市的前列。这里空气清新，是天然氧吧。2018年，全村农民人均可支配收入达到9520元。马鞍山村通过走生态优先、绿色发展为导向的路子，成功打造了一张属于自己的"绿色名片"。

马鞍山村曾是喀喇沁旗有名的"落后村"，基础条件差，近300户村民常年生活在大山下，靠着贫瘠的旱地看天吃饭。为了让村民摆脱贫困的桎梏，村"两委"坚守为百姓谋幸福的初心，带领村民向贫困宣战。马鞍山村以实施乡村振兴、脱贫攻坚、美丽乡村建设为契机，培育山葡萄和乡村旅游两大主导产业，逐步走出一条"生态立村、产业富村、旅游强村"的发展新路子，运用"菜单式"扶贫和扶强带贫模式，实现了产业扶贫全覆盖。

保护生态资源，增加农民收入。农户家里的牛羊都是圈养，没有牛羊散养在林草地上。原来，村里实行了大规模的封山禁牧、牛羊进圈。大规模的退耕还林、植树造林，不但显著增加了森林覆盖率，同时也为村民带来了额外收入。借助丰富的生态资源，马鞍山村发展了起来。

种植山葡萄，形成绿色葡萄名片。村里先后成立蒙弘山葡萄专业合作社，建起酒厂，通过采取"公司+合作社+基地+农户"的产业化经营模式，发展山葡萄产业。村"两委"牵头成立了葡萄酒业有限公司。马鞍山村的山葡萄原酒加工厂在2013年投入生产，2015年转制，2017年招商重组……山葡萄酒厂在马鞍山村如雨后春笋般迅猛发展。如今，全村山葡萄种植户有240户，山葡萄种植面积达3500亩。现在村里规模较大的酒厂每年能收购大约6000吨山葡萄，小的也能收购1000多吨。酒厂与种植户签订收购协议，每斤山葡萄收购价为2元，比市场价高0.5元。

利用区位优势，发展乡村旅游。马鞍山村距离城区10公里，地处马鞍山国家森林公园脚下，旅游资源得天独厚。村里积极引导村民发展旅游业。目前，村里建成了集山葡萄观光、山葡萄饮品开发、红酒生产销售、农事体验等于一体的马鞍山红酒庄园。同时，村"两委"还牵头成立了旅游合作社，发展"农家乐"15家。目前，来村里旅游、考察、学习的人数总量突破了20万人，村民收入翻了好几倍。此外，村里还规划了林果采摘、民宿等项目，丰富游客的多样性体验。

推行厕所革命，打造宜居环境。该村作为"厕所革命"的试点村，实施了"户承包、村集中、旗统一无害化处理"的模式。卫生厕所分两大类，一类是室内的微生物降解，另一类是室外的水旱两用。"厕所革命"是马鞍山村开展人居环境整治行动的一个重要举措，这项工作一直在有序推进中。

如今的马鞍山村，山变得更加绿了，村容村貌整洁了，村民的腰包鼓

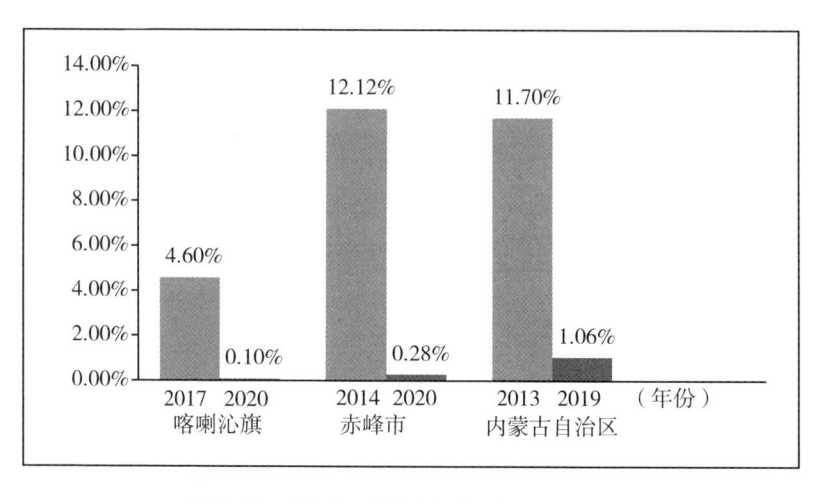

喀喇沁旗、赤峰市、内蒙古自治区贫困发生率变化

起来了,群众的幸福指数节节攀升。在生态产业带动下,马鞍山村综合运用健康扶贫、教育扶贫等措施,使全村贫困发生率降至0.63%。

政策解读

总书记曾经说,"为中国人民谋幸福,为中华民族谋复兴,是中国共产党人的初心和使命",脱贫攻坚奔小康,则是中国共产党不忘初心和使命的最突出表现。

马鞍山村曾是有名的"落后村",基础条件差,过去一直靠着贫瘠的旱地看天吃饭。为了让村民摆脱贫困的桎梏,村"两委"坚守为百姓谋幸福的初心,带领村民向贫困宣战。马鞍山村以实施乡村振兴、脱贫攻坚、美丽乡村建设为契机,培育山葡萄和乡村旅游两大主导产业,逐步走出一条"生态立村、产业富村、旅游强村"的发展新路子。在马鞍山村,看到马鞍山村脱贫攻坚和乡村振兴的发展,习总书记说,这里发生的变化充分证明了中国特色社会主义道路是正确的,百姓生活真正是芝麻开花节节高。中国共产党是全心全意为人民服务、一心一意为百姓谋幸福的党,我们要永远获得人民群众支持拥护,就必须永远坚守党的初心和使命,践行全心全意为人民服务的根本宗旨。

总书记对脱贫以后的乡村振兴提出了意见,他说:"乡村振兴了,环境变好了,乡村生活也越来越好了。要继续完善农村公共基础设施,改善农村人居环境,重点做好垃圾污水治理、厕所革命、村容村貌提升,把乡村建设得更加美丽。""产业是发展的根基,产业兴旺,乡亲们收入才能稳定增长。"

总书记对马鞍山村的考察不仅推动了内蒙古通过生态兴农发展乡村振兴的工作,也提高了国家对乡村旅游的进一步重视。2019年8月23日,国务院办公厅印发《国务院办公厅关于进一步激发文化和旅游消费潜力的意见》，要求提升文化和旅游消费质量水平，增强居民消费意愿，以高质量文化和旅游供给增强人民群众的获得感、幸福感。其中提到，积极发展休闲农业，大力发展乡村旅游，实施休闲农业和乡村旅游精品工程，培育一批美丽休闲乡村，推出一批休闲农业示范县和乡村旅游重点村。推进国家全域旅游示范区建设，着力开发商务会展旅游、海洋海岛旅游、自驾车旅居车旅游、体育旅游、森林旅游、康养旅游等产品。支持红色旅游创新、融合发展。打造一批具有文旅特色的高品位休闲街区和度假产品。到2022年，培育30个以上旅游演艺精品项目，扩大文化和旅游有效供给。

扶贫小卡片

乡村文化与乡村旅游相结合

乡村文化和乡村旅游是农民增收的有效途径，在脱贫攻坚和乡村振兴中是必不可少的两大抓手。乡村振兴，既要塑形，也要铸魂。没有乡村文化的高度自信，没有乡村文化的繁荣发展，就难以实现乡村振兴的伟大使命。

在2015年12月7日印发的《中共中央国务院关于打赢脱贫攻坚战的决定》中就要求，推动文化投入向贫困地区倾斜，集中实施一批文化惠民扶贫项目，普遍建立村级文化中心。深化贫困地区文明村镇和文明家庭创建。推动贫困地区县级公共文化体育设施达到国家标准。支持贫困地区挖掘保护和开发利用红色、民族、民间文化资源。鼓励文化单位、文艺工作者和其他社会力量为贫困地区提供文化产品和服务。

在2016年8月11日印发的《乡村旅游扶贫工程行动方案》中也提出，各地要突出乡村自然资源优势，挖掘文化内涵，开发形式多样、特色鲜明的带动贫困户参与的乡村旅游产品。要发展一批以农家乐、渔家乐、牧家乐、休闲农庄、森林人家等为主题的乡村度假产品，建成一批依托自然风光、美丽乡村、传统民居为特色的乡村旅游景区，策划一批采摘、垂钓、农事体验等参与型的旅游娱乐活动，大力开发徒步健身、乡村体育休闲运动，培育发展自驾车房车营地、帐篷营地、乡村民宿等新业态，打造丰富多彩的乡村特色文化演艺和节庆活动。

文化振兴也是乡村振兴的重要组成部分，实施乡村振兴战略，要物质文明和精神文明一起抓，既要发展产业、壮大经济，更要激活文化、提振精神，繁荣兴盛农村文化。要把乡村文化振兴贯穿于乡村振兴的各领域、全过程，为乡村振兴提供持续的精神动力。

2019年8月23日，国务院办公厅印发《国务院办公厅关于进一步激发文化和旅游消费潜力的意见》，要求提升文化和旅游消费质量水平，增强居民消费意愿，以高质量文化和旅游供给增强人民群众的获得感、幸福感。其中提到，积极发展休闲农业，大力发展乡村旅游，实施休闲农业和乡村旅游精品工程，培育一批美丽休闲乡村，推出一批休闲农业示范县和乡村旅游重点村。推进国家全域旅游示范区建设，着力开发商务会展旅游、海洋海岛旅游、自驾车旅居车旅游、体育旅游、森林旅游、康养旅游等产品。支持红色旅游创新、融合发展。打造一批具有文旅特色的高品位休闲街区和度假产品。到2022年，培育30个以上旅游演艺精品项目，扩大文化和旅游有效供给。

参考文献

1.《习近平：各民族要一起推动中华民族的发展》，新华网，2019 年 7 月 16 日。

2.《心系北疆　情满草原——习近平总书记考察内蒙古回访记》，新华网，2019 年 7 月 17 日。

3.《见证七十载·草原新发展：马鞍山村的"绿色名片"》，中国青年网，2019 年 10 月 19 日。

4.《国务院办公厅关于进一步激发文化和旅游消费潜力的意见》，中国政府网，2019 年 8 月 23 日。

甘肃省富民新村：逐村逐户、逐人逐项去解决问题

在 2019 年 3 月全国"两会"期间，习近平总书记来到甘肃代表团，仔细询问临夏州、甘南藏族自治州和天祝县的脱贫攻坚进展情况。2019 年 8 月 19 日至 22 日，习近平总书记先后来到酒泉、嘉峪关、张掖、武威、兰州等地，深入文物保护单位、农村、学校、草场林场、革命纪念馆、防洪工程、文化企业等，就经济社会发展和"不忘初心、牢记使命"主题教育情况进行考察调研。

8 月 21 日上午，习近平来到武威市古浪县黄花滩生态移民区富民新村。他先是来到了富民小学，了解学生的学习情况，嘱咐学校负责同志既要让孩子们学习好，也要让孩子们吃好、锻炼好，德智体美劳全面发展。随后，习近平走进村民李应川家，仔细了解乡亲们的住房改善和改水改厕等情况。此后，总书记又来到村党群服务中心便民大厅，向工作人员询问各项惠民政策落实情况和易地扶贫搬迁后的便民服务措施，了解养老、低保、就业等情况。临近中午，习近平来到距离古浪县城 30 公里的八步沙林场，了解人工造林情况。在调研过程中，习近平强调，要深化脱贫攻坚，坚持靶心不偏、焦点不散、标准不变，在普遍实现"两不愁"的基础上，重点攻克"三保障"方面的突出问题，把脱贫攻坚重心向深度贫困地区聚焦，以"两州一县"和 18 个省定深度贫困县为重点，逐村逐户、

逐人逐项去解决问题，坚决攻克最后的贫困堡垒。

武威市地处黄土高原、青藏高原和蒙新高原三大高原交会地带，地势西高东低，局部地形复杂。武威市下辖一区三县，其中两个县是国家级贫困县。古浪县南依祁连山东延支脉乌鞘岭、毛毛山，北靠腾格里沙漠，地势南高北低，南部为中、高山地，中部为低山丘陵沟壑区，中部为倾斜平原绿洲农业区，北部为荒漠区。古浪县是国家六盘山集中连片特困地区甘肃 58 个贫困县之一，也是甘肃 23 个深度贫困县之一。2013 年底，全县有建档立卡贫困人口 3.42 万户、14.23 万人。

富民新村地处甘肃省古浪县黄花滩生态移民区，黄花滩乡位于古浪县城东北部 40 公里处，东临西靖乡，南靠黄羊川乡，西连定宁、土门、永丰滩乡，北靠腾格里沙漠并与凉州区接壤。2018 年富民新村竣工，安置了来自古浪县 8 个乡镇的 4500 余人，其中建档立卡贫困户 1095 户、3736 人。古浪县南部大部分为山地和丘陵，山大沟深，崾梁纵横，地势南高北低，海拔在 2200～2794 米，自然条件极为恶劣，生存空间狭小，广种薄收，靠天吃饭，群众就地脱贫难度极大。为从根本上解决南部山区贫困群众的脱贫问题，从 2012 年开始，古浪县大规模实施黄花滩生态移民易地扶贫搬迁工程。截至 2018 年底，已累计搬迁南部山区贫困群众 6.24 万人。南部山区生活在自然条件恶劣的地方、缺乏基本生存条件、有搬迁意愿的群众实现了应搬尽搬。

脱贫攻坚

古浪是甘肃省 18 个干旱县和 43 个国家新一轮扶贫开发工作重点县之一，贫困发生率达 47.4%，特别是居住在海拔 2500 米以上南部高深山区的贫困人口就有近 5 万人。从 2011 年开始，古浪县按照武威市委提出的下山入川生态移民工程部署，大规模搬迁南部山区的困难群众。富民新村安置了来自古浪县8个乡镇的4500余人，他们曾经生活在古浪南部的高深山区，那里自然条件恶劣，行路难、就医难、上学难、饮水难、就业难始终困扰着他们。搬到基础设施齐全的富民新村后，他们不愁吃，不愁穿，教育、医疗和住房也都有了保障。

从2011年起，当地开始实施生态移民易地扶贫搬迁工程，目前已建成12个移民新村，富民新村就是其中的一个。对古浪县政府和当地村民而言，搬出高深山区只是第一步，培育特色优势产业，强化"造血"功能，才是根本出路。为了让搬迁下来的村民住得稳、能致富，古浪县坚定不移地走"设施农牧业+特色林果业+甜高粱产业"的扶贫开发路子，助推精准扶贫，让贫困群众尽快脱贫奔小康。

古浪县以每年5000万元的标准拨付专项资金，用于扶持特色产业发展。将日光温室、暖棚建设、良种引进、贷款贴息等国家和省市产业扶贫资金集中用于扶持贫困群众发展主体生产模式，对移民区日光温室每亩奖补3万元，养殖暖棚奖补6000~8000元。搬迁群众根据经济条件和自身产业基础，分别发展了日光温室、肉羊育肥、獭兔养殖产业，一步到位进入现代设施农牧业。

富民新村"两委"班子牢记总书记嘱托，坚持把产业培育作为脱贫攻坚的根本之策，积极发展特色产业，通过"党支部+合作社+贫困户"的模式，发展设施农业、现代化养殖、林果经济等产业，累计建成日光温室大棚230座，养殖暖棚2000多座，新栽植山楂100亩、桃300亩、李子70亩，多渠道发展产业，让易地扶贫搬迁的群众留得住、能就业、有收入。

习近平总书记到访的李应川家，仅仅一年多时间，不仅搞起了养殖，还种起了大棚蔬菜。"去年我家的大棚里种了辣椒，收成还行，收入有1

万多元。今年改种了西红柿，再过半个月，西红柿就可以采摘上市了。"除了和老伴儿搞养殖、种植，李应川还在村里当护林员，每月也有一定收入。

为有效提高移民素质和技能，古浪县依托"雨露计划""阳光工程"，启动实施了"千人万亩、千人万棚"农业技术培训工程，以农村实用技术和现代设施农业技术为培训重点，采取"送出去学、请进来教、招回来训"的方式，集中对移民区群众和农业技术人员进行獭兔养殖、皇冠梨栽培、舍栏饲养等技术培训，使移民群众尽快掌握种植、养殖方面的关键性技术。

从"一方水土养不起一方人"到"一方水土富一方人"。截至2019年底，富民新村人均可支配收入达5000余元。如今的古浪黄花滩上，一个承载着6.24万人的新家园正在崛起。"挪穷窝、斩穷根"，走出祖祖辈辈居住的高深山区，走向齐心奔小康的富民路，富民新村的美好生活越过越红火。

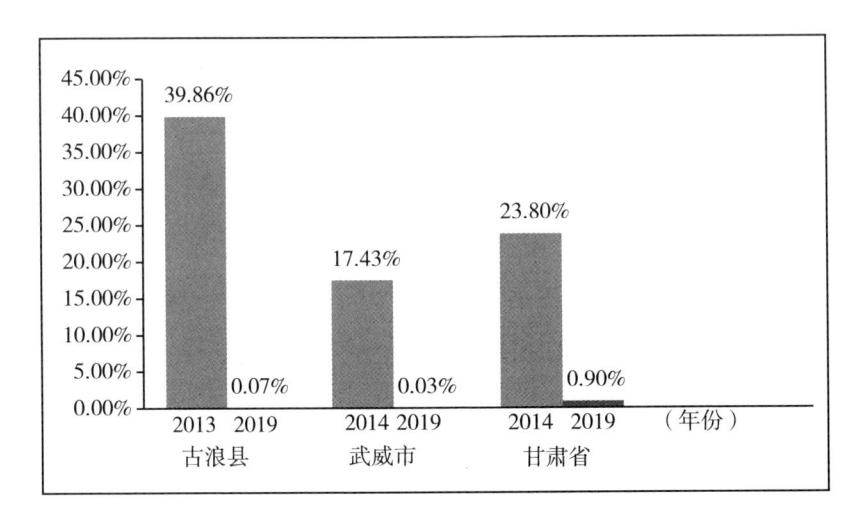

古浪县、武威市、甘肃省贫困发生率变化

政策解读

从精准扶贫开始前考察甘肃的元古堆村、布楞沟村,到即将完成脱贫攻坚任务、进入小康之际考察富民新村,总书记一直对甘肃的脱贫攻坚工作高度重视。在2019年3月全国"两会"期间,习近平总书记来到甘肃代表团,仔细询问了临夏州、甘南藏族自治州和天祝县的脱贫攻坚进展情况。2019年8月19日至22日,习近平总书记先后来到酒泉、嘉峪关、张掖、武威、兰州等地,就经济社会发展和"不忘初心、牢记使命"主题教育情况进行考察。其间,习近平前往武威市古浪县黄花滩生态移民区富民新村进行调研。

富民新村是我国易地扶贫的一个成功典范。通过搬迁高深山区贫困群众下山入川,不仅从根本上解决了贫困群众饮水难、行路难、就医难、就学难、增收难和返贫现象突出的问题,而且实现了房屋统一设计、产业统一开发、基础设施统一配套、生态环境统一治理,取得了显著的扶贫效应和社会效应。

易地扶贫搬迁最大的困难在于搬迁后的生活可持续问题,这也是总书记最关心的问题。对此,总书记说:"贫困乡亲脱贫是第一步,接下来要确保乡亲们稳定脱贫,扶贫政策和扶贫队伍要保留一段时间,从发展产业、壮大集体经济等方面想办法、找出路,让易地搬迁的群众留得住、能就业、有收入,日子越过越好。""要深化脱贫攻坚,坚持靶心不偏、焦点不散、标准不变,在普遍实现'两不愁'的基础上,重点攻克'三保障'方面的突出问题,把脱贫攻坚重心向深度贫困地区聚焦,以'两州一县'和18个省定深度贫困县为重点,逐村逐户、逐人逐项去解决问题,坚决攻克最后的贫困堡垒。"

从现实看,易地搬迁后,为了实现稳定脱贫,除了产业扶贫、就业扶贫等扶贫手段外，坚决攻克最后的贫困堡垒，还是要依靠"五个一批"中的最后一批——"社会保障兜底一批"。这是保障剩余贫困人口彻底脱贫的最主要手段。为此，民政部和国家统计局于2019年12月19日发布了《关于在脱贫攻坚中切实加强农村最低生活保障家庭经济状况评估认定工作的指导意见》。

《意见》指出，最低生活保障家庭经济状况评估认定是最低生活保障工作的重要环节，事关最低生活保障对象的精准认定，是确保最低生活保障制度公平、公正、公开的基础。当前，脱贫攻坚已到了决战决胜、全面收官的关键阶段，为进一步提升社会救助兜底保障能力，精准认定农村最低生活保障对象，确保符合条件的贫困人口，特别是完全丧失劳动能力和部分丧失劳动能力且无法依靠产业就业帮扶脱贫的贫困人口全部纳入最低生活保障范围。

扶贫小卡片

解决区域性整体贫困

2011年发布的《中国农村扶贫开发纲要（2011—2020年）》大致指出了连片特困地区的范围。六盘山区、秦巴山区、武陵山区、乌蒙山区、滇桂黔石漠化区、滇西边境山区、大兴安岭南麓山区、燕山—太行山区、吕梁山区、大别山区、罗霄山区等区域的连片特困地区和已明确实施特殊政策的西藏、四省藏区、新疆南疆三地州是扶贫攻坚主战场。

党的十九大报告指出，坚决打赢脱贫攻坚战。要坚持大扶贫格局，深入实施东西部扶贫协作，重点攻克深度贫困地区脱贫任务，确保到 2020 年我国现行标准下农村贫困人口实现脱贫，贫困县全部摘帽，解决区域性整体贫困，做到脱真贫、真脱贫。

中国在解决区域性整体贫困问题方面的主要理念和实践是：第一，在实践中，始终坚持以经济建设为中心，坚持发展是硬道理，把发展作为解决中国所有问题的关键和中国共产党执政兴国的第一要务。第二，在理念上，将生存权和发展权作为首要的基本人权。第三，在具体推进国家和社会的发展中，有计划、分阶段、稳扎稳打地解决贫穷问题。第四，长期以来坚持有重点地解决贫穷问题。虽然中国规划将在 2020 年解决区域性整体贫困问题，但是在防止返贫、缓解相对贫困、缩小发展差距方面，依然任重道远。

参考文献

1.《习近平与甘肃，这些故事你知道吗？》，新华网，2019 年 8 月 19 日。

2.《习近平甘肃行：看富民新村移民新生活》，央视网，2019 年 8 月 21 日。

3.《习近平：老百姓的幸福就是共产党的事业》，《人民日报》，2019 年 8 月 22 日。

4.《习近平甘肃考察调研：脚量陇原大地　心系百姓幸福》，人民网，2019 年 8 月 27 日。

5.《习近平：2020 贫困县全部摘帽　解决区域性整体贫困》，《北京晨报》，2017 年 10 月 18 日。

河南省田铺大塆和东岳村：追求美好生活，是永恒的主题

2019年9月16日至18日，习近平总书记来到河南信阳、郑州等地，深入革命老区、农村、企业等，就经济社会发展和"不忘初心、牢记使命"主题教育情况进行考察调研。

9月16日，习近平来到信阳市新县田铺乡田铺大塆村，实地参观一家名为"老家寒舍"的民宿。他仔细察看了服务设施，同店主韩光莹一家人围坐在一起交谈。随后，习近平来到彭芳珍的"匠心工坊"鞋垫摊前，拿出300元钱买了3双绣有"五谷丰登""年年有余""喜上眉梢"图案的鞋垫。总书记强调，依托丰富的红色文化资源和绿色生态资源发展乡村旅游，搞活了农村经济，是振兴乡村的好做法。9月17日上午，习近平来到光山县槐店乡司马光油茶园，同正在劳作的村民和管理人员交流，实地察看油茶树种植和挂果情况，询问乡亲们的家庭、务工和收入情况。接着，习近平来到光山县文殊乡东岳村。在村文化接待中心，他了解了光山县的脱贫工作和中办在光山县扶贫的工作情况。随后，习近平察看了糍粑、月饼、咸麻鸭蛋、黑猪腊肉、红薯粉条、甜米酒等"光山十宝"和光山羽绒服等特色产品，详细询问产品的市场销路和带动村民脱贫的作用。习近平强调，要积极发展农村电子商务和快递业务，拓宽农产品销售渠道，增加农民收入。要注意节约环保，杜绝过度包装，避免浪费和污染

环境。

鄂豫皖革命根据地位于湖北、河南、安徽三省边界的大别山区,是红四方面军、红二十五军、红二十八军的诞生地,是中国共产党在土地革命战争时期领导创建的根据地之一,是仅次于中央苏区的第二大革命根据地。大别山革命老区涉及河南省信阳市、驻马店市全境和南阳市桐柏县、唐河县共22个县(区)。大别山革命老区,由于人地矛盾突出,矿产资源匮乏,农业基础设施薄弱,自然灾害频发,属于大别山集中连片特困地区。

河南地处华北平原南部,位于黄河中下游,是中国古代文明发祥地之一,北、西、南三面由太行山、伏牛山、桐柏山、大别山沿省界呈半环形分布。脱贫攻坚战打响以来,河南省把脱贫攻坚作为第一民生工程和首要政治任务,中原大地的广袤乡村发生了天翻地覆的变化。2013年以来,河南省共实现582.4万农村贫困人口脱贫、8315个贫困村出列、39个贫困县摘帽,贫困发生率由2013年底的8.79%下降到2018年底的1.21%,贫困地区农村居民人均可支配收入达到11911元。

田铺大塆位于河南省新县田铺乡。新县隶属河南省信阳市,位于信阳市南部、大别山腹地、鄂豫两省交接地带,被称为"中原南门"。新县是一个以林为主的山区县,也是全国著名的革命老区和将军县。田铺大塆距离新县县城24公里,坐落在大别山青龙岭山下,是一个与田铺乡政府仅有一河之隔的古村落,自然环境优美,古村落的建筑和基本架构保存完好。村里现有房屋260间,始建于民国初期,为典型的豫南民居,深受中原文化、楚文化与徽派文化的影响。房屋多为土坯墙体,有着斜顶瓦房的独特建筑形式,融汇了北方民居的硬朗和南方民居的灵秀。这种房屋的特点是通风透气,冬暖夏凉。房屋和周围山水自然环境相互映衬,形成了一幅和谐美丽的画卷。田铺大塆村落规模4.6平方公里,有367间房屋、81

户村民、295 人。2016 年初，当地引进"乡村创客"，修缮民居，开办了民宿和特色商铺，最大限度保存了村落的历史风貌，让古村焕发新生，走出了一条"红色旅游+"助力脱贫攻坚的道路。

乡村建设

改革开放以来，位于大别山区腹地的田铺大塆，虽然保留了传统村落建筑，但并没有快速发展起来。和其他农村地区一样，这里的青壮年外出务工居多，还有一些经过职业培训漂洋过海，去异国他乡谋生存。"美丽乡村"建设开始后，田铺大塆的独特优势被逐渐发掘。这里生态完整，保留了土坯墙体、斜顶瓦房的豫南建筑，同时融入了马头墙、天井等南方户型元素，先后入选中国第三批传统村落与中国景观村落。

2014 年，这里作为美丽乡村建设试点进行了保护性修缮，新县先后投资 2200 多万元，村里的基础设施、公共服务、环境卫生得到了综合整治，村庄道路、供水排水、人工湿地、大塘花田面目一新，原始风貌却应留尽留。2015 年，脱贫攻坚的号角吹响，田铺大塆走出了从"封闭落后"到实现"逆袭"的关键一步。村里成立了三色农耕园艺农民专业合作社，农户通过房屋、土地等要素入股获得分红。2016 年，村里的合作社开始与一家上海旅游管理公司合作，按照"不拆一砖、不伐一树"的思路，打造以"创客"为主题的美丽乡村。2019 年，田铺大塆启用游客集散中心，采取"创客+公司+合作社+农户"的旅游经营模式，完成了村庄亮化绿化工程和旅游标准化建设，古村镇焕然一新。

2019 年 9 月 16 日，习近平总书记来到田铺大塆考察时指出，依托当地资源发展乡村旅游，搞活了农村经济，是振兴乡村的好做法。该年十一假期，田铺大塆接待了人数超过 20 万的游客。

作为中国传统村落、中国景观村落，田铺大塆在保护性开发过程中走出了一条创新发展之路。2016 年，田铺大塆三色农耕园艺合作社与上海蔓乡旅游投资管理有限公司深度合作，以"乡村创客"为主题，努力打造出河南省首个创客小镇，为敢创者搭建了优质平台，为愿创者拓展了筑梦空间。目前，创客小镇吸引了 20 余名大学生到田铺大塆投资置业，先后开设"爱莲说餐厅""花音年代咖啡厅""匠心工坊""蔓乡托幼院""时光小院""80 后童年体验""碰瓷儿""不期而遇""儿童阅览室""伴手礼""创客空间"等创客小店。通过创客小店带动本地村民先后创办了"春临农家""近水楼台""英子饭店""岁月小筑""小巷人家""南山下"等特色小店。

随着田铺大塆知名度的持续攀升，大批外出务工人员看到商机，纷纷返乡投资支持家乡发展，相继创办"老家寒舍""外婆家""良栖小院""梦里老家""田园小居""归园田居"等民宿小店，掀起了新一轮返乡创业热潮。目前，田铺大塆共有特色创客小店 24 家，民宿 20 家，农家乐 8 家，吸纳 265 户农户入股合作社，辐射带动周边 193 户贫困户稳定脱贫，实现了从"美丽乡村"到"美丽经济"的嬗变。2014 年，田铺大塆人均纯收入仅为 8073 元，而到了 2019 年，田铺大塆旅游综合收入 8500 万元，人均纯收入达 18624 元。

东岳村

东岳村隶属光山县文殊乡。光山县位于河南省的东南部，信阳市中部，南依大别山，北临淮河，地处鄂、豫、皖三省的连接地带，处于大别山集中连片特困地区，是中央办公厅定点扶贫县。东岳村位于光山县西南 14 公里，位于鄂豫皖三省交界处，距大苏山国家森林公园景区 2.5 公里，村东 2 公里就是龙山湖国家湿地公园景区。东岳村全村总面积 8.7 平方公里，下辖 24 个村民组，41 个自然村，共 634 户、2236 人。该村原有建档立卡贫困户 145 户、585 人，脱贫攻坚战打响以来，在各方共同努力下，2018 年全村实现了整体脱贫。东岳村于 2012 年被评为"国家传统村落"，2013 年被评为"河南省历史文化名村"。

乡村振兴

过去的东岳村是远近闻名的贫困村，村里没有公路，村民们守着绿水青山却没饭吃。2014 年实施精准扶贫以来，该村按照"产业兴旺、生态宜居、乡风文明、治理有效、生活富裕"的总要求，通过发展致富产业，深挖文化资源，以产业促振兴，走出了一条产业兴旺人精神的独特道路。

东岳村大力推进乡风文明建设，走出了一条乡村振兴特色道路。

坚持文化引领，促进乡村旅游。自宋代以来，以花鼓戏为代表的民间艺术广为流传、经久不衰，素有"花鼓之源、古坊东岳"的美誉。东岳村有花鼓戏等表演队 13 个，还注册了旅游开发公司，着力打造集生产、观光、休闲、体验于一体的乡村旅游示范基地。在革命战争年代，这里曾留下刘伯承、邓小平、李先念等老一辈无产阶级革命家战斗的光辉足迹。

东岳村依托丰富的历史文化资源，采取多种形式传承红色文化，发展乡村旅游，促进一、二、三产业的深度融合，传承了民间文化，改善了群众生活，而且发展了特色农业，建成了望得见山、看得见水、记得住乡愁的美丽乡村。目前，该村已形成一条集观光、休闲、田园采摘、农家餐饮、乡村文化于一体的旅游路线，为乡村振兴提供了产业支撑，农民群众既改善了生活居住环境，又达到了在家不出门便能就业创收的目的。

推进产业兴旺，撬动农民增收。东岳村营造了良好的创业环境，积极承接返乡农民工创业，发展特色乡村旅游、农家乐、农产品种养殖等项目，培育了一批现代农业产业园。目前，该村发展生态茶园 2000 亩，种植油茶 1200 多亩、生态水稻 650 亩、苗木花卉 1500 亩、"稻虾共作"350 亩，成立了 5 个合作社、3 个家庭农场、2 个电商网点。村里还发挥企业优势帮扶产业，建立"多彩田园"产业扶贫示范基地 7 处。

东岳村坚持以提升乡村文明为抓手，推动移风易俗，建立完善了村规民约，成立村民议事会、道德评议会、红白理事会、禁赌禁毒会的"一约四会"组织，引导农民向上向善、重义守信、勤俭持礼。建立了村级新时代文明实践站，打通宣传群众、引导群众、服务群众的"最后一公里"，开展了"文明之星""道德之星""好婆婆""好媳妇"评选及"双星"创建活动，并将模范人物、乡贤的事迹广泛宣传，推进好人精神落地绽放。

2014 年，东岳村建档立卡的贫困户有 66 户、174 人，贫困发生率 5.12%。2018 年，东岳村有 42 户、112 人达到了脱贫标准，贫困发生率降至 1.30%。2019 年，该村农民人均纯收入达 1.27 万元，比五年前翻了一番。

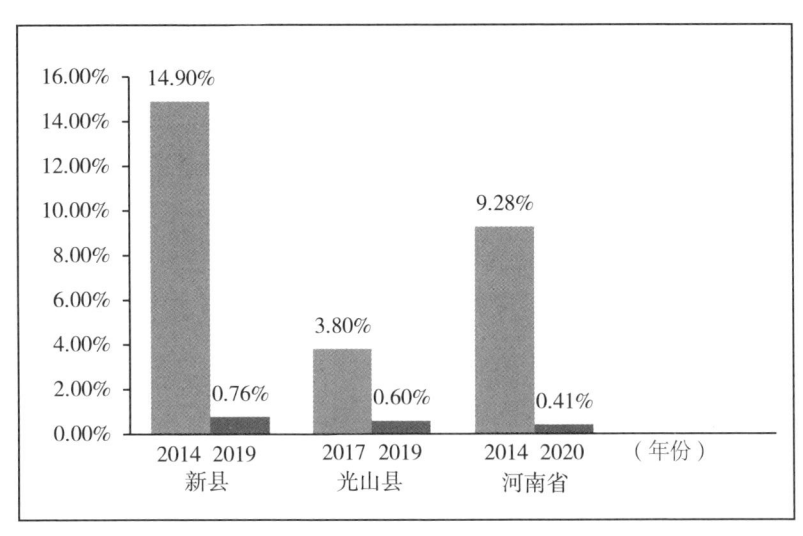

新县、光山县、河南省贫困发生率变化

政策解读

新县和光山县都是革命老区，也是大别山集中连片特困地区，在脱贫攻坚中已实现了脱贫摘帽。东岳村通过"多彩田园"产业扶贫也实现了出列，走上了乡村振兴之路。习近平对光山县的产业发展特别是油茶产业给予了肯定，指出"利用荒山推广油茶种植，既促进了群众就近就业，带动了群众脱贫致富，又改善了生态环境，一举多得。要把农民组织起来，面向市场，推广'公司＋农户'模式，建立利益联动机制，让各方共同受益。要坚持走绿色发展的路子，推广新技术，发展深加工，把油茶业做优做大，努力实现经济发展、农民增收、生态良好"。

同时也提醒，"光山县今年退出了贫困县序列，贫困帽子摘了，攻坚精神不能放松。追求美好生活，是永恒的主题，是永远的进行时。脱贫攻坚既要扶智也要扶志，既要输血更要造血，建立造血机制，增强致富内生动力,防止返贫。要发扬自力更生、自强不息的精神,不仅要脱贫,而且要致富,继续在致富路上奔跑,走向更加富裕的美好生活"。

这些指示为我国脱贫攻坚取得胜利后的扶贫工作指明了道路,即在脱贫攻坚胜利后,要继续巩固脱贫成果,进行乡村振兴,尤其是产业振兴工作,在产业振兴中,要将农民组织起来,建立利益联动机制。这些内容都体现在2020年中央一号文件即《中共中央国务院关于抓好"三农"领域重点工作确保如期实现全面小康的意见》中。

《意见》指出,2020年是全面建成小康社会目标实现之年,是全面打赢脱贫攻坚战收官之年。党中央认为,完成上述两大目标任务,脱贫攻坚最后堡垒必须攻克,全面小康"三农"领域突出短板必须补上。小康不小康,关键看老乡。脱贫攻坚质量怎么样、小康成色如何,很大程度上要看"三农"工作成效。全党务必深刻认识做好2020年"三农"工作的特殊重要性,毫不松懈,持续加力,坚决夺取第一个百年奋斗目标的全面胜利。

做好2020年"三农"工作总的要求是,坚持以习近平新时代中国特色社会主义思想为指导,全面贯彻党的十九大和十九届二中、三中、四中全会精神,贯彻落实中央经济工作会议精神,对标对表全面建成小康社会目标,强化举措、狠抓落实,集中力量完成打赢脱贫攻坚战和补上全面小康"三农"领域突出短板两大重点任务,持续抓好农业稳产保供和农民增收,推进农业高质量发展,保持农村社会和谐稳定,提升农民群众的获得感、幸福感、安全感,确保脱贫攻坚战圆满收官,确保农村同步全面建成小康社会。

扶贫小卡片

整体消除绝对贫困

绝对贫困又称生存贫困，指在一定的社会经济条件（生产方式和生活方式）下，个人和家庭依靠其劳动所得和其他合法收入不能维持基本的生存需要，这样的个人或家庭被称为"贫困人口"或"贫困户"。

绝对贫困有一定的数量标准。1986年，我国开始制定的扶贫标准是人均年收入不足206元人民币；2001年制定第一个十年农村扶贫开发纲要时，这一标准提高到865元；2011年制定第二个十年农村扶贫开发纲要时，这一标准提高到2300元。精准扶贫以来，除了数量上的标准，对绝对贫困还增加了定性标准，即"两不愁三保障"。整体消除绝对贫困是指到2020年底，所有农村贫困人口的人均收入全部高于4000元，且均已实现"两不愁三保障"。

2021年2月25日，习近平总书记在全国脱贫攻坚总结表彰大会上庄严宣告，中国完成了消除绝对贫困的艰巨任务。国务院新闻办公室2021年4月6日发布的《人类减贫的中国实践》白皮书指出，脱贫攻坚战全面胜利，中华民族在几千年发展历史上首次整体消除绝对贫困，实现了中国人民的千年梦想、百年夙愿。

白皮书强调，中国消除绝对贫困的成功实践和宝贵经验，深化了对人类减贫规律的认识，丰富发展了人类反贫困理论，提振了各国特别是广大发展中国家消除绝对贫困的信心，为其他国家选择适合自己的减贫发展道路提供了参考和借鉴，为破解现代国家治理难题、开辟人类社会发展更加光明的前景提供了中国方案。

参考文献

1. 《习近平在光山县文殊乡东岳村考察》，新华网，2019年9月18日。

2. 《加强保护 习近平勾勒黄河流域美好未来》，《人民日报》，2019年9月20日。

3. 《河南光山：东岳村文明新风扑面来》，人民网，2019年2月21日。

4. 《中央农村工作会议在京召开，习近平对做好"三农"工作作出重要指示》，《人民日报》，2019年12月22日。

5. 中华人民共和国国务院新闻办公室：《人类减贫的中国实践》白皮书，中国政府网，2021年4月6日。

第六章

脱贫攻坚成果的巩固拓展

2020年是脱贫攻坚决战的决胜之年，又叠加了新冠肺炎疫情的影响，在如此复杂的情势下，能否如期完成脱贫任务，成为全国人民关心的问题。对此，总书记强调"到2020年现行标准下的农村贫困人口全部脱贫，是党中央向全国人民作出的郑重承诺，必须如期实现，没有任何退路和弹性"。2020年1月至9月，总书记来到7省7村进行调研，重点关注脱贫攻坚成果的巩固拓展和防止因病因灾返贫的问题，对全国各地的脱贫攻坚进行督战，强调巩固拓展脱贫成果，同时调研脱贫攻坚和乡村振兴的衔接问题，为"十四五"规划进行探路。其中，在云南三家村，总书记宣示了如期完成脱贫任务的决心；在浙江余村，总书记为大家展示了美丽乡村和美好生活的典范和样本，以及代表了中国农村发展的美好未来；在陕西金米村、山西坊城新村、宁夏弘德村，总书记关心的是深度贫困村如何从产业扶贫转向产业振兴、巩固拓展脱贫成果的问题；在安徽利民村，总书记关心的是如何巩固脱贫成果，防止因灾因病返贫；在湖南沙洲瑶族村，在脱贫攻坚收官之际，总书记的访问昭示了中国共产党不忘初心，兑现了长征时期的承诺与誓言。

不仅要如期脱贫，总书记还在决战决胜脱贫攻坚座谈会上强调："脱贫摘帽不是终点，而是新生活、新奋斗的起点。要针对主要矛盾的变化，理清工作思路，推动减贫战略和工作体系平稳转型，统筹纳入乡村振兴战略，建立长短结合、标本兼治的体制机制。"

云南省三家村：我们要万众一心加油干，越是艰险越向前

2020年是脱贫攻坚决战的决胜之年。春节前夕，习近平总书记赴云南考察，看望慰问基层干部群众，并向大家送上新春祝福。1月19日至21日，习近平来到腾冲、昆明等地，深入农村、古镇、生态湿地、年货市场、爱国主义教育基地考察调研。

1月19日下午，习近平来到腾冲市清水乡三家村中寨司莫拉佤族村。在村民李发顺家，习近平一一察看了堂屋、卧室、厨房、卫生间后回到小院，围坐在一起同村民们亲切交谈。李发顺邀请总书记一起制作佤族新年传统食物大米粑粑，习近平接过毛巾擦了擦手，便同李发顺夫妻俩一起操作起来。在村寨广场上，热闹的佤族春节民俗活动吸引了总书记的目光。习近平按照当地习俗，拿起鼓棒，敲响三声木鼓，祝福风调雨顺、国泰民安、四海升平，向乡亲们致以新春祝福。随后，习近平来到和顺古镇，走进图书馆，了解古镇历史文化传承和振兴文化教育情况。他沿着和顺小巷，察看古镇风貌，了解西南丝绸古道形成发展、和顺古镇历史文化传承等情况。

云南是拥有少数民族种类最多的省份。总书记不止一次说过，全面建成小康社会，一个民族都不能少。5年前的1月20日，习近平总书记到云南考察时，就走进一个叫古生村的白族传统村落。2019年4月10日，

总书记还专门给云南省贡山县独龙江乡群众回了一封信，祝贺独龙族实现整族脱贫。

云南滇西边境集中连片区位于我国西南边陲，集边境地区和民族地区于一体，是国家新一轮扶贫开发攻坚战主战场中边境县数量和世居少数民族最多的片区。滇西边境片区边境线长达 3000 多公里，涉及 61 个县市区，其中国家扶贫工作重点县占 70%，民族自治地方县占到近 80%，近半数是少数民族人口。滇西片区山高谷深，基础设施薄弱，产业弱小，平均受教育年限短，综合性贫困突出。滇西地区与缅甸、老挝、越南三国接壤，国际区位优势明显，保证该地区经济社会稳定十分重要。

腾冲市隶属云南省，是由保山市代管的县级市，位于云南省西南部，西与缅甸联邦共和国毗连，国境线长达 148.075 公里，是中国通向南亚、东南亚的重要门户和节点。腾冲是一个多民族散杂居的边疆县市，市内有 24 个少数民族。腾冲由于地理位置重要，历代都派重兵驻守，明代还建造了石头城，称之为"极边第一城"。自 2016 年腾冲被列为第三批国家新型城镇化综合试点地区以来，腾冲经济社会得到快速发展，最近几年连续荣获"全国文明城市""中国西部百强县市"等称号。

中寨司莫拉佤族村是腾冲市清水乡三家村行政村中的自然村，三家村辖 5 个自然村、7 个村民小组。村内青山环抱，绿水环绕，农民收入主要以种植业收入为主，有良好的种植土地与特色农产品，生态资源丰富。司莫拉，佤语当中的意思为"幸福的地方"。中寨司莫拉佤族自然村是一个有着 500 多年历史的佤族聚居村落，佤族群众同汉、白、傣等族群众在这里世代聚居，亲如一家。该村保存了完整的原生态古寨，有着深厚的佤族文化，村落依山而建，内有湿地、森林、竹海、梯田、涌泉，远古佤山的原始气息扑面而来。近年来，当地着力打造佤族文化特色旅游村，产村融合，帮助村民脱贫致富；建设美丽乡村，硬化道路、保障饮水、美化村容，改善村民生活条件。"望得见山、看得见水、记得住乡愁"的原始村寨，正在焕发出新的活力与生机。如今，全村299人中佤族就有271人，全村建档立卡的贫困户16户、71人已全部脱贫，2019年村民人均可支配收入11448元。

脱贫攻坚

三家村自然资源丰富、少数民族聚居且被列为市级建档立卡贫困村。清水乡坚持以中寨司莫拉佤族村为主集中打造，将乡村旅游扶贫作为山区发展的主引擎，以此促进乡村旅游业与传统农业结构调整，结合扶贫开发与生态保护并行的理念，通过旅游产业链带动扶贫工作，从而实现"旅游兴村、旅游富民"。司莫拉人相信，牢记总书记的嘱托，跟着共产党走，自强不息，苦干实干，新时代的幸福之歌一定会越唱越嘹亮。

提升基础设施建设。以前的司莫拉"看寨不是寨，茅草垒成堆；夏恐屋漏雨，冬怕冷风吹"，住房是村民们的"老大难"问题。如今，寨子里危房没有了，不少人家住上了宽敞明亮的"大五架"瓦房。以前村里村外都是土路，遇到阴雨天，往往"一脚陷好深"，如今，通乡路、村组路、串户路基本硬化，路灯也安起来了，村口每天有5趟公交车直达乡里、市里。以前学校、卫生所设施简陋，自来水水质比较差，还不时断流，村民能歌善舞，但连个像样的场地都没有。如今，村小学教学楼、运动场、教学设备样样达标，卫生所里诊断、治疗、取药都有独立空间，水源地扩建了、水管更新了，大礼堂、文化广场也修好了，村民足不出村就能享受到相当不错的公共服务。2019年，这里获批国家3A级景区，成了一个留得住传统、记得住乡愁的地方。

挖掘民族文化，展示民族特色。清水乡全面启动了古遗迹、古建筑、古村落和历史人文资源等收集整理工作，通过挖掘文化内涵、民俗风情，促进清水乡历史文化传承。还原佤族风情，展示民族特色。目前中寨已有 70 余户村民，统一定制了传统佤族服饰，并通过种植寨花、修建寨门、再现传统佤族酿酒工艺等方式，进一步打造和展示民族文化。

依托"公司＋合作社＋农户"的生产经营方式，生产和营销一批独具特色、适应市场需求的民族传统工艺产品。培养、培训非物质文化遗产传承人，建立健全非遗保护体系，在现有水平的基础上提升工艺水平，推出一批佤族特色竹编产品；传承好制茶、烟斗、烟袋、烟筒、弓弩、木鼓等制作技艺。通过外出学习、组织培训、互传互帮等方式，生产传统文化产品，打造佤族传统文化产品品牌。通过圆角刺绣、明光老布鞋等企业的培训推出一批具有佤族特色和市场竞争力的刺绣产品。

大力发展生态循环农业，立足保障供给、生态涵养、休闲旅游等功能定位，积极转变农业发展方式，让游客体验农耕文化的雅趣。重点打造千亩梯田农耕文化观光区、瓜果飘香阳光果蔬采摘体验区、佤寨花果山乡休闲区、茶园射鸡体验、"胭脂红"采摘体验这 5 个体验片区，使其成为中寨一个综合性、立体式的农耕文化观光体验区，使游客留意留心。

佤族有一句谚语："生命靠水，兴旺靠木鼓。"如今的中寨司莫拉佤族村，清泉汩汩流淌，鼓声绵绵不绝，村民对未来也有了更多的憧憬：发挥绿水青山优势，用好佤族民俗文化，发展农旅结合，融入腾冲旅游圈。三家村于 2017 年实现整村脱贫，2019 年农民人均年收入达到 11488 元，贫困发生率从 2014 年的 21% 降至目前的 0.45%。

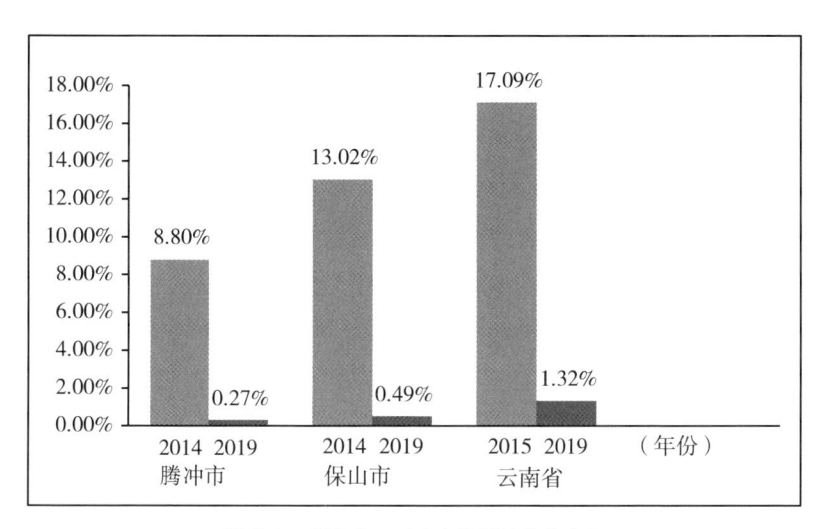

腾冲市、保山市、云南省贫困发生率变化

政策解读

2019年底，我国还有52个贫困县要摘帽、近300万建档立卡贫困人口待脱贫，已经脱贫的还要巩固脱贫成果。全国贫困人口超过10万人的省份有9个，超过5万人的地市州有9个，超过1万人的县有39个，贫困发生率超过5%的县有16个。还未脱贫的人群中，老年人、患病者、残疾人的比例达到45.7%，这部分人群数量仍然不少，脱贫工作难度很大。而且，我国已脱贫的9300多万建档立卡人口中，近200万人存在返贫风险。在边缘人口中，有近300万人存在致贫风险。这些都是2020年脱贫攻坚要解决的难题。2020年伊始，新冠肺炎疫情的暴发给脱贫攻坚带来了新的挑战。

春节前夕，习近平赴脱贫攻坚任务最重省份之一云南看望慰问各族干部群众时谈到了脱贫攻坚。他强调，要决战脱贫攻坚，聚焦深度贫困地区，聚焦工作难度大的县乡村，着力攻克最后的堡垒。根据总书记的指示，2020年1月25日，国务院扶贫开发领导小组印发《关于开展挂牌督战工作的指导意见的通知》，明确对"2019年底，未摘帽的52个贫困县""贫困人口超过1000人的88个村和贫困发生率超过10%的1025个村，共1113个村"开展挂牌督战工作。国家挂牌县、挂牌村集中在广西、四川、贵州、云南、甘肃、宁夏和新疆7个省区。各省区可结合本地实际，在国家挂牌督战范围的基础上，自行确定一批工作难度大的县和村。

为克服疫情影响，坚定脱贫决心，2020年3月6日，决战决胜脱贫攻坚座谈会召开，这次座谈会是党的十八大以来脱贫攻坚方面最大规模的会议，不仅所有省区的主要负责同志都参加，而且中西部22个省份一直开到了县级。为什么要现在开？习近平总书记在讲话一开始就谈到了这个问题。他指出，"今年满打满算还有不到10个月的时间，按日子算就是300天，如期实现脱贫攻坚目标任务本来就有许多硬骨头要啃，疫情又增加了难度，必须尽早再动员、再部署"。

习近平总书记在决战决胜脱贫攻坚座谈会上的重要讲话为当前加强疫情防控和脱贫攻坚工作指明了前进方向，"努力克服疫情影响。要落实分区分级精准防控策略。疫情严重的地区，在重点搞好疫情防控的同时，可以创新工作方式，统筹推进疫情防控和脱贫攻坚"。要落实分区分级精准防控策略，统筹推进疫情防控和脱贫攻坚。习近平强调，到2020年现行标准下的农村贫困人口全部脱贫，是党中央向全国人民作出的郑重承诺，必须如期实现，没有任何退路和弹性。这是一场硬仗，越到最后越要紧绷这根弦，不能停顿、不能大意、不能放松。"要严把退出关，坚决杜绝数字脱贫、虚假脱贫""从下半年开始，国家要组织开展脱贫攻坚普查，对各地脱贫攻坚成效进行全面检验""要为党中央适时宣布打赢脱贫攻坚战、全面建成小康社会提供数据支撑，确保经得起历史和人民检验"。

此后，各部门相继出台了一系列政策，助力脱贫攻坚取得最后的胜利。如为深入贯彻落实习近平总书记在决战决胜脱贫攻坚座谈会上关于开展消费扶贫行动的重要指示精神，根据国务院扶贫办等七部委联合印发的《关于开展消费扶贫行动的通知》，通过政府采购、扶贫协作、经营主体参与、社会组织参与等四种模式，销售扶贫产品金额达到 1000 亿元以上，实现消费扶贫行动开好局、起好步。国家发展改革委出台了《关于深入贯彻落实习近平总书记重要讲话精神决战决胜易地扶贫搬迁工作的通知》，要求全力克服新冠肺炎疫情对易地扶贫搬迁工作的影响，坚决完成安置区配套设施建设扫尾工程和补短板项目建设任务，多措并举巩固易地搬迁脱贫成果，全方位做好与乡村振兴和新型城镇化战略有效衔接。民政部、国务院扶贫办于 2020 年 2 月 20 日印发《社会救助兜底脱贫行动方案》，坚决打赢社会救助兜底保障攻坚战。

扶贫小卡片

消费扶贫

消费扶贫是社会各界通过消费来自贫困地区和贫困人口的产品与服务，帮助贫困人口增收脱贫的一种扶贫方式，是社会力量参与脱贫攻坚的重要途径。大力实施消费扶贫，有利于动员社会各界扩大贫困地区产品和服务消费，调动贫困人口依靠自身努力实现脱贫致富的积极性，促进贫困人口稳定脱贫和贫困地区产业持续发展。

2019 年 1 月 14 日，国务院办公厅印发《关于深入开展消费扶贫助力打赢脱贫攻坚战的指导意见》明确，要动员社会各界扩大贫困地区产品和服务消费，推动各级机关和国有企事业单位等带头参与消费扶贫，推动东西部地区建立消费扶贫协作机制，动员民营企业等社会力量参与消费扶贫。要大力拓宽贫困地区农产品流通和销售渠道，打通供应链条，拓展销售途径，加快流通服务网点建设。要全面提升贫困地区农产品供给水平和质量，加快农产品标准化体系建设，提升农产品规模化供给水平，打造区域性特色农产品品牌。要大力促进贫困地区休闲农业和乡村旅游提质升级，加大基础设施建设力度，提升服务能力，做好规划设计，加强宣传推介。

2020年2月14日，国务院扶贫办等七部门联合印发《关于开展消费扶贫行动的通知》，明确了消费扶贫的主要方式：

一、预算单位采购贫困地区农副产品的政府采购模式。按照《财政部、国务院扶贫办关于运用政府采购政策支持脱贫攻坚的通知》（财库〔2019〕27号）和《财政部、国务院扶贫办、中华全国供销合作总社关于印发〈政府采购贫困地区农副产品实施方案〉的通知》（财库〔2019〕41号）的安排，鼓励各级预算单位通过优先采购、预留采购份额方式，采购扶贫产品。

二、政府主导建立消费扶贫交易市场的东西部扶贫协作模式。东部省市为扶贫产品提供销售平台和渠道，动员本地区党政机关、企事业单位和社会各界积极购买。贫困地区重点抓好扶贫产品的认定和监管，组织贫困群众发展市场有需求、本地有优势的特色扶贫产业，打造品牌，提高质量，保障供给。中部省份要利用区位优势，组织本地城市与贫困地区建立长期稳定的供销关系。

三、各类企业销售扶贫产品的市场主体参与模式。鼓励和引导各类企业充分发挥自身优势，利用自有平台渠道，积极推动扶贫产品进市场、进商超、进学校、进社区、进食堂等，通过"以购代捐""以买代帮"等方式促进扶贫产品销售。支持中科锐星消费扶贫专柜和中科同创消费扶贫生活馆等开展创新试点，销售数据通过中国社会扶贫网进行统计、汇总，定期公布展示。发挥电商平台优势，完善网上扶贫特产馆、扶贫频道，拓宽扶贫产品网上销售渠道。积极动员各类社会力量参与消费扶贫。

四、中国社会扶贫网销售模式。发挥中国社会扶贫网消费扶贫平台的作用，聚焦深度贫困地区，以藏区青稞、牦牛和南疆大枣、核桃等为重点，以东西部扶贫协作馆、中央单位定点扶贫馆、地方特色扶贫馆等为载体，专门销售扶贫产品。

参考文献

1.《习近平春节前夕赴云南看望慰问各族干部群众》，新华每日电讯，2020年1月22日。

2.《阿佤人民唱新歌——习近平走进云南佤寨访民生贺新春》，新华社，2020年1月23日。

3.《人民日报评论员：确保经得起历史和人民检验——论学习贯彻习近平总书记在决战决胜脱贫攻坚座谈会上重要讲话》，新华社，2020年3月10日。

4.《阿佤人民再唱新歌——云南腾冲市三家村中寨司莫拉佤族村脱贫调查》，新华社，2020年10月8日。

5.《国务院扶贫办等七部门关于开展消费扶贫行动的通知》，中国乡村振兴网，2020年2月15日。

浙江省余村：生态本身就是经济，保护生态就是发展生产力

2020年3月29日至4月1日，习近平总书记先后来到浙江宁波、湖州、杭州等地，深入港口、企业、农村、生态湿地等与职工、村民交流，就统筹推进新冠肺炎疫情防控和经济社会发展工作进行调研。3月30日，习近平前往湖州市安吉县天荒坪镇余村考察调研。

3月30日下午，习近平总书记来到浙江安吉县余村。在农家小院里，习近平同在场村民亲切交流。村民们围在路旁，纷纷向总书记问好，欢迎总书记再次来到余村。习近平说："这里的山水保护好，继续发展就有得天独厚的优势，生态本身就是经济，保护生态，生态就会回馈你。全面建设社会主义现代化国家，既包括城市现代化，也包括农业农村现代化。实现全面小康之后，要全面推进乡村振兴，建设更加美丽的乡村。相信余村的明天会更美好，祝乡亲们生活芝麻开花节节高！"15年前，2005年8月15日，时任浙江省委书记的习近平在该村考察时首次提出"绿水青山就是金山银山"的理念。

20世纪八九十年代，浙江安吉余村人靠着挖矿山、建水泥厂，生活富裕了起来。可是好景不长，这造成了山体大面积破坏，环境污染严重。2003到2005年间，村里关停了矿山和水泥厂，开始封山育林、保护环境。2005年8月15日，时任浙江省委书记的习近平来到余村考察，充分

肯定了村里关停矿山、水泥厂的做法，首次提出了"绿水青山就是金山银山"的发展理念，为余村指明了绿色发展之路。从"石头经济"到"生态经济"转型，余村依托"竹海"资源优势，着力发展生态休闲旅游，开农家乐、民宿，办漂流。经过十多年的不懈努力，余村从一个污染村，完美蜕变成了国家 4A 级景区。2019 年，全村实现农村经济总收入 2.796 亿元，农民人均收入 49598 元，村集体经济收入达到 521 万元，是远近闻名的全面小康建设示范村。

安吉县地处浙西北，长三角经济圈的几何中心，是杭州大都市经济圈重要的西北节点。目前，与上海、南京、苏州和杭州、湖州等周边大中城市分别构成 3 小时和 1 小时交通圈。安吉是首个国家生态县、国家级生态示范区，是国家环境保护部"新农村与生态县互促共进示范区"和全国生态文明建设试点县。全县植被覆盖率 75%，森林覆盖率 71%，境内空气质量达到一级，水质在二类以上，是长三角地区的天然绿色氧吧。安吉是著名的"中国竹乡"、"中国椅业之乡"和"中国竹地板之都"。竹制品、转椅两大主导产业迅速发展，竹制品加工已形成从根到叶、从物理利用到生化利用配套完善的产业链，以占全国 1% 的立竹量创造了 20% 的竹业产值。余村的"蝶变"之路是安吉县生态文明建设的"小小触角"。2003 年至今，习近平已是第三次来到安吉。他每次强调最多的是"坚定不移走生态优先、绿色发展新道路"。

余村因境内天目山余脉余岭及余村坞而得名，村域呈东西走向，三面环山，北高南低，西起东伏，东与山河村接壤，南连横路村，西北山脉与上墅乡毗邻，余村溪自西向东绕村而过，乡道"山石线"贯穿全村，村域面积 4.86 平方公里，山林面积 6000 亩（其中毛竹林 5200 亩）、水田面积 580 亩，下辖 2 个自然村，1 个中心村，8 个村民小组，农户 280 户，人口 1060 余人，其中党员 56 人。余村原本是个以采石灰矿致富的小村庄，靠山吃山的"石头经济"让村集体经济年收入一度达到了300多万元,是安吉名副其实的"首富村",然而由于盲目开采,生态环境遭到了严重破坏,村民深受其害。痛定思痛,余村深深感到以环境牺牲换取的经济发展并不是长久之计,于是下决心关掉了石矿,停掉了水泥厂,恢复"金山银山",坚持举好"生态旗"、打好"生态牌"、走好"生态路",发展依山傍水的绿色经济。

美丽乡村建设

余村是习近平总书记"两山"重要思想发源地,浙江省"中国美丽乡村"精品示范村。走进安吉天荒坪镇余村,三面青山环绕,漫山翠竹,小溪潺潺,鸟语花香,入眼皆是美景。让人想不到的是,十多年前,这里曾是一幅空中飞沙走石、河里泥浆遍布的"穷山恶水"景象。2005年8月15日,时任浙江省委书记的习近平在这里提出"绿水青山就是金山银山"这一科学论断。15年来,余村坚定践行这一理念,走出了一条生态美、产业兴、百姓富的绿色发展之路,成为浙江省首批全面小康示范村。

工业做减法,休闲产业做加法。余村以"竹海景区"为定位,发展风景名胜区旅游,通过村民自治、市场参与,提升了景区、园区的格调和品位,逐步打造出以河道漂流、户外拓展、休闲会务、登山垂钓、果蔬采摘、农事体验为代表的休闲旅游产业。

全村牢固树立"绿水青山就是金山银山"的理念,依托良好的生态环境,走上了发展绿色经济转型之路。2008年余村启动美丽乡村建设,提倡清洁生产,实施农药化肥减量使用,严禁在田园、山林使用高毒农药;推广有机肥还田还园;严禁焚烧秸秆,提倡综合循环利用;严禁家禽家畜散养放养,提倡圈养拴养。清洁生产方式,带动的是绿色产业链的延伸,生态产业结出了累累硕果，山上的竹笋肥了，田里的庄稼绿了，溪里的鱼儿欢了。余村人逐步走出一条产业兴、生态美、百姓富的可持续发展路子。

2014年，余村启动实施"管线入地"工程，将自来水管、电力线、电视光纤、通信电缆、排污管道等5类管线全部埋入地下，农村生活污水与畜禽污水通过管网与城镇管网实现连接，进一步提高了农村污水排放处理能力。村里规定，开办民宿必须先做好污水处理设施规划。公共厕所也严格按标准建造，功能设计突出人性化。2016年，安吉县首先在余村创新探索"垃圾不落地"新模式，即"余村模式"。引进专业物业公司负责保洁工作，每天早上7点前和下午5点后，派出专业人员开始收集垃圾，按照"可回收""不可回收""厨余垃圾""有害垃圾"等不同属性，定人定时送街道资源循环利用中心进行垃圾分类处理。通过推行"定点投放、定时收集"，做到垃圾不暴露、转运不落地、沿途不渗漏、村容更整洁，极大地改善了村庄卫生环境质量。

余村还把"绿"从村庄延伸到了家庭，围绕"院有'花'香、室有'书'香、人有'酿'香、户有'溢'香"的目标，鼓励家家户户创建"美丽家庭"，全村已有71户家庭成了"美丽家庭"。村里还开展"立家规、传家训、树家风、圆家梦"活动，全村280多户人家根据各自家风制定了专属"家规"，以竹匾或书法作品形式悬挂，提醒每一位成员时刻谨守家规家训。开展"星级文明户"、"余村好人"和"最美"系列评选，共评选表彰"星级文明户"76户，选出助人为乐、孝老爱亲、诚实守信、邻里和睦等类型"余村好人"12人，每年还评选"最美余村人""表率型党员""双带型业主""模范型骨干""新乡贤"14人，营造出"学身边好人、做荣誉村民、当道德模范"的浓厚氛围。

如今，余村美丽的环境成了"摇钱树"，昔日沉寂的小山村也变得越来越热闹，不仅迎来了全国各地的游客，而且吸引了不少外国友人慕名而来。村民创办的旅行社，实现了创意投资的生态旅游一条龙服务，不仅实现了"卖风景"，还实现了"卖文化"，年接待游客近4万人次，营业额达700万元。全村280户村民中，有100多户户主当起了小老板。全村拥有200多辆私家车，58户村民乡下有别墅、城里有洋房。每年到余村观光游览的旅客人数接近40万人次，2019年超过90万人次，旅游总收入2000多万元，农民人均收入4.1万多元，村集体经济收入达到410万元。

余村人用实际行动护美绿水青山、做大金山银山，用满眼的山明水秀、鸟语花香，描绘出这一理念的典型样本。村内有始建于五代后梁时期的千年古刹隆庆禅院，有被誉为"江南银杏王"的千年古树，有"活化石"之称的百岁娃娃鱼，有"绿水青山就是金山银山"真实写照的矿山遗址。目前，余村已建成具有生态旅游区、美丽宜居区和田园观光区的国家3A级景区，并荣获"全国生态文化村"和浙江省首批"全面小康建设示范村"等称号。

政策解读

2020年是全面建成小康社会目标实现之年，是脱贫攻坚收官之年。习近平总书记3月6日在决战决胜脱贫攻坚座谈会上强调，到2020年现行标准下的农村贫困人口全部脱贫，是党中央向全国人民作出的郑重承诺，必须如期实现。这是一场硬仗，越到最后越要紧绷这根弦，不能停顿、不能大意、不能放松。各级党委和政府要不忘初心、牢记使命，坚定信心、顽强奋斗，以更大决心、更强力度推进脱贫攻坚，坚决克服新冠肺炎疫情影响，坚决夺取脱贫攻坚战全面胜利，坚决完成这项对中华民族、对人类都具有重大意义的伟业。

脱贫攻坚胜利之后农村的道路在哪里？习近平在座谈会上指出，脱贫摘帽不是终点，而是新生活、新奋斗的起点。要接续推进全面脱贫与乡村振兴有效衔接，推动减贫战略和工作体系平稳转型，统筹纳入乡村振兴战略，建立长短结合、标本兼治的体制机制。

习近平总书记浙江余村的调研寓意深刻，余村的美丽乡村建设给脱贫后的农村提供了发展的样板。曾经的安吉余村，矿山、水泥厂遍布，虽然靠"卖石头"致了富，却破坏了山体、污染了水和空气，甚至还会发生矿山事故。2005年8月15日，时任浙江省委书记的习近平前往余村调研并在这里首次提出，"绿水青山就是金山银山"。15年后，习近平再次来到余村。他对村民说，余村现在已经在全国起到示范作用，他看好这里的发展后劲和潜力。

余村，作为"两山论"的发祥地，成为美丽中国生态文明建设进程中的一座地标。2020年是脱贫攻坚决战决胜之年，也是乡村振兴关键的开局之年。习近平总书记对余村的到访，预示着脱贫攻坚的接力棒是乡村振兴。在这里，习近平总书记不仅指出了乡村振兴的方向，而且也对绿色发展的路子赞叹有加。

"绿水青山就是金山银山"是习近平总书记对人与自然关系的哲学解读，是对经济发展与生态保护两者之间辩证统一关系的生动表述。实施乡村振兴战略，必须积极践行"绿水青山就是金山银山"的理念。正是多年来践行了这一理念，余村推动绿色发展的实践才取得了巨大成绩，完美蜕变成了国家4A级景区、"全国文明村"、"全国美丽宜居示范村"。

扶贫小卡片

绿水青山就是金山银山

"绿水青山就是金山银山"是时任浙江省委书记习近平于2005年8月在浙江湖州安吉余村考察时提出的科学论断。规划先行,是既要金山银山,又要绿水青山的前提,也是让绿水青山变成金山银山的顶层设计。浙江各地特别重视区域规划问题,强化主体功能定位,优化国土空间开发格局,把它作为实践"绿水青山就是金山银山"的战略谋划与前提条件。从2005年到2015年,科学论断提出10年以来,浙江干部群众把美丽浙江作为可持续发展的最大本钱,护美绿水青山、做大金山银山,不断丰富发展经济和保护生态之间的辩证关系,在实践中将"绿水青山就是金山银山"化为生动的现实,成为千万群众的自觉行动。

2017年10月18日,习近平在党的十九大报告中强调:"坚持人与自然和谐共生。建设生态文明是中华民族永续发展的千年大计。"必须树立和践行绿水青山就是金山银山的理念,坚持节约资源和保护环境的基本国策。2020年3月30日,习近平时隔15年再次前往浙江余村考察。总书记在考察时的讲话中提出,要践行"绿水青山就是金山银山"发展理念,推进浙江生态文明建设迈上新台阶,把绿水青山建得更美,把金山银山做得更大,让绿色成为浙江发展最动人的色彩。

参考文献:

1.《时隔15年,习近平再到安吉县余村考察》,新华网,2020年3月31日。

2.《习近平和余村的故事》,新华网,2020年3月30日。

3.《余村所创造经验的典型意义与时代价值》,《光明日报》,2019年1月4日。

4.《"绿山青山就是金山银山"在浙江的探索和实践》,新华网,2015年2月28日。

陕西省金米村：脱贫摘帽不是终点，而是新生活、新奋斗的起点

2015年，习近平总书记赴陕西考察并主持召开了第一场脱贫攻坚座谈会——陕甘宁革命老区脱贫致富座谈会。决胜决战之年，习总书记再次回到陕西。2020年4月20日至23日，习近平先后来到商洛、安康、西安等地，深入自然保护区、贫困山区、社区、学校、企业等，了解秦岭生态环境保护、脱贫攻坚、复工复产等情况。

4月20日下午，习近平抵达商洛市柞水县，首先来到位于秦岭山脉东段的牛背梁国家级自然保护区，步行进入羚牛谷察看自然生态，称赞这里是"养在深闺人未识的天然氧吧"。习近平强调，秦岭和合南北、泽被天下，是我国的中央水塔，是中华民族的祖脉和中华文化的重要象征。保护好秦岭生态环境，对确保中华民族长盛不衰、实现"两个一百年"奋斗目标、实现可持续发展具有十分重大而深远的意义。离开保护区，习近平乘车前往柞水县小岭镇金米村。总书记步行察看村容村貌，走进村培训中心、智能连栋木耳大棚，了解木耳品种和种植流程，询问木耳价格、销路和村民收入等，夸奖他们把小木耳办成了大产业。在村培训中心，习近平表示，电商作为新兴业态，既可以推销农副产品、帮助群众脱贫致富，又可以推动乡村振兴，是大有可为的。

柞水县位于秦岭南麓，这里享有"终南首邑、山水画廊"之美誉，以

山清水秀、景色宜人闻名遐迩。柞水县也是一个"九山半水半分田"的山区县，是国家扶贫开发工作重点县，全县总人口16.5万人。作为陕西省11个深度贫困县之一，"两高一低一差三重"的深度贫困特征在柞水不同程度存在着：2017年贫困人口1.08万户、3.24万人，贫困发生率达34.9%；全县79个村（社区），贫困村51个，占全县总数的62.9%，其中深度贫困村24个，深度贫困村贫困发生率达30.4%。柞水县始终把产业扶贫作为精准扶贫精准脱贫的主抓手，坚持"基础先行、产业带动、整村开发、全流域打造"的思路，全力打造西川现代农业产业园区，探索了一条突破深度贫困坚冰的新路径。2020年，柞水县13406户、42088人摆脱贫困，51个贫困村全部出列，贫困发生率从2014年的44.04%降到0.91%。

金米村位于柞水县小岭镇，是秦岭深处一个传统的山区农业村，总面积17平方公里，耕地948亩。曾经因"山上有金、地上有米"而得名的金米村，囿于交通不便，土地稀少，成为柞水县有名的贫困村，全村建档立卡贫困户188户、553人。为了拓宽贫困群众的增收渠道，近年来金米村将木耳产业作为脱贫攻坚的主导产业，通过发展木耳、中药材、旅游等产业，2017年实现了整村脱贫。截至2019年，累计脱贫187户、549人，贫困发生率从2015年的21.85%降至2019年的0.23%。

脱贫攻坚

金米村曾经是深度贫困村，前些年先后搞过多种产业，但均以失败告终。后来村里开始种木耳，种植的时候面对面培训，收获以后又推出木耳深加工产品。通过种植小小木耳，金米村摘掉了贫困的帽子。目前，金米村把木耳产销与乡村旅游有机结合起来，形成"农业+旅游+文创"三产融合的产业，让小木耳成为促进村民增收致富的大产业，走出了一条致富小康路。

2016年，柞水县把木耳产业作为"一县一业"的重点来抓，金米村作为深度贫困村，县里派驻了扶贫工作队和第一书记重点帮扶。一开始村民们还心有余悸，因为前两年探索种植的牡丹、魔芋、药用菊花都以失败告终了。看到群众有顾虑，金米村推出两个实招：第一，村里统一建棚，帮助农民种植木耳；第二，推行"一对一"科技帮扶机制，对于如何打孔、挂袋、采耳、晾晒、啥时候该浇水、该通风，都有技术员面对面培训。

随着越来越多奖补措施的落地，村民们争先恐后地种植起了木耳，小木耳成了致富的"金耳朵"。依靠产业带动，2019年金米村人均纯收入9657元，贫困发生率降至0.23%，退出了贫困村序列。为确保贫困户持续受益，金米村在第一批30个示范棚的基础上新建48个家庭棚，动员有想法的贫困户承包，多种多受益。木耳行情好了按市场价去卖，行情不好时村里合作社以每斤30元的保底价收购木耳。

金米村的木耳种植也从地栽进化到智能连栋大棚里的塔栽、吊栽，村民们从拿锄头刨地转变为用智能手机打理木耳种植。园区建成至今，金米村188户贫困户已正式脱贫摘帽。金米村还建起了全国第一个木耳数据中心，配合本地农商的打造，紧跟潮流登上电商平台直播带货，更进一步推动了柞水木耳线上线下的联动销售。截至目前，金米村的木耳产业规模基本保证了现有有劳动能力的贫困户都能镶嵌在产业链条上参与生产经营，即便是没有劳动能力、没有技术的村民，村里也为其设立了基地管理等公益岗位。同时，金米村也继续巩固着现有生产规模，在品种调整上再下功夫，以期惠及更多村民。

在产业发展上，金米村村支委还组织贫困户发展连翘、苍术、白术、芍药等中药材种植530亩，户均每年增收2000元；结合乡村旅游产业，建成牡丹、菊花等中药材观光园30亩，成功吸引了一大批乡村休闲观光游客，带来了一笔可观的经济收入。

为了增加产业抗风险能力，当地进一步延伸产业发展链条，把金米村升级为现代农业产业园，支持新田地、中博农业等品牌相继入驻产业园，建成年产 2000 万袋木耳菌包的生产厂和一个 1000 吨的木耳分拣包装生产线，新增木耳粉、木耳茶、木耳冰激凌、木耳益生菌等深加工产品。如今的金米村，不仅正朝着现代农业方向快速发展，还通过园区的建设推动了当地旅游业发展。

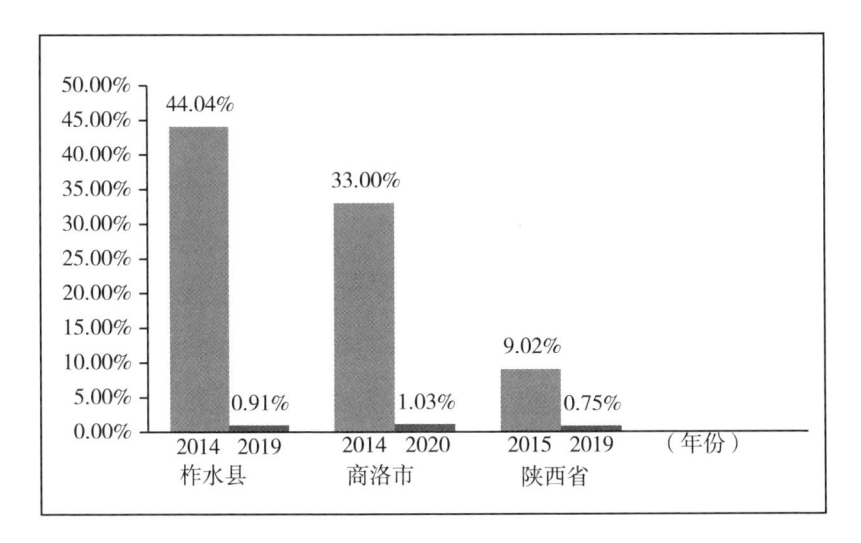

柞水县、商洛市、陕西省贫困发生率变化

政策解读

2020 年是全面建成小康社会和"十三五"规划收官之年，也是脱贫攻坚决战决胜之年。在经历极不寻常的一季度之后，中国疫情防控进入常态化，陕西之行是自战"疫"以来习近平第三次出京考察。他在考察途中强调"六稳六保""大教训""产业链创新链",尤其引人深思。

在陕西考察期间,习近平总书记强调,要全面落实党中央决策部署,坚持稳中求进的工作总基调,坚持新发展理念,扎实做好稳就业、稳金融、稳外贸、稳外资、稳投资、稳预期工作,全面落实保居民就业、保基本民生、保市场主体、保粮食能源安全、保产业链供应链稳定、保基层运转任务,努力克服新冠肺炎疫情带来的不利影响,确保完成决战决胜脱贫攻坚目标任务,全面建成小康社会。

在金米村了解木耳产业脱贫时,习近平总书记指出,"发展扶贫产业,重在群众受益,难在持续稳定。要延伸产业链条,提高抗风险能力,建立更加稳定的利益联结机制,确保贫困群众持续稳定增收"。2020年是脱贫攻坚的决战决胜之年,产业扶贫是脱贫攻坚的基础和支柱,贫困人口依托特色产业发展实现稳定就业和持续增收,才能从根本上保证有效脱贫,因地制宜发展区域特色产业就不失为一条现实可行之路。

无恒业者无恒心,让农业产业扶贫行稳致远,就要突出农民的主体地位,始终把保障农民利益放在第一位。金米村的小木耳产业是紧密围绕本地特色的农产品,从种植、加工、销售等环节着手,建立起全产业链,塑造了地方特产品牌形象,大大增加了产品附加值。

习近平总书记在金米村还指出,脱贫摘帽不是终点,而是新生活、新奋斗的起点。接下来要做好乡村振兴这篇大文章,推动乡村产业、人才、文化、生态、组织等全面振兴。乡村振兴与脱贫攻坚是我国两大国家战略,两大战略具有基本目标的统一性和战略举措的互补性。在脱贫攻坚的基础上接续乡村振兴战略,不仅是我国高质量稳定脱贫的重要路径,更是贫困地区全面实现乡村振兴目标的重要制度保障。乡村振兴通过更全面地强化市场化外部支持和总体性激活乡村内生动力,能够为贫困群体提供更稳定的发展基础和机会,进一步有效巩固脱贫攻坚的政策成果。

扶贫小卡片

摘帽不摘政策

习近平总书记在决战决胜脱贫攻坚座谈会上指出，要保持脱贫攻坚政策稳定。过渡期内，要严格落实摘帽不摘责任、摘帽不摘政策、摘帽不摘帮扶、摘帽不摘监管的要求，主要政策措施不能急刹车，驻村工作队不能撤。

各地因地制宜，纷纷印发《关于落实"四个不摘"要求巩固提升脱贫成果的意见》，坚持四个不摘，巩固摘帽贫困县、出列贫困村、退出贫困人口的脱贫成果，确保稳定脱贫和可持续发展，全面高质量完成脱贫攻坚任务。

摘帽不摘责任，继续把脱贫攻坚责任扛在肩上。健全完善制度，压实各级党委政府主体责任。把打赢脱贫攻坚战作为重大政治任务，市、县、乡、村四级书记一起抓扶贫，层层传导压力，建立落实台账，压实脱贫责任，加大问责问效力度。

摘帽不摘政策，继续保持脱贫攻坚政策连续性。坚持现行政策标准。稳定实现贫困人口"两不愁三保障"，锁定建档立卡贫困户，确保目标不变、靶心不散。坚持现有目标标准不动摇，不随意搭车和过度承诺，既不能脱离实际、拔高标准、吊高胃口，也不能虚假脱贫、降低标准、影响成色。

摘帽不摘帮扶，继续把各项帮扶措施落实落细。以发展产业和推动就业为重点促进增收。坚持以提高扶贫项目质量为重点推进产业扶贫。加快实现产业就业扶贫项目贫困户全覆盖；壮大扶贫龙头企业，发展农民合作社和家庭农场，完善新型农业经营主体与贫困户联动发展的利益联结机制，提高贫困户参与度；强化科技在产业扶贫中的支撑作用；制定实施贫困地区集体经济薄弱村发展提升计划，发展壮大集体经济。

摘帽不摘监管，继续把各项监管工作抓实抓好。强化扶贫信息监管，强化扶贫资金监管，强化扶贫成效监管，强化扶贫风险监管，强化扶贫作风监管。

参考文献：

1.《习近平在金米村直播平台话脱贫》，新华网，2020年4月21日。

2.《为什么是金米村》，《人民日报》，2020年4月24日。

3.《习近平点赞柞水木耳"史上最强带货"红遍全网》，人民网，2020年4月27日。

4.《脱贫"摘帽"不摘责任、不摘政策、不摘帮扶、不摘监管》，《河北日报》，2019年6月25日。

山西省坊城新村：我最关心的是如何巩固脱贫、防止返贫

在决胜全面建成小康社会、决战脱贫攻坚的关键时刻，习近平总书记时隔三年再次视察山西。2020年5月11日至12日，习近平先后来到大同、太原等地，深入农业产业基地、移民新村、文物保护单位、改革示范区和企业等，就统筹推进常态化疫情防控和经济社会发展工作、巩固脱贫攻坚成果进行调研。

5月11日下午，习近平首先来到大同市云州区，考察有机黄花标准化种植基地。习近平步入田间，察看黄花长势，同正在劳作的村民们亲切交谈。离开种植基地，习近平来到邻近的云州区西坪镇坊城新村，走进村技能培训服务站，察看黄花产业相关产品展示。习近平感慨地说："就是要立足本地实际，大力发展特色产业，把大同黄花做成全国知名品牌，让乡亲们富而忘忧。"在搬迁户白高山家，习近平察看了院落、客厅、厨房、卫生间等，并同一家人坐在炕沿儿上拉家常。习近平高兴地说，共产党是一心一意为人民谋利益的，现在不收提留、不收税、不收费、不交粮，而是给贫困群众送医送药、建房子、教技术、找致富门路，相信乡亲们更好的日子还在后头。

山西是我国第一产煤大省、重要的能源重化工基地，为国家发展作出了重要贡献，但产业单一、结构不合理的问题也十分突出，转型发展任务

十分紧迫、十分艰巨。新时代，党中央赋予山西建设国家资源型经济转型综合配套改革试验区的重大任务。山西成为全国第一个全省域、全方位、系统性的国家资源型经济转型综合配套改革试验区。习近平总书记对山西寄予厚望："路子对了，就要坚持走下去，久久为功，不要反复、不要折腾。希望山西在转型发展上率先蹚出一条新路来。"大同是山西省第二大城市，素有"凤凰城"和"中国煤都"之称。云州区（原大同县）位于大同市东郊，属于国家燕山—太行山集中连片贫困区，这里气候严寒、十年九旱、土地贫瘠，曾是典型的深度贫困地区，全区辖 10 个乡镇、175 个行政村，有贫困村 80 个、贫困人口 32926 人，贫困发生率 30.8%。大同的黄花种植有 600 多年历史，近年来，全区把黄花作为产业扶贫和"一区一业"的主导产业来抓，现已形成政府支持力度大、群众参与热情高、社会支持氛围浓、脱贫攻坚效果好，黄花种植、加工，旅游一、二、三产业联动发展的良好态势，不仅贫困人口有了稳定、可持续的收益，为打赢脱贫攻坚战奠定了坚实的基础，而且成为全区农民增收致富的支柱产业，带动了"三农"转型，实现了乡村振兴。

坊城新村位于大同市云州区西坪镇，是由原大坊城村和西咀村合并而成的易地搬迁村。2016 年以前的大坊城村与西咀村，三面都是深沟，村民们大都居住在 20 世纪 50 年代建造的土窑洞中，生活条件十分艰苦，2016 年两个村的村民年人均收入只有 2800 元。因为贫穷，外村的姑娘都不愿意嫁到这里来，村里的小伙子好多都娶不上媳妇，这里也成了十里八村闻名的"光棍村"。坊城新村 2016 年 9 月开工建设，历经一年多的紧张施工，2018 年 200 户村民住上了有独立院落的新房子，洗澡、做饭、供暖全部用上了天然气。如今的坊城新村，卫生室、图书室、党建室、文化活动室、技能培训服务站一应俱全，成了环境优美、人人羡慕的好村庄。该村常住人口 217 人，建档立卡贫困户 158 人，已于 2019 年底全部脱贫。

2019 年，村民人均可支配收入 7668 元。

脱贫攻坚

近年来，大同市全力聚焦深度贫困，积极实施"一县一策"战略，做到每个县区打造一到两个主导产业。云州区把黄花作为产业扶贫和"一区一业"的主导产业来抓，截至 2019 年底，黄花种植面积达到 17 万亩，采摘期黄花 9 万亩，产值达到 7 亿元，形成了 1 个 2 万亩、8 个万亩的种植片区和 109 个专业村，培育了 15 家龙头企业，打造了 8 个国家级品牌，促进了农业供给侧结构性改革，减少玉米种植 6 万亩，仅此一项全区农民人均增收就达 3500 元。特别是以乡办、村办合作社带动贫困户种植黄花 3.8 万亩，实现除社保兜底外 12194 户、29722 名贫困人口种植黄花脱贫。

云州区把推动"一村一品一主体"建设作为黄花产业扶贫的重点，以培育合作社、龙头企业、能人大户、家庭农场等新型经营主体为着力点，通过土地确权的完成，贫困户即可以以土地、补贴资金等要素入股合作社，由合作社统一经营，贫困户参与分红，引进企业经营，通过获取薪金、租金、股金"三金"，实现资源变资产、资金变股金、农民变股东"三变"。2016 年以来，流转 2509 户、6272 名贫困人口土地 18817.5 亩栽种黄花，亩均流转费 500 元，每年流转费收入 940.88 万元，涉及贫困人口人均年增收 1500 元，有贫困户 32760 人次参与黄花采摘和田间管理，涉及贫困户人均年增工资性收入约 3400 元。

2019 年，坊城新村投入扶贫专项资金，利用村民流转的 540 亩土地发展起了黄花产业。如今，在坊城新村东面不远处，投资 2000 万元，占地 600 多亩的黄花产业园区建设已经接近尾声。这是个以黄花为主、兼顾各类特色杂粮，集生产加工、仓储物流、质量检测、产地集散、展示销售、品牌塑造等功能于一体的产业链延伸综合性产业园。园区投入运营后，不仅能解决村里黄花的加工销售，还可以为村民提供150多个就业岗位。村民除了土地流转费、合作社分红外，还可以在产业园打工挣钱。租金、股金、薪金，一样不少赚。

在发展黄花产业的基础上，坊城新村还开办了驾驶、修理、装修等培训班，提升村民技能，组织妇女参加家政和手工培训班，让每个人都有技能、有活儿干、有钱赚。真正做到村有产业日子好、人有技能富路宽。白高山的儿子白利军就是通过参加村里的技能培训，掌握了电焊技术，找到了满意的工作，一年收入三四万元。

易地搬迁的后扶持政策一直是脱贫攻坚中的一大难题，大同市立足"搬得出""稳得住""能致富"，全力做好易地扶贫搬迁后半篇文章，在住房、教育、医疗、就业、公共服务上持续配套完善，确保全市199个安置点都有产业项目，保障搬迁户实现就近就业，稳定增收。该市明确要求200人以下的安置点，至少建一个扶贫车间；200至500人的安置点，必须建一个电子商务服务点和产业扶贫厂房，优先发展一批新型农业经营主体；500至3000人的安置点，要培育扶贫产业园区。而且，统筹推进基础设施、公共服务、产业培育、就业帮扶、社区管理、土地资源、基层组织等"七个体系"建设，保障7.17万搬迁贫困人口和2.32万同步搬迁人口的福祉，让老百姓的获得感看得见、摸得着。

如今的坊城新村，卫生室、图书室、党建室、文化活动室、技能培训服务站一应俱全。"从山里的破窑洞搬进山外的红瓦白墙房，还有便捷的水、电、气、暖，住上了新房，娶了媳妇，抱上了孙子。没有共产党，哪来今天的幸福生活，乡亲们衷心感谢共产党。"白高山说，"原来有17亩地，搬迁后土地都流转了，每年流转费7680元，村里的绿化带占了5亩多的地，每年能给4400元。"在当地政府的帮助下，白高山老两口成了村里的保洁员，每人一个月有 1000 元的收入。坊城新村于 2019 年全部脱贫，2019 年全村居民人均可支配收入 7668 元。

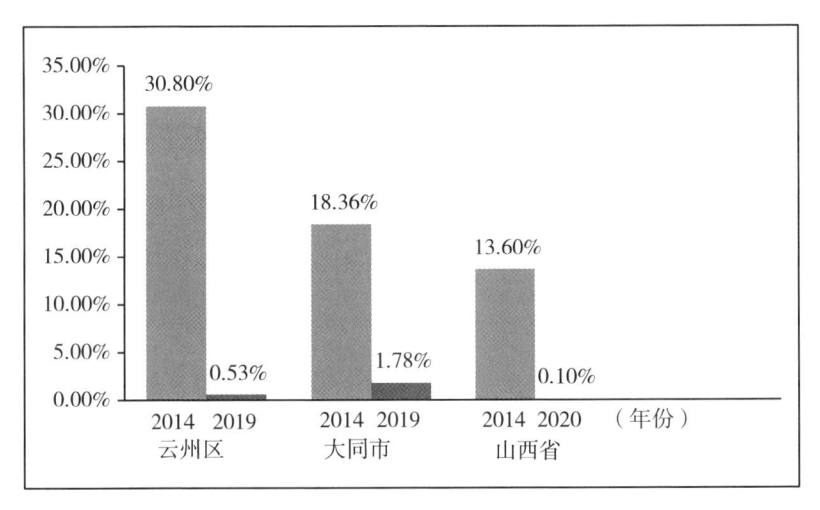

云州区、大同市、山西省贫困发生率变化

政策解读

2020 年是中国脱贫攻坚决战决胜之年，新冠肺炎疫情的发生给脱贫攻坚任务增加了难度。习近平在此次考察中再次明确强调，努力克服新冠肺炎疫情带来的不利影响，确保完成决战决胜脱贫攻坚目标任务，全面建成小康社会。

数据显示，中国贫困发生率从 2012 年底的 10.2% 降至 2019 年底的 0.6%，连续 7 年每年减贫 1000 万人以上。巩固住这一成果将决定中国脱贫攻坚效果的基本盘，在 2020 年 3 月的脱贫攻坚座谈会上，习近平坦言"巩固脱贫成果难度很大"。他当时表示，已脱贫的地区和人口中，有的产业基础比较薄弱，有的产业项目同质化严重，有的就业不够稳定，有的政策性收入占比高。根据摸底，中国已脱贫人口中有近200万人存在返贫风险，边缘人口中还有近300万人存在致贫风险。

"乡亲们脱贫后，我最关心的是如何巩固脱贫、防止返贫，确保乡亲们持续增收致富。"在坊城新村习近平对村民说，"脱贫摘帽不是终点，而是新生活、新奋斗的起点。"12日下午，习近平在听取山西省委省政府工作汇报时再次提到了脱贫攻坚。他说，要做好剩余贫困人口脱贫工作，做好易地扶贫搬迁后续扶持，强化返贫监测预警和动态帮扶，推动脱贫攻坚和乡村振兴有机衔接。"接下来要把乡村振兴这篇文章做好，让乡亲们生活越来越美好。"

习近平总书记山西之行关注的一个热点是易地扶贫搬迁问题，易地扶贫搬迁是脱贫攻坚的重要内容，做好易地扶贫搬迁的后续扶持有助于脱贫攻坚胜利成果的巩固。为配合易地搬迁，人社部、国家发改委、工信部、国务院扶贫办印发通知，于5月上旬至6月底开展易地扶贫搬迁就业帮扶专项行动，聚焦有劳动能力和就业意愿的搬迁群众尤其是建档立卡贫困搬迁群众，聚焦易地扶贫搬迁大型安置区，综合运用就业服务各种措施，集中力量加大就业帮扶，促进搬迁群众就业创业。自然资源部也于5月18日印发了《自然资源部办公厅关于做好易地扶贫搬迁安置住房不动产登记工作的通知》。

习近平总书记此时不仅关注当下任务推进情况，更在谋划如何实现好稳定脱贫、脱贫与乡村振兴相衔接。习近平总书记强调，产业扶贫是最直接、最有效的办法，也是增强贫困地区造血功能、帮助群众就地就业的长远之计。他也一针见血地指出了产业扶贫的症结："发展扶贫产业，重在群众受益，难在持续稳定。"无恒业者无恒心，可持续的产业发展才能巩固脱贫成果。

此外，乡村振兴战略是中共十九大报告中提出的重要战略之一，其所包含的加快农业现代化步伐、发展壮大乡村产业等内容，与脱贫攻坚有着密不可分的关系。习近平强调，要千方百计巩固好脱贫攻坚成果，接下来要把乡村振兴这篇文章做好，让乡亲们生活越来越美好。

扶贫小卡片

稳定脱贫长效机制

贫困具有长期和动态的特征。所谓稳定脱贫，是指通过创新观念、激活动力、稳定收入来源、完善基础设施、提升公共服务等方式，降低脱贫群体的脆弱性，增强其发展能力，不断改善其生活水平，永久跳出"贫困陷阱"。建立健全稳定脱贫长效机制不仅能够消除一家一户的绝对贫困，促进贫困地区经济社会的可持续发展，而且有助于阻断贫困的代际传递。建立健全稳定脱贫的长效机制，不仅影响打赢脱贫攻坚战的进程与质量，而且对于2020年后促进贫困地区经济社会可持续发展、减缓相对贫困，为实现第二个百年目标奠定基础，也具有重要意义。

对此，习近平指出，要把防止返贫摆在重要位置，适时组织对脱贫人口开展"回头看"，对返贫人口和新发生贫困人口及时予以帮扶。要探索建立稳定脱贫长效机制，强化产业扶贫，组织消费扶贫，加大培训力度，促进转移就业，让贫困群众有稳定的工作岗位。要做好易地扶贫搬迁后续帮扶，加强扶贫同扶志扶智相结合，让脱贫具有可持续的内生动力。

参考文献：

1.《蹚出新路子　书写新篇章——习近平总书记山西考察纪实》，新华社，2020年5月14日。

2.《深度脱贫攻坚的"大同路径"》，人民网，2020年7月9日。

3.《更好日子在后头——大同市云州区西坪镇坊城新村接续奋斗奔小康》，《山西日报》，2020年6月15日。

4.《黄承伟：建立健全稳定脱贫长效机制》，中国乡村振兴网，2019年1月15日。

宁夏回族自治区弘德村：希望乡亲们百尺竿头，更进一步

20多年间，习近平总书记四赴宁夏。1997年，在福建省工作期间，他牵头负责闽宁协作对口帮扶，第一次走进宁夏。随后，2008年、2016年，他两次来到宁夏，重点都是扶贫。2020年正是决战决胜脱贫攻坚的关键时刻。6月8日至10日，习近平总书记到宁夏考察调研。

6月8日下午，习近平首先来到吴忠市红寺堡镇弘德村。在村扶贫车间院内，他听取了宁夏以及弘德村的脱贫攻坚情况介绍。走进扶贫车间，习近平同正在加工制作纸箱的村民们亲切交流。他指出，兴办扶贫车间的目的是扶贫，要坚持扶贫性质，向困难群众倾斜，多招收困难群众就业。在回族村民刘克瑞家，总书记仔细察看院落、客厅、卧室、厨房、牛棚，详细了解家庭就业、收入、看病、社保等情况。习近平强调，乡亲们搬迁后，更好生活还在后头。希望乡亲们百尺竿头、更进一步，发挥自身积极性、主动性、创造性，用自己的双手创造更加美好的新生活。

宁夏北部俗称"川区"，得黄河水之利，地势平坦，河渠纵横，湖泊众多，宛如江南；中部荒漠戈壁，干旱少雨，风大沙多，土地贫瘠；南部丘陵沟壑林立，阴湿高寒，素有"苦瘠甲天下"之称，是国家级贫困地区之一。摆脱贫困，是宁夏尤其是南部西海固地区千百年来难以破解的一道难题。宁夏吴忠市，位于宁夏回族自治区中部，坐拥黄河之滨，有水之地

沃野千里，而位于中部干旱带的无水荒原，贫困如影随形，红寺堡区、盐池县、同心县3个贫困县（区）因为缺水，长期处于贫困状态。红寺堡区是吴忠市第二个市辖区，也是宁夏设立的一个生态移民扶贫开发区，用于安置自然环境恶劣的宁夏南部山区的贫困群众。2009年10月，国务院批准设立吴忠市红寺堡区，下辖2镇2乡，分别为红寺堡镇、太阳山镇、大河乡、南川乡。多年来，宁夏先后实施了6次大规模的移民搬迁，累计搬迁123万人，作为中国最大的异地生态移民区，红寺堡区共安置移民23.3万人。

弘德村坐落在吴忠市红寺堡区红寺堡镇，地处宁夏中部，原本这里也是一片荒漠，刮起风来"一碗饭半碗沙"，20世纪90年代起，靠着一级级泵站，把黄河水扬高数百米，滋养出一片绿洲。弘德村是"十二五"宁夏生态移民村，居民主要来自"苦瘠甲天下"的西海固——宁夏南部贫困山区，西海固曾被联合国评为最不适宜人类生存的地区之一。村民大多是从西海固的同心县预旺镇，原州区张易镇、官厅镇等南部山区搬迁而来。弘德村共有1699户、7013名居民，贫苦户的占比很高。2014年建档立卡时，村民的人均年收入只有1800元。为了讨生活，村里的青壮年大都选择了外出打工，留下的多是老人和小孩，加之土地少，宅基地面积小，庭院经济和散户养殖缺少空间，劳动力和生产资料匮乏，弘德村在脱贫道路上困难重重。2012年搬迁以来，弘德村逐步探索土地流转发展特色农业，成立养殖专业合作社，通过闽宁协作平台引进扶贫工厂，发展劳务输出的脱贫路子，2019年全村年人均可支配收入达到8345元，实现了整村脱贫出列。从面朝黄土到鳞次栉比的移民新居，从靠天吃饭到依托产业发展、劳务输出的稳步脱贫，移民村里的新生活越过越红火。

脱贫攻坚

地处宁夏中部的红寺堡区曾是一片人烟稀少的荒漠，生态十分脆弱。作为全国最大的生态移民扶贫集中安置区，20多年来，从宁夏南部山区搬迁而来的群众凭着战天斗地的精神，将一片亘古荒原变成了风光旖旎、硕果累累的绿洲。

因地制宜发展特色产业致富。红寺堡区立足当地自然资源禀赋，结合光照时间长、昼夜温差大、土壤无污染、硒元素含量高等自然优势，因势利导，大力发展枸杞、葡萄、黄花菜等富民产业。而且，依托葡萄、枸杞、玫瑰、庭院经果林等特色产业种植优势，抢抓自治区全域旅游及东部旅游环线发展机遇，通过一、三产业的深度融合，努力打造以生态游、采摘游、休闲游、体验游为出发点，培育农业增收、农村发展、农民致富的新路子。如今这里绿树成荫，黄花菜、枸杞和酿酒葡萄成为当地亮丽的产业名片，部分乡村依托自然资源发展特色民宿旅游，一幅民富景美产业旺的画卷正在徐徐展开。

作为红寺堡区生态移民村，弘德村的贫困率一度高达69.8%。近年来，通过依托肉牛养殖园区发展养殖业，通过土地流转、到扶贫车间打工等方式，告别了大山的村民们在新家园里创造着美好新生活。村里把6700亩土地全部整合流转给企业发展特色农业，每年流转费收入达357万元。村里90%的壮劳力通过技术培训，掌握了发家致富的本领，每年收入近4000万元。

通过创办养殖专业合作社，带领群众搞肉牛养殖致富。2019年，村里动员10家养殖专业合作社共同组建成立肉牛养殖合作社联合社，邀请第三方公司负责养殖技术指导和市场销售。目前已经带动500户养殖户加入，肉牛饲养量达到880头，2019年实现养殖收入743万元。2020年扩大到

3500头的养殖规模。下一步弘德村将建设联合社二期，把村里所有养殖户都带动起来，尤其是贫困户，切实带动乡亲们脱贫致富。2019年村里10个养殖合作社共赚了440万元，平均一个合作社赚44万元，户均增收2万元。看到实实在在的收益，村民们的积极性越来越高，2020年村里的合作社增加到了15个，带动了520户。

弘德村的扶贫车间由福建德化一家企业帮扶设立，是闽宁协作的成果，它承载着村里100多人脱贫致富的梦想。扶贫车间引入企业从事纸箱包装业务，解决了100多人就业问题，其中大部分是老年人。此外，扶贫车间还吸纳了30多名中青年员工。弘德村下一步将加大招商引资的力度，让更多企业进驻弘德产业园区，通过产业园区发展，让农民变工人，短期工变长期工，每个人都有一份稳定的工作；村里还要继续建设扶贫车间，让更多老人和妇女就近就业；还要发展乡村旅游，打造观光游景点。弘德村的贫困发生率从2014年的69.8%下降至2020年的0.78%，建档立卡贫困户从1036户减少到仅为20户，在2019年成功实现了整村脱贫。

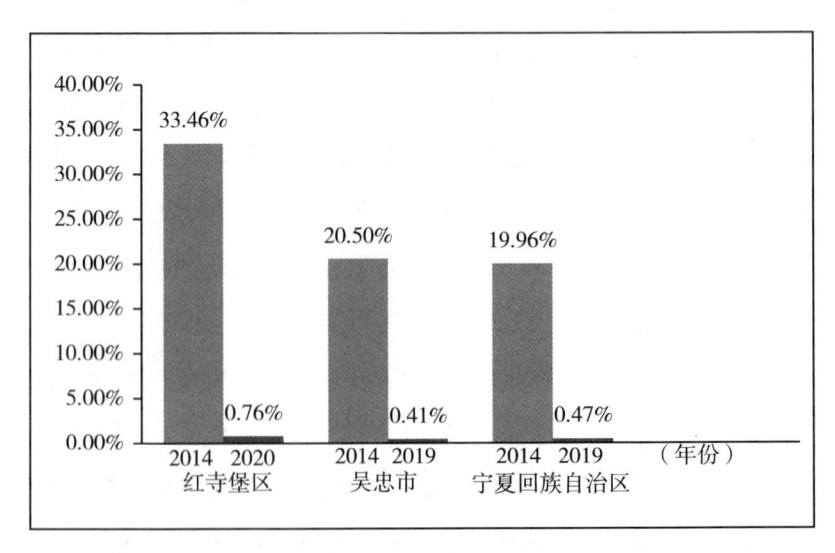

红寺堡区、吴忠市、宁夏回族自治区贫困发生率变化

政策解读

2020年是红军长征胜利80周年。习近平在宁夏视察工作时指出："伟大的长征精神是中国共产党人革命风范的生动反映，我们要不断结合新的实际传承好、弘扬好。推进中国特色社会主义事业的新长征要持续接力、长期进行，我们每代人都要走好自己的长征路。"在脱贫攻坚的关键时刻，习近平总书记来到红军长征胜利会师地之一的宁夏考察寓意深刻，大力弘扬伟大的长征精神，攻坚克难，确保与全国同步建成全面小康社会。

习近平强调，要坚决打好三大攻坚战，扎实做好"六稳"工作，全面落实"六保"任务，努力克服新冠肺炎疫情带来的不利影响，优先稳就业保民生，决胜全面建成小康社会，决战脱贫攻坚，继续建设经济繁荣、民族团结、环境优美、人民富裕的美丽新宁夏。宁夏西海固脱贫攻坚的进展情况直接反映了我国脱贫攻坚的总体状况，习近平总书记来到的弘德村是从西海固易地搬迁过来的村庄，其村民脱贫的情况直接反映了宁夏西海固脱贫的总体进展情况。

易地搬迁的村民很多是通过车间扶贫走向脱贫道路的。扶贫车间把企业流水线和生产车间建在农村，这种送岗上门、就近就业的扶贫方式，让不少农民变身成了产业工人，实现了"务农、顾家、挣钱"三不误。为配合车间扶贫在疫情下开展，人力资源和社会保障部6月10发布了《关于做好疫情防控常态化条件下技能扶贫工作的通知》。《通知》要求，"三区三州"等深度贫困地区要采取更加有力、更有针对性的政策举措，积极克服面临的困难和问题，切实做好技能扶贫工作，为全面建成小康社会和打赢脱贫攻坚战作出应有贡献。

扶贫车间不仅是推进就业扶贫和产业扶贫的有效抓手，也是促进乡村振兴和城乡统筹协调发展的重要支撑。习近平总书记在宁夏考察时的重要讲话，在广大干部群众中引起强烈反响。大家表示，要一鼓作气、尽锐出战，确保如期实现脱贫目标，上下齐心、真抓实干，坚持不懈推动高质量发展，抓好生态环境保护，携手创造美好幸福生活，共同迈进全面小康。

扶贫小卡片

扶贫车间

所谓扶贫车间，是利用乡镇（村）闲置土地和房屋创办厂房式扶贫车间，或通过分散加工的居家式扶贫车间从事农产品加工、手工工艺、种植养殖、来料加工等业务，促进建档立卡贫困劳动力就近就地实现灵活就业或居家就业。扶贫车间只是加工或生产车间，不是经营主体，只负责某个产品的简单生产加工环节（工序），而不是整个生产加工过程，以劳动密集型的轻工纺织和农产品加工为主。

扶贫车间，是各地就业扶贫中的中坚力量，能够直接有效地吸纳贫困劳动力，扶贫效果显著。各地区的扶贫政策肯定是存在一定差异的，毕竟每个地区的经济情况、产业情况、贫困情况不同，政府在制定扶贫车间政策的时候通常会依据当地实际情况。2020年扶贫车间政策内容包括以下两个方面：

一、扶贫车间的申请：向所在地的镇劳动保障所提出申请，由镇劳动保障所对企业申请材料进行初审，并进行实地考察核验；复核，劳动就业局、人力资源和社会保障局对申请材料逐级复核，将建档立卡贫困家庭劳动力花名册送扶贫办进行确认；经复核合格后，由劳动就业局授予"就业扶贫车间"牌匾。

二、扶贫车间补贴：一般来讲，会对认定挂牌的"就业扶贫车间"按照吸纳人数，每吸纳一名贫困劳动力，给予就业扶贫车间等载体 1000 元的一次性奖补。有的地方补贴还会更细致一点，比如对扶贫车间企业吸纳贫困劳动力就业人数占到从业人员总数 30%（超过 100 人的企业达到 20%）以上并开展以工代训的，可根据吸纳贫困劳动力人数按 100 元 / 人·月的标准。

另外，在社保方面，可按单位为招用贫困劳动力实际缴纳的基本养老保险费、基本医疗保险费、失业保险费、工伤保险费、生育保险费给予补贴，不包括招用人员个人应缴纳部分。给予补贴的社会保险缴费基数原则上不超过上年度全省在岗职工平均工资的 60%。

参考文献

1. 《习近平赴宁夏考察调研》，《人民日报》，2020 年 6 月 8 日。
2. 《习近平在宁夏弘德村考察》，新华网，2020 年 6 月 9 日。
3. 《弘德村的好日子》，求是网，2020 年 8 月 1 日。
4. 《2020 年扶贫车间有什么政策》，乡村动力网，2020 年 4 月 26 日。

安徽省利民村：抗御自然灾害要达到现代化水平

2020年入汛后，中国南方地区发生多轮强降雨过程，造成多地发生较重洪涝灾害，尤其是长江流域安徽段承载了泄洪任务，安徽泄洪区的居民为抗击洪水作出巨大贡献。

8月18日，总书记赴安徽考察，首先来到阜阳市阜南县王家坝闸察看淮河水情，了解当地防汛救灾和灾后恢复生产等情况。习近平曾强调，同自然灾害抗争是人类生存发展的永恒课题。随后，习近平前往阜阳市阜南县红亮箱包有限公司察看车间生产线，了解企业灾后恢复生产和受灾群众、贫困群众就业的情况。18日下午，习近平在阜阳市阜南县蒙洼蓄洪区，走进田间地头，深入庄台农户，看望慰问受灾群众。习近平说："我一直牵挂灾区的群众，看到乡亲们生产生活都有着落、有希望，我的心就踏实。"在调研过程中，习近平强调，愚公移山、大禹治水，中华民族同自然灾害斗了几千年，积累了宝贵经验，我们还要继续斗下去。这个斗，要尊重自然，顺应自然规律，与自然和谐相处。全面建设社会主义现代化国家，我们要提高抗御灾害能力，在抗御自然灾害方面要达到现代化水平。

安徽省共有三大水系，分别是淮河水系、长江水系和新安江水系，分别位于省内的北部、中部和南部。水系多，加之地势高差变化不明显，容易在洪水来临时产生滞洪问题，因此，安徽境内设立了多个泄洪区。淮河流域西北高东南低，淮河安徽段由于淮河的下游淤积，河水落差小，水流更慢，容易蓄积大量的水，这也是造成安徽成为受到淮河水害最严重地区的原因之一。在王家坝泄洪，用蒙洼蓄洪区贮存起来，对洪水能起到缓冲作用。

王家坝闸处于淮河上游和中游的交接点，河南、安徽两省交界处，兴建于1953年1月，同年7月竣工，共13孔，设计防洪保证水位29.3米。王家坝闸是淮河干流蒙洼蓄洪区的控制进洪闸，与蒙洼蓄洪圈堤、曹台退水闸共同构成蒙洼蓄洪工程。每一次开闸蓄洪都伴随着当地群众转移、良田被淹没。蓄洪区的老百姓为削减淮河干流洪峰，护佑淮河中下游城市、工矿和人民生命财产安全作出了巨大贡献。

利民村西田坡庄台始建于1953年，1991年加高加固，形成台高海拔30.6米的安全庄台。庄台诞生于国家治理淮河的进程中，是一种特殊的防洪工程，通过人工垒起台基，或者以天然形成的高地为基座，村庄建于其上，蓄洪时，群众可在上面居住避难。60多年来，庄台曾经为当地近20万群众提供了栖身之地。在蒙洼蓄洪区，像这样的庄台共有131个，其中77个是湖心庄台，54个是沿堤庄台。西田坡庄台现居住82户、448人，人均居住面积14.8平方米。建档立卡贫困户17户、52人，贫困户人口占比11.6%。2018年计划搬迁42户、240人，其中建档立卡贫困户11户、32人，贫困户人口占比14%。由于庄台建成年代久远，随着人口的不断增长，庄台上越来越拥挤，形成了墙挨墙、房挨房、人挤人的空间格局。加上基础设施落后，环境卫生脏乱差问题突出，群众的生产生活受到了很大限制，庄台也成为沿淮行蓄洪区深度贫困地区。

脱贫攻坚

脱贫攻坚以来，阜南县对每个庄台按照"绿化、亮化、净化、硬化、美化"标准，因地制宜建设小广场、配套公厕等设施；农村饮水安全工程实现蒙洼乡镇全覆盖，全面解决了饮水安全问题；改造蒙洼地区110千伏电源点不足、35千伏网架薄弱、变电站"串灯笼"和单电源供电等问题；疏通信息"死胡同"，确保光纤覆盖到庄台，在全县率先实现数据共享；实施行蓄洪区易地搬迁工程，缩减庄台人口规模。

庄台近年来通过扩大土地流转规模，大力发展莲藕、芡实等水生植物种植产业，并套养鱼虾；在长期积水的滩涂洼地上种植杞柳，保障当地的柳编产业原料供应。同时，鼓励群众发展鸭、鹅、山羊养殖，改变此前以种植业为主的农业产业格局，"深水鱼，浅水藕，滩涂洼地种杞柳，鸭鹅水上游，牛羊遍地走"的产业发展新模式正在蓄洪区落地生根。

如今的西田坡庄台不仅环境优美，公共厕所、自来水管道、污水处理设施等应有尽有，每户还将旱厕改成了便桶，彻底告别了"污水靠蒸发，垃圾靠风刮"的窘境。不少人在房前屋后，巧妙设计出了"四小园"：菜园、果园、竹园、花园。有了"四小园"，尤其是菜园的有效利用，即使洪水围困庄台，村民也能吃上新鲜蔬菜。

阜南县依托淮河和低洼地自然优势，推进蒙洼蓄洪区适应性农业替代传统农业，变水患为水利、变劣势为优势。就在距离西田坡庄台几百米的地方，是老观乡市级现代农业示范园区，这儿有一个将近600亩的芡实基地。芡实是一种水生草本植物，药食两用，每年8月可以收一季鲜果，到年底再收一季熟果，算下来，一年两季亩产值可达上万元。仅芡实一项，种植面积就达2万多亩。由于老观乡水体环境好，产出的芡实个大、壳薄、味美、药用价值高，芡实干果加工成米仁，在市场上颇受欢迎，部分产品还出口到了日、韩等国家。

现如今，庄台道路实现了硬化，宽敞整洁，两旁绿树成荫，各色花卉交相辉映，民居错落有致。庄台下是广袤肥沃的农田，环绕四周的是清清的鱼塘，庄台风景令人流连忘返。庄台不仅环境优美，自来水管道、污水处理设施等应有尽有。

政策解读

2020年入汛后，我国大部分地区迎来持续性降雨，长江、黄河洪水险情告急，针对防洪工作，习近平曾多次要求各地密切关注异常天气，做好预判预警，"要密切监视天气变化，加强雨情水情监测预报预警，加强汛情、灾情分析研判，强化应急值守和会商分析，提前发布预警信息，及时启动应急响应，把握防汛抗洪主动权"，"要加强气象、洪涝、地质灾害监测预警，紧盯各类重点隐患区域，开展拉网式排查，严防各类灾害和次生灾害发生"。

自2020年6月底至7月17日中央政治局常委会召开会议的半个多月内，习近平三次专门对防汛救灾作出重要指示及部署。"人民至上、生命至上"，始终是习近平强调的第一要务。习近平要求各地区和有关部门要坚持人民至上、生命至上，统筹做好疫情防控和防汛救灾工作；妥善安置受灾群众，维护好生产生活秩序，切实把确保人民生命安全放在第一位落到实处。

防止因灾致贫返贫，是习近平非常关心的问题之一。7月12日，习近平对进一步做好防汛救灾工作作出重要指示强调，要认真做好受灾困难群众帮扶救助，防止因灾致贫返贫。7月17日，习近平主持中央政治局常委会会议。会议强调，要支持受灾的各类生产企业复工复产，统筹灾后恢复重建和脱贫攻坚工作，对贫困地区和受灾困难群众给予支持，防止因灾致贫返贫。

按照习近平总书记的要求，国务院扶贫办印发通知，对防范化解因洪涝地质灾害等返贫致贫风险作出安排部署。通知指出，要对因洪涝地质灾害造成返贫致贫的及时纳入监测帮扶。对因洪涝地质灾害影响可能发生返贫致贫的，发现一户监测一户帮扶一户。全面排查基础设施隐患，加快损毁房屋、道路、水利等扶贫项目的维修重建工作，确保贫困群众的住房和饮水安全有保障。帮助贫困群众开展生产自救，及时补耕补种作物，发展"短平快"种养项目，帮助开展农业保险理赔，把灾害对贫困群众生产的影响降到最低。

洪水刚刚退去，习近平总书记就来到了安徽阜南县蒙洼蓄洪区了解老百姓灾后恢复生产情况。这次考察中，习近平走进农田深处，和正在劳作的乡亲们聊天，了解生产恢复情况。

特殊之年，决战脱贫攻坚越到关键时刻，越要巩固脱贫成果。此次安徽之行，习近平要求把"防止因疫因灾致贫返贫"摆在突出位置，透露出脱贫路上一个都不能少的坚定信号。

扶贫小卡片

贫困县全部摘帽

党的十八大以来，党中央以前所未有的力度推进脱贫攻坚，明确提出：到2020年，确保我国现行标准下农村贫困人口实现脱贫，贫困县全部摘帽，解决区域性整体贫困。国家在原有的592个国家扶贫开发工作重点县基础上，再列入14个片区内的贫困县，总计832个贫困县，作为新时代脱贫攻坚主战场。

2014年，全国832个贫困县名单公布，涉及22个省区市。其中，贫困县覆盖率最高的是西藏，全区74个县都是贫困县。当时，全国贫困县的面积总和占国土面积的一半，全国大约每三个县中就有一个是贫困县，完全没有贫困县的省份只有9个。

2015年11月，中共中央政治局召开会议，审议通过的《中共中央国务院关于打赢脱贫攻坚战的决定》明确提出：到2020年，稳定实现农村贫困人口不愁吃、不愁穿，义务教育、基本医疗和住房安全有保障。实现贫困地区农民人均可支配收入增长幅度高于全国平均水平，基本公共服务主要领域指标接近全国平均水平。

从2016年开始，我国贫困县逐年脱贫，退出数量在2019年达到峰值。连续7年来，我国每年减贫人口都在1000万人以上，贫困人口从2012年底的9899万人减至2019年底的551万人，贫困发生率从10.2%降至0.6%。2020年初，国务院扶贫开发领导小组对2019年底未摘帽的52个贫困县开展挂牌督战。截至11月23日，这52个县全部脱贫摘帽。

832个国家级贫困县全部脱贫，我国的脱贫攻坚工作已经取得了全面胜利，也为全面小康目标的实现打下了最坚实的基础，实现全面小康的任务也将如期完成。摘帽不摘责任、摘帽不摘政策、摘帽不摘帮扶、摘帽不摘监管、摘帽不摘决心、摘帽不摘信心，是确保脱贫攻坚工作不回潮最为重要的工作之一。

参考文献

1.《曾多次作出指示部署　习近平安徽考察首先关注这个问题》，求是网，2020年8月21日。

2.《走进蒙洼蓄洪区：脱贫路上　让群众有更多获得感》，中国经济网，2020年9月23日。

3.《832个贫困县全部脱贫摘帽》，中国经济网，2021年4月30日。

湖南省沙洲瑶族村：讲好红色故事，让红色基因代代相传

2013年十八洞村论"精准扶贫"，2016年参加十二届全国人大四次会议湖南代表团审议，2018年在岳阳君山华龙码头察看非法砂石码头取缔及整治复绿、湿地修复情况……三湘大地的发展，习近平一直牵挂于心。2020年9月16日至18日，习近平总书记来湖南考察。

9月16日下午，习近平来到郴州市汝城县文明瑶族乡沙洲瑶族村，走进"半条被子的温暖"专题陈列馆，了解当地加强基层党的建设、开展红色旅游和红色教育情况。习近平还前往村服务中心、卫生室，了解基层公共服务工作和基本医疗保障情况。他强调，要把村为民服务中心作为基层治理体系的重要阵地建设好，完善充实服务事项，提高为民服务水平，增强为民服务的精准性和实效性。习近平接着来到文明瑶族乡第一片小学，走进厨房、储藏间，察看学生餐营养搭配和食品安全。随后，习近平来到"半条被子"故事主人公徐解秀的孙子朱小红家看望慰问。习近平指出，中国共产党的奋斗目标就是为了让人民翻身得解放、过上好生活。要始终坚持全心全意为人民服务的根本宗旨，继续为实现人民对美好生活的向往而奋斗。

汝城县隶属湖南省郴州市，郴州的11个县市区都是革命老区，贫困程度较深，是全省脱贫攻坚的主战场之一。汝城县位于湖南省东南部，与

广东、江西两省接壤，有"毗连三省，水注三江（湘江、珠江、赣江）"之美称。汝城县森林覆盖率73.69%，保有原始次生林13万亩，是湖南省重点林区县，以农业为主，工业产业基础薄弱。汝城县也是国家扶贫开发工作重点县、罗霄山片区连片扶贫开发县。针对贫困群众缺资金、产业、技术、销售路子的状况，近年来，该县坚持"人人有技能、户户有产业、村村有基地、全县有特色"目标，探索推行"绿色化、市场化、品牌化、产业化"扶贫路子。2019年底，全县80个贫困村全部实现脱贫出列，累计脱贫18220户、60275人，产业脱贫人数占比超过85%，实现整县脱贫摘帽。汝城县所处的罗霄山片区，是全国11个集中连片特困地区之一。

沙洲瑶族村位于湖南、江西、广东三省交界的罗霄山区，面积只有0.92平方公里，全村有142户、529人，其中建档立卡贫困户30户、95人。沙洲村曾经是个贫困村，人均年收入只有2600元。近年来，通过精准帮扶，该村因地制宜发展水果种植业、开发红色旅游产业、壮大集体经济，人均年收入已达1.2万元。2018年实现整村脱贫，正大踏步奔向全面小康。2019年底，村民人均可支配收入达到13840元，村集体收入从2014年的0.36万元提高到2018年的40余万元。

脱贫攻坚

近年来，汝城县创新"县级统筹、乡镇主抓、工作到村、扶贫到户"的工作机制，落实县委常委会成员联片包乡镇、责任单位包贫困村、党员干部包贫困户的脱贫帮扶机制，形成县、乡镇、村、帮扶单位"四级联动"大扶贫格局。汝城县启动产业、就业、教育、生态、光伏、基础设施、保障兜底、医疗救助、金融小额贷款、易地搬迁和危房改造等十大脱贫攻坚工程，进行精准帮扶。按照"一村一业、一户一策"要求，以茶叶、蔬菜、水果、南竹、畜禽养殖等为重点，让每一个有劳动力的贫困家庭至少有一个人充分就业，实现"户户有就业"。

汝城县文明瑶族乡沙洲瑶族村，绵延的青山与近处的果园融为一体，柏油马路与小桥流水相映成趣，楼房巷道整齐洁净，鸟儿在花丛中歌唱……一幅小康新农村的和谐美景尽展眼前。沙洲村是红色经典故事"半条被子"的发生地，1934年11月在湖南汝城县沙洲村，3名女红军借宿在徐解秀老人家中，临走时，把自己仅有的一床被子剪下一半给老人留下了。老人说，什么是共产党？共产党就是自己有一条被子，也要剪下半条给老百姓的人。近年来，沙洲村上下齐心，走出了一条红色文化旅游带动脱贫致富的康庄大道。

曾经的沙洲，是一个处处黄泥路、旧瓦房，闭塞落后的小山村。2016年，"半条被子"的故事"一石激起千层浪"，沙洲村开启了翻天覆地的变化。2017年，汝城县以红军长征经过汝城的历史为依托，以文明瑶族乡沙洲、秀水、韩田、文市等村镇为核心，全力打造国家4A级红色旅游景区。山区变景区，沙洲瑶族村建了旅游公路、专题陈列馆、红军纪念广场、磐石公园等。景区建成以来，每逢节假日期间，日接待游客都在7000人以上，2020年国庆假期每天的游客超过1万人。

景区热了，家家户户都在家门口摆起了小摊，卖起了当地优质水果及农副食品。销路不愁了，价格还上去了，老百姓的钱袋子越来越鼓。游客多了，服务业发展也跟上来了。一大批乡村土菜馆、民宿旅店、旅游产品应运而生。目前，村里已有民宿8家、旅游商品店16家、餐馆和特色小吃店20多家，350多名村民在家门口吃上了香喷喷的"旅游饭"。老百姓靠摆摊一天的收入就有六七百元。

借着红色旅游的春风，汝城县因势利导，到村里开办厨师培训、民宿客栈经营、水果栽培技术、旅游接待礼仪、电商营销等多种实用培训班，每年举办多期，累计培训沙洲村及周边村镇村民上千人次，极大带动了村民创业就业的热情。通过开展"人人有技能"培训，举办农家乐厨师、乡村旅游培训班等，实现350多名群众在家门口创业就业。

沙洲村还以红色文化作为窗口，采取"旅游+扶贫"的模式，大力发展乡村旅游和特优水果种植。走对了路子，荒野变沃野。近年来，村里因地制宜发展特色产业，通过免费发放种苗、提供技术、保底收购等措施"对症下药"，激发了村民发展产业的热情。目前，全村在田野里、山坡上种上了黄金奈李、黄桃、翠冠梨、朝天椒等特色果蔬1000余亩。以红色景区作为销售窗口，通过举办旅游节、美食节、水果节等活动，特色农产品2019年销售额达500多万元。如今，沙洲瑶族村目之所及，果树成行，红花簇映，处处有景，呈现出一幅小康社会的和谐美景。

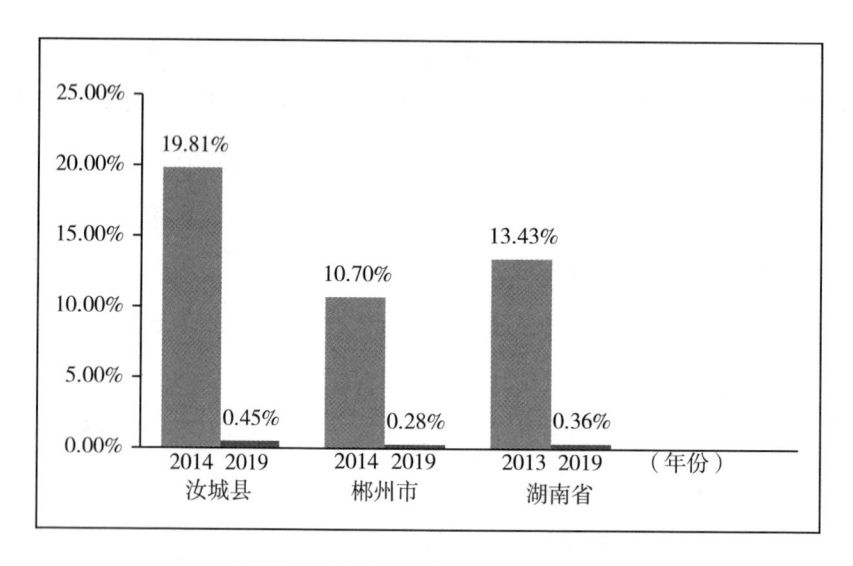

汝城县、郴州市、湖南省贫困发生率变化

沙洲村曾经有贫困户30户、95人，2018年实现整村脱贫。2019年底，村民人均可支配收入达到 13840 元。如今，沙洲村获得了"中国美丽休闲乡村""全国民族团结进步模范集体""全国乡村旅游重点村""中国传统村落"等荣誉称号。未来村里计划招商引资，兴建旅游酒店、旅行社等，把村子打造成集观光旅游、果蔬采摘、民宿体验、户外休闲于一体的农旅发展综合体系，促进群众持续增收致富。

政策解读

1934 年 10 月 29 日至 11 月 13 日，中央红军在汝城成功突破了国民党军的第二道封锁线，并在文明司（今文明瑶族乡）进行了长征出发后首次长时间休整。11 月 7 日，3 名女红军寄宿在徐解秀家，临走时，将仅有的一条被子剪下一半，留给徐解秀。3 名女红军说，等革命胜利，再送一条新被子来。可惜的是，后来她们下落不明。20 世纪 80 年代，邓颖超、蔡畅、康克清等老同志为徐解秀送来新被子，替 3 名女红军了却了心愿。

习近平指出，"半条被子"的故事充分体现了中国共产党的人民情怀和为民本质。长征途中，毛泽东同志指出，中国工人、农民、兵士以及一切劳苦民众的出路在共产党主张的苏维埃红军，我们一定会胜利。今天，我们更要坚定道路自信，兑现党的誓言和诺言，同人民群众风雨同舟、血肉相连、命运与共，继续走好新时代的长征路。

"半条被子"精神是中国共产党人坚持群众路线和群众观点、与人民群众同呼吸共命运心连心的真实写照。2015 年 11 月，党中央领导人在中央扶贫开发工作会议上立下誓言，确立了 2020 年所有贫困地区和贫困人口一道迈入全面小康社会的目标。现在，经过艰苦卓绝的努力，全国脱贫攻坚已经取得令世人瞩目的成就。国务院扶贫开发领导小组办公室 2020 年 4 月 24 日发文称：按现行农村贫困标准，2013 年至 2019 年中国农村累计减贫 9348 万人，年均减贫 1335 万人，7 年累计减贫幅度达到 94.4%，农村贫困发生率也从 2012 年末的 10.2% 下降到 2019 年末的 0.6%。

2020 年开始的新冠肺炎疫情，加上 6 月以后南方多地发生的洪涝灾害，使得脱贫攻坚增加了难度，在此背景下习近平总书记的沙洲瑶族村之行寓意深刻。到 2020 年确保中国现行标准下农村贫困人口实现脱贫、贫困县全部摘帽、解决区域性整体贫困问题，是中国共产党对人民、对历史的郑重承诺。"半条被子"精神彰显了中国共产党人为中国人民谋幸福、为中华民族谋复兴的初心和使命。因此，要把脱贫攻坚当作政治任务和民生工程来抓，全心全意帮助贫困群众脱贫致富。要把"人民群众对美好生活的向往"作为奋斗目标，扑下身子精准调研，深入基层、深入群众，了解困难群众需求，把准贫脉，开出治贫良方。

截至 2020 年 11 月，我国 832 个贫困县全部脱贫摘帽。连续 7 年，我国每年减贫人口都在 1000 万人以上，贫困人口从 2012 年底的 9899 万人减至 2019 年底的 551 万人，创造了世界减贫史上的奇迹，也完满兑现了中国共产党对人民对历史的承诺。

扶贫小卡片

联合国千年发展目标

联合国千年发展目标是 2000 年 9 月联合国首脑会议上由 189 个国家签署《联合国千年宣言》一致通过的一项行动计划，该计划共分 8 项目标，旨在将全球贫困水平在 2015 年之前降低一半（以 1990 年的水平为标准）。

2000 年 9 月，在联合国千年首脑会议上，世界各国领导人就消除贫穷、饥饿、疾病、文盲、环境恶化和对妇女的歧视，商定了一套有时限的目标和指标。即消灭极端贫穷和饥饿；普及小学教育；促进男女平等并赋予妇女权利；降低儿童死亡率；改善产妇保健；与艾滋病毒/艾滋病、疟疾和其他疾病作斗争；确保环境的可持续能力；全球合作促进发展。这些目标和指标被置于全球议程的核心，统称为千年发展目标（Millennium Development Goals, MDGs）。千年发展目标——从极端贫穷人口比例减半，遏止艾滋病毒/艾滋病的蔓延到普及小学教育，所有目标完成时间是2015年——这是一幅由全世界所有国家和主要发展机构共同展现的蓝图。这些国家和机构已全力以赴来满足全世界最穷人的需求。

联合国使用的"我们能够消除贫穷！"的千年发展目标新标志，分别由"我们能够""消除贫穷""2015""千年发展目标"4部分组成，其中2015中的0用一个类似旋转的地球来表达。标志采用黑红灰3种颜色，整体感觉非常醒目。

参考文献：

1.《习近平赴湖南考察调研》，新华网，2020年9月17日。

2.《习近平在湖南考察时强调在推动高质量发展上闯出新路子谱写新时代中国特色社会主义湖南新篇章》，人民网，2020年9月19日。

3.《疫情和洪灾不阻中国脱贫攻坚脚步》，新华网，2020年8月23日。

4.《联合国千年计划　全球脱贫工作中国功不可没》，中国青年网，2015年6月28日。

贵州省化屋村：就业是巩固脱贫攻坚成果的基本措施

2021年2月3日至5日，习近平前往贵州，先后来到毕节、贵阳等地，深入农村、社区、超市等考察调研，在春节前夕给各族干部群众送去党中央的关怀和慰问。

2021年2月3日下午，习近平来到毕节市黔西县新仁苗族乡化屋村在苗族村民赵玉学家，习近平同一家人围坐在客厅，边聊家常边制作当地传统节日食品黄粑。接着，习近平走进扶贫车间，了解发展特色苗绣产业、传承民族传统文化等情况。他指出，民族的就是世界的。特色苗绣既传统又时尚，既是文化又是产业，不仅能够弘扬传统文化，而且能够推动乡村振兴，要把包括苗绣在内的民族传统文化传承好、发展好。在村文化广场上，习近平同参加少数民族春节民俗活动的群众亲切交流，并向全国各族人民致以新春祝福。乡亲们打起鼓、吹芦笙，载歌载舞，齐唱苗家迎客歌。习近平亲切地对乡亲们说，中华民族是个大家庭，五十六个民族五十六朵花。全面建成小康社会，一个民族不能落下；全面建设社会主义现代化，一个民族也不能落下。脱贫之后，要接续推进乡村振兴，加快推进农业农村现代化。

化屋村隶属贵州省黔西县新仁苗族乡，位于百里乌江画廊鸭池河大峡谷、东风湖北岸，属二水（鸭甸河、六圭河）交汇、三县连界的河谷地带，海拔 870 米至 1360 米之间，素有"鸡鸣三县"之称，景观壮丽，清代成寨。全村总面积 8.2 平方公里，辖 197 户 1035 人，居住着苗、彝、汉三个民族，其中苗族人口占 98%，是新仁乡乃至黔西县最具代表性的苗族聚居村落。化屋村过去叫作"化屋基"，意为"悬崖下的村寨"。这里山势雄奇、水域宽广，被誉为"乌江源百里画廊"。但在十多年前，化屋村却曾因群山阻隔、险流环绕而陷入深度贫困。出山要攀"手扒岩"，吃水要到江边背，住着茅草屋，病了挖草药，这曾是化屋村的真实写照。1988 年，全村年人均收入 214 元，人均受教育年限仅为 2 年；21 世纪初，苗寨里还过着"做饭烧柴火，照明煤油灯"的生活；2014 年，化屋村贫困发生率仍高达 63.6%。旅游专线柏油路的修通，帮助化屋苗寨打通了与外界的连接，如今的化屋村成为毕节地区旅游总体规划重点打造的"百里杜鹃—化屋苗寨—织金洞"精品旅游线路的一个亮点。脱贫攻坚硕果累累，乡村振兴为化屋带来了巨大的发展空间，全年人均纯收入 1560 元。

脱贫攻坚

化屋村曾是毕节地区最贫困的苗族村落之一。由于自然条件恶劣、生产方式落后，村内没有道路；村民住的是茅草屋，低矮阴暗，他们祖祖辈辈都只能依靠房前屋后的石头缝儿种点苞谷，勉强维持生存。

20 世纪 80 年代，国务院批准建立了毕节"开发扶贫、生态建设"试验区。党的十八大以来，习近平总书记 3 次就毕节试验区工作作出重要指示批示，在不同场合的讲话中多次提到毕节脱贫攻坚工作。化屋村乃至整个新仁乡迎来跨越式发展。

2007 年，新仁乡到化屋村的毛路修通了；2009 年，硬化的旅游公路通到化屋村；2017 年，通村通组路已经修到了村民家门口。路通了，山里人走出去，山外客人走进来。化屋村凭借得天独厚的自然环境优势吸引了一批又一批游客。化屋苗寨以旅游开发为突破口，整合自然风光、民族文化等旅游资源，倾力打造"乌江源百里画廊"旅游线路精品景点，旅游业逐渐成为该村产业结构调整、加快脱贫致富的主导产业。

近年来，化屋村通过易地扶贫搬迁、产业扶贫、旅游扶贫、交通扶贫、文化扶贫、生态文明建设等一系列惠民措施的有效实施，解决了当地饮水、就业、教育等问题，让当地苗族同胞住上了新居，告别了贫困，走上了致富的道路。2014年以来，化屋村实施危房改造14户，新建村卫生室一栋，建档立卡贫困户在校生全面落实教育资助，自来水引水工程全覆盖。化屋村重点发展种养殖业和旅游业，累计种植经果林1400亩，2019年底实现贫困人口动态"清零"。为做好易地扶贫搬迁"后半篇"文章，化屋村还通过村党支部领办的合作社，创办民族刺绣扶贫车间，吸纳易地扶贫搬迁群众就近就业，让搬迁群众搬得出、稳得住、能致富。

整村脱了贫，村里发生了翻天覆地的变化，通路、通水、通电、通网外，人居环境也大为改善。远走他乡务工的村民也纷纷回到村里，加入合作社、兴办民宿。2019年9月，黔西县乌江源百里画廊水上旅游新线路正式开启，化屋景区在"十一"黄金周共接待游客5.5万人次。2020年，化屋全村人均可支配收入达到11500元。

走进化屋村，人们感叹这里自然环境独特，山水风光秀丽，民族文化多姿多彩；人们赞誉这里文化历史悠久，苗家儿女能歌善舞，民族风情浓郁，苗族蜡染刺绣服饰、多声部民歌、芦笙舞独具特色。2007年，化屋村被联合国教科文组织命名为"化屋苗族文化空间"，被列为省级非物质文化遗产名录；2008年，被文化部命名为"中国民间文化艺术之乡"；2011年，被第九届全国少数民族运动会组委会授予"贵州100个魅力苗族村寨"称号。2021年6月，化屋村入选贵州省第六批"省级民主法治示范村（社区）"。

如今的化屋村，在旅游产业的带动下，一改几百年来封闭落后的状况。一栋栋具有浓郁苗家风情的黔北民居，一道道充满苗家风味的农家饭；舒适的苗家度假宾馆，能够尽享湖光山色的碧波荡舟，古老神奇的芦笙舞蹈，甘甜可口的苗家玉米饭；还有成片的樱桃园、神秘诡异的爬神树，所有的这一切无不让人流连忘返。这个"悬崖下的村寨"，从一个"不通电、不通水、不通路"的贫困村，变成了"乌江百里画廊的一颗明珠"。

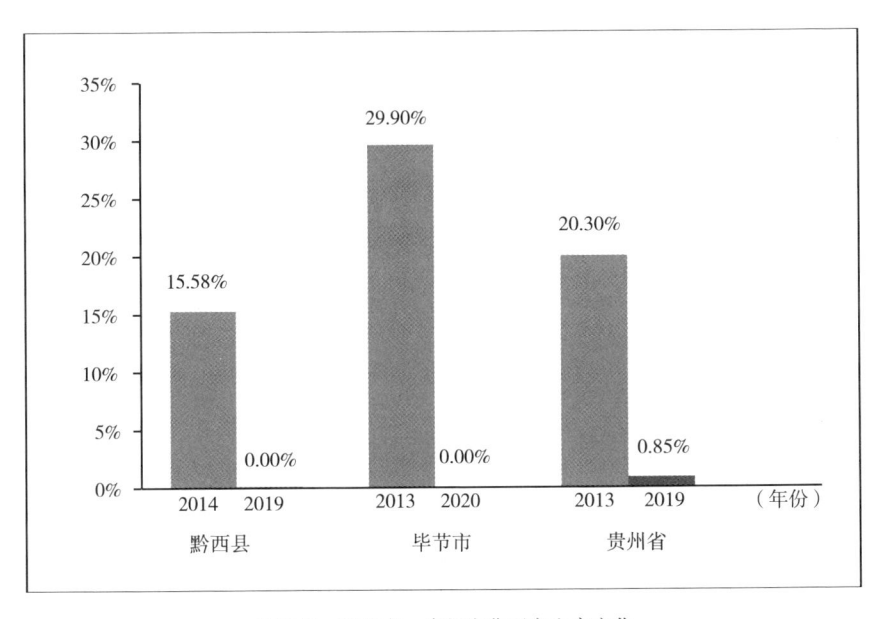

黔西县、毕节市、贵州省贫困发生率变化

为了发展壮大旅游业、振兴乡村，化屋村正在完善《特色田园乡村·乡村振兴集成示范试点工作方案》和《乡村振兴集成示范试点产业规划》，计划以旅游为主导产业，开创旅游+农业（精品水果）、旅游+手工业（蜡染、刺绣、服饰）的一二三产业融合发展之路，以乌江生态环境保护为前提，以苗族文化传承为内涵，以山水田园和乡村生活为载体，打造集乡村民宿、山水观光、文化体验、改革研学于一体的山水苗乡民俗村、改革脱贫研学村，建设能够承载田园乡愁、体现现代文明的特色田园乡村。

政策解读

化屋村是毕节这个中国西部贫困典型摆脱贫困的缩影，习近平总书记以此作为贵州之行的第一站，可谓寓意深刻。化屋村，与"三农"工作的大棋局紧密相连。2020年12月召开的中央农村工作会议提出，脱贫攻坚取得胜利后，要全面推进乡村振兴，这是"三农"工作重心的历史性转移。总书记在会上重点强调，要加快发展乡村产业。在化屋村，习近平总书记指出，就业是巩固脱贫攻坚成果的基本措施，要积极发展乡村产业。在化屋村扶贫车间，习近平总书记鼓励大家："一定要发扬光大苗绣，既能继承弘扬民族文化、传统文化，也能为扶贫产业、乡村振兴作出贡献。"

化屋村，也与国家发展的新征程紧密相连。在这次考察中，总书记强调，脱贫之后，要接续推进乡村振兴，加快推进农业农村现代化。在化屋村文化广场，总书记对乡亲们说："全面建成小康社会，一个民族不能落下；全面建设社会主义现代化，一个民族也不能落下。"

总书记在全国脱贫攻坚总结表彰大会之前前往贵州进行此次调研，富有深意。贵州是我国最后脱贫的9个贫困县所在省份，也是我国贫困人口最多的省份，还是众多少数民族的聚居区。"前进路上不让一个人掉队"——这是党对人民的庄严承诺，必须始终如一、说到做到。

党的十八大以来，贵州累计实现脱贫923万人，每年减贫100万人以上，减贫人数全国第一。"脱贫既要看数量，更要看质量"，习近平总书记到贵州亲自来"验收"，就是要看看"脱真贫""真脱贫"的实际情况。

在化屋村，一件手工绣的"歪梳苗服饰"要卖到上万元。如今，车间的苗绣成品有近70%是通过直播带货销售出去的。一村一寨，既有国家发展的生动落脚，也有着乡村振兴的紧步相随。在二〇二一年新年贺词中，习近平总书记强调："我们还要咬定青山不放松，脚踏实地加油干，努力绘就乡村振兴的壮美画卷，朝着共同富裕的目标稳步前行。"

扶贫小卡片

毕节脱贫模式

毕节市是典型的岩溶山区，位于贵州省西北部，正处在滇东高原向黔中山原丘陵过渡的倾斜地带，平均海拔1400米。辖区岩溶地貌与非岩溶地貌交错发育，山高坡陡、地形破碎，莽莽群山让生活在其中的群众吃尽了苦头。毕节曾被联合国有关机构认为是"不适宜人类居住的地方"。在新中国成立后的相当长一段时期内，由于国力不足，国家对毕节等贫困地区的支持能力有限，交通、水利等基础条件改善步伐缓慢。此外，群众受教育程度低、文盲多，也限制了毕节地区的发展。很长时期内，毕节地区一直处于深度贫困状态，"人穷、地乏、环境恶劣"，经济社会发展缓慢。毕节曾是我国集中连片特困地区中贫困人口最多的地区，1987年贫困发生率为65.1%，每三个人里面就有两个贫困人口。

1988年6月，经国务院批准，毕节试验区正式成立，将"开发扶贫、生态建设、人口控制"确定为三大主题。这是我国首个在贫困地区建立的开发扶贫、生态建设试验区，揭开了毕节修复生态、决战贫困的崭新篇章。习近平总书记曾特别强调指出："建设好毕节试验区，不仅是毕节发展、贵州发展的需要，对全国其他贫困地区发展也有重要示范作用。"

决战脱贫攻坚，毕节立足"普遍贫困"实际，着力补齐基础设施短板。经过30年不懈努力，毕节逐步形成了"铁、公、机"立体交通网络，实现了组组通水泥路（柏油路），农村连户路和院坝"两硬化"基本全覆盖；"县县有中型水库"，农村饮水安全工程、农村电网改造、农村通信设施实现全覆盖，群众生产生活条件持续改善。

加快产业转型升级，是打赢脱贫攻坚硬仗的关键。30年来，毕节结合气候条件，根据市场需要，大力发展山地特色高效农业，推进产业化扶贫，建立了草地生态畜牧、马铃薯、反季节蔬菜、高山生态有机茶、中药材、核桃等多个特色农业产业基地，培育出了一批中国"核桃之乡""樱桃之乡""天麻之乡""竹荪之乡"等特色产业县、乡（镇），打造了"乌蒙山宝·毕节珍好"农特产品公共品牌，贫困群众自身"造血"功能持续增强。

2020年11月，毕节宣告全市脱贫。在我国脱贫系列指标中，年人均可支配收入的脱贫线，2020年全国指导标准为4000元。经第三方验收评估，毕节最贫困的威宁、纳雍、赫章三县，无漏评、无错退，综合贫困发生率为零，群众工作认可度99%以上。三县贫困人口年人均可支配收入分别为11032元、9571元、10492元。

毕节试验区，是中华人民共和国成立以来在贫困地区建立的第一个以消除贫困、坚持可持续发展为突出特点的农村改革试验区。试验区从建立之初便肩负起"小试验、大方向"和"近期做示范、长远探路子"的历史使命。毕节试验区的巨大变化，是改革开放以来中国沧桑巨变的一个缩影，是党的十八大以来我国现代化建设取得历史性成就的一个缩影。

参考文献：

1.《习近平贵州考察，这些细节耐人寻味》，新华网，2021年2月7日。

2.《习近平考察贵州，为啥专程去了这个村？》，海外网，2021年2月7日。

3.《干成一番新事业，干出一片新天地》，光明网，2021年2月10日。

4.《磅礴乌蒙拔穷根——贵州省毕节试验区脱贫攻坚纪实》，《经济日报》，2019年11月19日。

图书在版编目（CIP）数据

决胜全面小康 / 李静，王月金 著 . — 北京：东方出版社，2022.3
ISBN 978-7-5207-1410-5

Ⅰ.①决… Ⅱ.①李…②王… Ⅲ.①小康建设 – 研究 – 中国 Ⅳ.① F124.7

中国版本图书馆 CIP 数据核字（2021）第 264775 号

决胜全面小康
（JUESHENG QUANMIAN XIAOKANG）

作　　者：	李　静　王月金
策　　划：	吴常春
责任编辑：	王丽娜　徐洪坤
责任审校：	谷轶波　金学勇
出　　版：	东方出版社
发　　行：	人民东方出版传媒有限公司
地　　址：	北京市西城区北三环中路 6 号
邮　　编：	100120
印　　刷：	北京联兴盛业印刷股份有限公司
版　　次：	2022 年 3 月第 1 版
印　　次：	2022 年 3 月第 1 次印刷
开　　本：	710 毫米 × 1000 毫米　1/16
印　　张：	23.5
字　　数：	304 千字
书　　号：	ISBN 978-7-5207-1410-5
定　　价：	78.00 元

发行电话：（010）85924663　85924644　85924641

版权所有，违者必究

如有印装质量问题，我社负责调换，请拨打电话：（010）85924602　85924603